创新力

刘毅 著

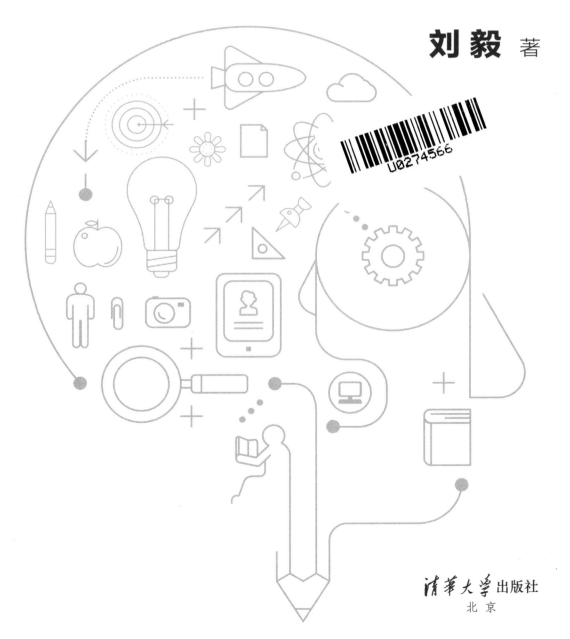

清华大学出版社
北京

内 容 简 介

在今日"内卷"的职场中，焦虑是职场人的常态。当面对这种局面时，你该如何应对？其实，在职场中经久不衰的是能持续创造价值的能力，而创新力就是能帮助你持续创造价值的核心能力。缺乏创新力的人，难以在职场竞争中持续生存、脱颖而出。

这是一本帮助职场人，特别是产品经理、设计师、管理者建立并提升创新能力的书。在此书中，"产品创新路径"方法体系是建立个人创新能力的具体工具和训练方针，它是得到创新成果回报的可靠方法。这一方法体系由三大阶段、四大步骤和八项实施环节构成，有助于打破产品在创新实施过程中的困局和窘境。通过对创新精华的萃取，你能将其内化为提升个人创新能力的成长原动力。在这个争相售卖"创新观"的时代里，你真正需要的是一套能够切实建立创新能力的"行动指南"。《创新力》，敢为创新结果负责！

图书在版编目（CIP）数据

创新力 / 刘毅著 . -- 北京：清华大学出版社，2024. 8. -- ISBN 978-7-302-67097-1

Ⅰ . G305

中国国家版本馆 CIP 数据核字第 2024P4Y104 号

责任编辑：孙墨青　王　琳
封面设计：傅瑞学
责任校对：王荣静
责任印制：杨　艳

出版发行：清华大学出版社
　　　　　网　　　址：https://www.tup.com.cn，https://www.wqxuetang.com
　　　　　地　　　址：北京清华大学学研大厦 A 座　　　邮　　编：100084
　　　　　社 总 机：010-83470000　　　　　　　　　邮　　购：010-62786544
　　　　　投稿与读者服务：010-62776969，c-service@tup.tsinghua.edu.cn
　　　　　质量反馈：010-62772015，zhiliang@tup.tsinghua.edu.cn
印 装 者：涿州汇美亿浓印刷有限公司
经　　销：全国新华书店
开　　本：170mm×240mm　印　张：16.75　插　页：1　字　数：249 千字
版　　次：2024 年 10 月第 1 版　　　　　　　印　次：2024 年 10 月第 1 次印刷
定　　价：89.00 元

产品编号：094656-01

序一
创新，不日新者必日退

刘毅教授身处广州美术学院设计教学的第一线，20年来一直专注于设计创新的理论研究并持续付之于商业实践。近期，他将过去所积累的设计研究和实践经验作为产品创新理论构成的基本线索，为此著作奠定了坚实的基础。书中内容涵盖了从创新奇点的产品实施流程到商业实现的系统性组织协同等关键内容，因此，此著作在产品创新理念上的独出己见和创新实施方法上的独有之道，对今天全社会的产品设计在创新发展方面有着重要的指导意义。

近10年来，由于信息技术的不断发展，新材料、新工艺的快速变化，以及各种技术的融合，设计行为在社会领域与商业领域开始出现多层级分化现象，这些快速的演变也推动着设计教育新范式的跟进。虽然用户体验、交互设计、服务设计等新的设计概念与方法赋予了产品新的价值与意义，但创新依然是演变与发展中的焦点话题。创新的核心是"创"，应该包含一种新的思维方式，包括重组的知识框架和一些独特的系统方法；创新的目的是"新"，即对一种新价值的呈现。

刘毅教授虽然常年身处产品设计创新的实战中，但一直在思考如何以一种新的设计推动力来领先于市场的变化，以期能够解析设计在创新中的真相。为此，其新著《创新力》应声而出，使产品创新呈现出自出机杼、焕然一新之势，也开创了一条产品创新方法和设计创造新价值的思想通道。

创新中的"新"，首先是产品构成和设计驱动理念上的新。思想是行动的先导，若设计思想差之毫厘，那么设计行为便会谬以千里。创新理念的"新"在《创新力》著作中则表现为对创造与创新关系的确定和对创新成果与创新成功差异的区分。创新理念不仅阐明了"创新的终局是人"的定义，还为设计所追求的"新"建立起了具有融合性和一致性的底层逻辑思维，将原本分化的设计形式用创新的思想与理念重新整合在一起，从而从设计的角度为社会发展、文化延续、经济增长发挥出设计价值的"新"力量。

书中"产品创新路径"方法体系的相关构建理念，体现出刘毅教授个人独有的创新认知：表里如一、与时俱进。在"产品创新路径"方法体系的理论研究中独树一帜。如果"新"是设计思想所对应的目标，那么"创"就是不断思索、不断实践的验证过程。设计虽然没有固定的创新模式，但需要有不断变化的创新行为，并且需要归纳出设计创新所具有的内在规律与逻辑。因此，本书中的"创"不仅是产品创新方法体系的缩影，更折射出了"海纳百川"的设计特征——灵活与包容。这也是"产品创新路径"方法体系的价值所在。

众所周知，解决终端的设计创新是驱动产业发展的最佳途径，也是推动市场经济增长的主要命脉。终端的产品有着丰富的形态及复杂的需求层次，如何达到"以一助百"是设计创新方法的体现和产品创新的关键。"产品创新路径"方法体系兼具灵活性与包容性，面对的无论是技术出众的科技公司，还是想突围终端市场的制造企业，又或者是饱和度高的互联网领域及低附加值的服务行业，"产品创新路径"方法体系都具有通用性的指导意义，为企业契合于自身商业目标和不同产品类型提供独有的创新解决通路。

以上创新中的"创"与"新"，不仅仅是对设计创新方式的重塑，更是对过去创新理念在表层上的祛魅。书中说："创新本就是抽象的，但往往越抽象的东西就越使人着迷，反而是具体的东西能让人瞬间清醒。"产品创新的可持续性，不应只徘徊于市场供需关系上，而应产生于人类发展、产业兴盛、文化延续、美好生活的创新哲学之中。

总之，社会发展与商业格局的变化，反映出了创新方向的基本路径。未来的商业之争必是创新之争。在科技爆发、信息爆炸、产品同质化内耗的时代，《创新力》的价值不仅是对传统意义上的设计现象的解析，而且对我们如何驾驭智能社会、为设计领域脱离愈发"工具化"的危机提供了理论与实践的观照。因此，《创新力》体现了作者自发将设计理念与设计实践交融后所产生出的学术灵气。

"君子之学必日新。日新者，日进也。不日新者必日退，未有不进而不退者。"

潘长学

武汉理工大学艺术与设计学院　教授、博士生导师

序二
思考越深刻，答案越有力

近日刘毅兄推出的新著《创新力》一书让我很是敬佩，毕竟撰写有关创新的书实属不易。一方面是因为关于创新的内容有很多，除了书籍，只要以"创新"作为关键词进行搜索，就会出现各种关于创新的观点、方法及案例，实在是让人目不暇接。另一方面，创新已成为国家发展之命脉、企业增长之大任，更是设计从业者或职场人士能力之体现。因此，创新力已然成为社会发展必不可少的关键要素之一。

当我有幸对此著作先睹为快之后，我发现刘毅兄与我在有关创新的看法上有几点不谋而合之处。虽然我们身处不同的工作环境，但对创新的见解有着异曲同工之感悟。《创新力》值得一看。

回顾历史我们会发现，那些被铭记的伟大创新都是具有颠覆性的。例如工业时代蒸汽机的创新成为工业革命开启的标志，同时也领导了产业发展的新趋势。同样，计算机作为20世纪最伟大的创新之一，可谓为人类步入"高科技时代"打下了坚实的基础。随后互联网的创新打破了时间与空间的信息壁垒，支付、购物、出行等开启线上模式都成了效率性与便捷性提升的最佳体现。但是这些具有颠覆性的创新举措都不是异想天开的结果，而是巨大的资源投入所产生的量变和无数次失败经历所托举出来的成果，更是时代演变的产物。然而在当下，如果还是以"颠覆性创新"作为产品创新的终极目标，那么无疑是一种好高骛远且不切实际的行为。所以刘毅兄在此著作中对产品创新实施范围的概括并没有提及"颠覆性创新"，而是将创新的实施概括划分为"以战略性为导向进行从0到1的创新构建和基于原有产品进行的衍生和迭代"。这充分说明了刘毅兄对"微创新"的价值认可，以及对现实中企业环境和行事风格的深入了解。《创新力》之所以对创新能力的提升具有深厚的指导意义，是因为它具备了务实的"品质"。毕竟只有从切实的创新环境中去探索可能性，并且摒弃夸夸其谈的创新大论，才能在每一次的创新行为中不断积累，获得成长。就如路虽远，而行将必至，创新虽难，而做则必获。

与此同时，书中还提出了建立创新组织所存在的问题。因为很多企业会认为，只要建立一个"创新部门"就能收获"创新成果"，这两者是否有绝对的关联性显然是值得商榷的。我对公司成立"创新部"也一直持反对意见，因为创新在于解决问题的过程，其目的是通过合理的创新实施过程输出对客户有实际价值的创新结果。如果在企业内部成立创新部门，那么创新部门的价值重心就会被组织职能和部门头衔所驱使，反而容易与实际业务脱节并忽略为客户创造价值的初衷。所以《创新力》不仅提供了一套切实有效的产品创新实施方法，还揭露出在企业环境中"创新部门"与"创新成果"之间存在的概念混淆问题，并且在刘毅兄谦逊的字里行间揭示出创新实施过程中会遭遇的残酷现象，而这些残酷现象恰恰像迷雾一样遮蔽着创新实施的有效性，让很多人习惯用架空现实的美好想象去勾勒产品创新的实施结果。因此，在这个信息过剩的时代中，《创新力》一定值得你去细细品味、慢慢咀嚼。

任何商业局势的变化，都反映出了创新前行的足迹。令我感到高兴的是我身处一个创新的时代。虽然没有任何的创新方法能为创新成功提供配料齐全的完美公式，但是能够站在开拓者的肩膀上学习他人的创新经验，获取有效的实施方式，一定可以为创新这一难题探索出有效的解决途径。对于创新，我一直抱着"开放之心态分享，求真之态度学习"的思想。因此，感谢刘毅兄为我们带来的创新"盛宴"，并邀我为之作序。希望借此序言与大家共勉。

杨 光

阿里巴巴集团设计副总裁

序三
《创新力》本身就是一种创新

一直以来,"设计"可谓是一个从未退潮过的热门话题。设计学科也从单一、混沌的形式,逐渐演变成为更多元、更细分的学科范式。但无论它怎么变化,创新程度一定是丈量设计高度的标尺。

创新并不是设计的外衣,而是设计的内核。然而,如何拥有强大的创新内核,并不断进行自我迭代和强化,则需要一种壮阔而超脱的能力,而这一能力就是"创新力"!

2017年秋天,外表谦逊、内心热情的刘毅成了我的博士生。在他攻读博士期间,我能深刻感受到他对设计事业的热爱,以及在设计研究和创新实践上的精益求精。但我们都知道,设计在当下的定位变得越来越模糊,人们的眼球更容易被新鲜的技术和五花八门的理念所吸引。而对于创新力这个貌似玄乎的话题一直以来更是缺乏切实可行的习得方式。所以当刘毅跟我提及他要为"创新力"的构建和产品创新实施打造出一套有效的方法体系时,我感到其精神可嘉但我并未表现出足够的信心,然而刘毅依旧下定决心,要为产品创新、设计创新体系的变革开拓出全新的理念和方法。

很欣慰,他为自己的目标砥砺前行,《创新力》一书终于在2024年问世了。这是一部你能聆听出多重旋律,也能品味出不同层次的创新作品。其中的产品创新路径模型体系更是系统性地揭示了创新从0到1的全过程,也给予了我们能够切实建立自身创新能力的指引和训练范式。刘毅执着地从他亲自主持过的各大创新实践项目中萃取出创新规律,又将创新规律反向运用于实践项目当中,形成牢固的闭环体系,从而为产品设计领域打造出全新的"创新范式",也让我们重新认识一个栩栩如生的创新世界。

《创新力》一书，凝聚了刘毅20年致力于产品创新设计研究与实践的思考和总结，能够引领读者深入探索创新之源，激发出自身内在的创造潜能，并为实现个人在职场中的价值提升，以及产品在商业市场化竞争中可持续发展提供了一套"创新公式"。只要你在这本书的字里行间慢慢品味，它一定能成为你开启创新之旅的指引地图。

《创新力》让我产生最大共鸣的地方在于，它终极的落点依然定格在了人的身上。人是一切的出发点，也是一切的落脚点，一个人的创新意识很大程度上决定了其事业发展的前景。如果想要逆天改命，那么必须脱胎换骨！因此，去阅读这本书吧，它能让你在创新的领域里脱胎换骨。而《创新力》这本著作，何尝不是作者在创新中的一次脱胎换骨呢？

方　兴

武汉理工大学艺术与设计学院　教授、博士生导师

序四
属于中国的创新方法，
才是产业创新的加速器

　　5年前，我走访过一家著名的家电企业。这家企业曾通过收购国际品牌的方式来满足自身的业务发展和市场开拓，同时要求本土设计团队向此国际品牌的设计团队学习具有前瞻性的产品创新理念和设计方法。5年后时过境迁，本土设计团队独当一面的设计创新能力日益增强，并成为打开中国市场的设计范本。前不久，一位来自日本的产品设计师在我主持的一场沙龙活动中表现出了对我国在产品创新重视程度上的钦佩之意。毕竟在产品的设计创新发展上，中国企业不仅愿意为之投入更先进的加工制造设备，还为满足设计师的创新蓝图而给予更自由的创新空间，让一系列的创意构思能够以产品的形式高品质地呈现出来。这充分体现出中国企业对创新精神的支持力度，以及对产品落定性投入的明确意愿。最终这些行为孕育出的是一片能够推动产业变革和设计人才发展的"创新沃土"。这无疑是国内产品创新、设计创新从业者的福音啊！

　　但是依然让我们陷入沉思的是，至今被设计领域所推崇、学习及运用的创新方法大多来自西方。对于国内各个领域的创新设计者来说，那些被娴熟使用于现代企业创新实施的方式方法，只能让他们始终扮演一个跟随者的角色。我们愈发感受到，在本土化创新的实施行为中被推崇和使用的这些舶来品的理念和方法让原本拥有创新精神的产品设计者们变得越来越疲乏。所谓疲乏，就是让产品设计者们感受到越来越力不从心了，这力不从心的状态背后，反映出的是在创新实施过程中，产品设计者们通常所经历的只有付出后的创新苦劳和被质疑的创新过程，并没有得到切实的创新收获和被认可的创新共识。在这种真实存在的创新窘况之下，我们需要一位引路人，一位开拓者，以及一位能让我们拥有创新能力且足够专业的"创新教练"。

当刘毅教授让我来为他的新书《创新力》写序的时候，我感到很荣幸。而当我能够在第一时间对此书一睹为快时，我的内心产生出了一种抑制不住的欢喜和兴奋。这一方面来自刘毅教授不满足于国内创新设计的理念和方法对舶来品的过度依赖，结合他在产品创新、设计创新领域长达20年的设计教学和实践经验，为我们深度剖析了产品创新实施过程中每个阶段应该有的核心理念和实施准则。书中产品创新路径模型不仅是一套软件产品、硬件产品及服务产品都适用的方法体系，还非常契合国内企业本土化创新实施的行事风格。另一方面让我感到欢喜和兴奋的是，《创新力》中细致且充分地提出了当下使用广度极高的"用户研究"理念和方法在本土企业创新实施过程中所反映出的弊端问题。虽然刘毅教授用迂回且谦逊的表达方式表明了"用户研究"用于产品创新时存在的缺陷，但他这种直面问题的勇气和正面解答的精神是多么难能可贵啊！

如果说设计是实现创造的基础，也是人类区别于一般动物的显著性标志，那么创新力就是创造开拓的内功，是实现企业不断增长的内核，也是拓宽个人职业发展路径的利器。当我们还停留在讨论究竟是学术引领产业，还是产业引领学术时，阅读《创新力》这本书，我似乎找到了答案。其实学术和产业二者在出场顺序上不应该被定义先后，它们是一种相辅相成的关系。任何东西之所以能被社会广泛认可，一定是因为它呼应了某种普遍性的社会需求。学术和产业在社会需求上是缺一不可的，如果能够将二者紧密结合，那么必将为推动设计领域发展提供坚实的力量和充足的底气。就如身处学术领域的刘毅教授为我们打造出的"产品创新路径"方法体系，不仅能为本土企业指引出可靠的创新方向，还将成为推动产业变革和产业发展的加速器。

周红石

广东省工业设计协会常务副会长

前　言

每个人都能成为创新的缔造者。

每个人都需要建立自身的创新力。

在商业环境中不断追求创新和增长，是企业发展的原动力。

而创新力则是个人在职场中生存下来，然后谋求晋升和破圈的核心竞争力。

所以打败落后者的从来不是时代的铁拳，而是前进者的创新。

创新力，未来的核心能力

这是一本教授你产品创新方法的书，但也并不只是一本教授你产品创新方法的书。创新的方法与绘画、乐器一样是一种技法，它能成为谱写你创新能力发展的序章。

这是一本适合管理岗位、设计岗位及产品岗位人群看的书，但它并不是一本仅限于此类人群看的书。它是一本无论你是运营者、营销者，还是高校学生都可以去阅读的书。因为即便岗位再怎么不同，你都可能是一位刚入职场的新人，因缺乏工作方法而陷入时常加班到深夜的窘境；或者你可能已是一位打拼多年的职场老手，但面对职业变动的局面缺乏有经验的应对措施；甚至你还可能是一名高校学生，面对未来的职业发展缺乏对自己路径的规划。尽管当下的你什么都缺，但就是不能缺乏创新力。因为这些工作方式和职场经验上的缺乏总有一天会被时间洗礼，你会对职场所需要的基本生存法则掌握得游刃有余。但是，在职场中掌握这些基本的生存之道只决定了你未来职业发展的下限，而创新力的彰显才是决定你未来职业发展的上限。因为无论是在资源极度有限、局势扑朔迷离的商业环境中，还是在人才遍地开花、竞争暗流涌动的职场境况下，想要翻盘或领先，本就是拥有创新能力才能纵横天下。

　　所以对于从事不同职业的人而言，开启创新力的底层密码都是一样的。而底层密码已写在了这本书里，你将从更全面的视角去理解创新，并建立全新的认知去解读创新。最后，在此书中的每个跳动字符之间，你会慢慢勾勒出一幅属于自己的创新图景。

　　在一切皆有可能的世界里，创新的关键词，不是如何，而是为何。《诗经》里说，"靡不有初，鲜克有终"。很多事情不是说有好的初心，最后就一定有好的结果。产品创新也是如此，我们不缺乏好的创新想法，但有想法和能落地之间，隔着很多关卡。因此，创新工作的实施和开展能够做到有始有终，对大多数企业而言本就是一件有难度的事情。

　　近年来，标榜以用户需求为中心的创新方法已经渗透进各大企业和组织中。可见，企业内部的设计部门、产品部门在工作中被各式各样舶来的创新方法所充斥着，甚至一个部门的先进性，直接体现在各种所谓"用户需求"的文字堆砌和制作精美的图示表现里。不可否认，产品创新的实施过程变得越来越丰满，创新氛围的烘托让这些方法的使用热度持续飙升，为此就在创新浪潮掀起之际和各大企业、高校的相继推广之下，这些迅速流行起来的舶来的创新理念变成了一门显学。这门显学含蓄地向我们灌输着"以用户为中心"的理念和各种被翻新的调研方式。尽管设计思维、用户研究、交互体验等华丽的词语已经成为我们开展产品创新时的"口头禅"，但是经历无数次创新"夭折"后所得到的教训告诉我，人们愿意为"如何创新"的动听理念买单，并沉浸于此，却不愿意对"为何能创新"的现实情况发问。然而，随着时间的流逝，从运用过这些方法后的创新结果的"诚实"表现来看，这些舶来的创新理念最终被绝大多数决策者和创新发起者扣上了"纸上谈兵"的帽子。然而，这哪里是"纸上谈兵"呀，简直就是"纸上弹琴"，对于产品创新来说毫无声响。毕竟只有思考越根本的问题，才会得到越有力的答案。因此，只有弄清楚了"为何能创新"，才能真正为产品创新找到有力的答案。

　　如今，在一切皆有可能的世界里，产品创新所追求的关键词不再是"如何"，而是"为何"。因为每个"如何"的背后都一定隐藏着一个朴素的道理，就是"为何"。如果我们不能将创新中的"为何"有条不紊地揭示出来，那么产品创新就只是一句口号和几页漂亮的PPT展示，更是一种"只要希望给到位，信你就不是问题"的情绪渲染。而能将创新中各种夸夸其谈的大道理转变成符合本土创新环境，并将创新实施中的"为何"公之于众且收获成果的方法体系，才是推动创新行为从悬浮迈向切实的终极体现。

一直以来人们都说"选择大于努力"，却不知道其实"选择大于努力"是一个既戏谑又残忍的事实，选择的难度又何尝小于努力啊！或许10年、20年后，你看着一个生活充实、职业体面的自己时，你会认为当初一切的选择就是最优解。但是，这无疑是一种"马后炮"的感慨。人生能有几个20年？当下能有最优解的选择就不错了。如果你当下的选择是最优解，那么未来也必将高歌猛进。所以本书就是当下开启你创新之路的最优解，书中的理念也好、方法也好，都能成为你开展创新工作披荆斩棘的利器。毕竟，它是一本能够回答创新"为何"的书，也是一剂能治疗创新"夭折"的良药，更是一件能为你在创新世界中拼杀而量身定制的铠甲。

Hey！产品创新路径模型——更适合本土企业创新的方法体系

任何目标都应该有抵达的路径，任何问题得以解决都必须有行之有效的方法。

如果你对眼前的产品创新处境没有任何行之有效的办法，却始终坚信能实现成功的创新目标，那么就如同一个缺乏思考、懒惰成性并且整天浑浑噩噩度日的人，却始终坚信有一天自己会留名青史、出人头地一样。但泡沫般的白日梦终有一天会被现实戳破，手足无措的创新行为只会让你更加伤痕累累，你终究还是会被那句"永远不变的只有变化"的时代常态所打败。在市场、技术、政策及消费者需求不断变化的商业环境中，"不确定性"为整个商业市场笼罩上了一层迷雾。近年来上市公司的突然蒸发、知名企业的破产重组及用户需求的扑朔迷离，都让很多企业越来越力不从心、混沌不堪。为此也让更多的企业重新回归于自身的核心产品，开始极力探索创新的途径。毕竟任何目标都应该有抵达的路径，任何问题得以解决都必须有行之有效的方法。只有在剧烈变化的外部环境和自身变革中探索出有效的创新之道，才能为公司的发展寻求"熵减"，并最终迸发出新的生产力。因此"产品创新路径"方法体系的出现，并不是毫无道理地横空出世，它的构成凝结了大量的积累和感悟。如果没有在产品创新专业领域长达20年的深入研究与实践，那么产品创新路径模型（见图0-1）的出现就不可能有以探索创新为轴的颠覆性演变和能斩获创新成果的更广泛应用。如果没有被迷惑性很强的商业市场和看似铺天盖地的用户需求蒙蔽过，你就不可能领悟到以往被推崇的创新方式似乎能够让你看到很多的需求空间，实际上却并没有转换成为可靠的创新成果。所以产品创新路径模型的横空出世不仅是对创新方法的迭代，更是对过去创新观念在形式主义上的祛魅。

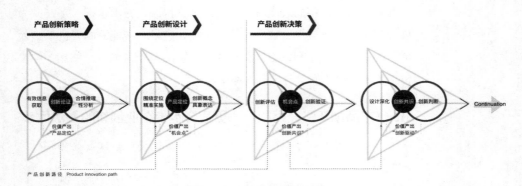

图 0-1　产品创新路径模型

如图0-1所示，"产品创新路径"方法体系是由三大阶段、四大步骤和八项实施环节所构成的。其中产品创新策略、产品创新设计和产品创新决策被称为三大阶段，在三大阶段中，一方面贯穿了产品在进行创新时所需迈入的必经之路，而另一方面则依托于企业内部集结创新活力的组织构成。其实，所有出类拔萃的创新成果，都是可靠性的策略经过有章法的设计后形成的决策回报，从而建立起了可持续性的创新闭环。毕竟创新能依靠剑走偏锋、红利降临的时代已经悄然逝去。三大阶段所建立起来的创新闭环是一套堂堂正正的打法。而所谓堂堂正正就是创新副作用小且循序渐进的一种方式。同样，在"产品创新路径"方法体系的三大阶段之下有四大步骤，它们分别为创新论证、产品定位、机会点和创新共识。这四大步骤是"产品创新路径"体系化表现的缩影，代表了一种具有结构化、条理化的创新形式。创新论证、产品定位、机会点和创新共识就如同纽带一样将原本杂乱无序的创新行为重新捏合在了一起，并且每一步都为实施过程雕刻出了属于创新的专属符号。而这些专属符号又形成了产品在创新实施过程中的一张张体检报告，在其中我们不仅可以对创新中常常出现的问题进行预判，还能在每个步骤下对创新发育的健康状况进行检阅，在将每一步骤中的价值宗旨发挥到极致的同时，不断修正、调整，避免"创新夭折"的窘况出现。

通过步骤一"创新论证"的开展，加强了产品创新在策略指向性上的可靠程度。这样让以往"拍脑袋"的策略指挥方式和头脑发热般的任性想法都能变得严谨和冷静。让以"我"为第一人称的"指哪打哪"转变为以"用户"为第一人称的"真实需求在哪我们才奔向哪"的策略途径。在步骤二"产品定位"中，一切抽象的创新描述都将变成具象的创新概念，产品的创新雏形开始浮出水面。此时此刻，虽然你脑袋里"新奇特"的创意想法开始萌芽，但一不留神你为此所做的设计就会与创新策略的指向产生割裂。这就如一项技术耗费了巨大成本却无法推向市场一样，成为对产业最大的伤害。同样，当经过创新论证得到的策略指向与可视化的设计表达货不对板时，这又何尝不是对市场期待最大的伤害呢？所以步骤二"产品定位"不仅是让你从普通设计跨越到创新设计的阶梯，还是避免创新策略与创新设计产生割裂的避雷针。在步骤三"机会点"中，面对一个个策略一致、设计形态多样化的创新概念时，你会迫不及待地希望与所有人分享，你渴望得到决策者的支持和其他部门同事的拥护。但是如何将这些创新概念从一个念想推进成为可落实的行动，才是这次产品创新行为得以持续进行的关键所在。当你最初对产品萌生出创新的想法时，就应该知道你将会面临两大问题：一是创新成果的可靠性问题，二是创新推进的可持续性问题。而产品创新路径模型的四大步骤不仅在循环往复地解决这些问题，更是在一开始就告诉你如何规避这些问题。步骤三中的

"机会点"是体现创新推进可持续性的关键节点，本书第六章中详细阐述了跨越这一关键节点的方法所在，同时还提供了让创新齿轮继续向前的充足动力。步骤四是"创新共识"，我们常说，一个地方重不重要取决于这个地方在局势中的位置和人们对它产生的共识。虽然它是产品创新路径模型的最后一步，但亦是此次创新成果奔向创新成功彼岸的第一步。所谓创新共识，是指企业或组织内部对此次创新在可行性方式上达成了一致认识，对创新成果在未来市场表现的可预见性上达成了一致认识，对创新发起者和参与者为产品在创新的探索和实践中所付出的努力达成了一致认识，并且为产品在创新理念上的重塑和方法有效性上达成了一致认识。毕竟对产品进行创新的孵化行为本就是一场依赖于协作性的活动，虽然创新的爆发力取决于极具创新力的少数派，但是从创新开启至创新成果产出，更需要决策者和跨部门参与者的齐心协力。所以只有当"产品创新路径"体系化地解决了创新中所存在的复杂问题，并对创新成果的产出达成了共识，而后才能使创新决策达到最佳状态，使创新成果投入商业化并有望成为市场焦点的基石。

一直以来，创新的重要性可谓人人皆知，但在探寻创新成功的答案时，我们收获更多的只是满足情绪的诉求，而并没有掌握能够解决创新问题的有效方法。就好比我们在很多地方看到对创新力的阐述大多是"正确的废话"，并且以往对产品进行创新时所运用的方式也更像是安慰剂，让人不由自主地产生创新成功的幻觉。但是商业风云变幻莫测，企业对产品创新的重视程度直接反映出企业的适应性和发展潜力。毕竟，在各大领域中同质化产品的战争仍未平息，市场下沉、产品出海、爆款打造等一系列新老课题正在交织上演，各行业玩家也相继跨界投身到不同领域，最终鹿死谁手尚不得知。这些都在督促各企业交出一份创新的答卷。所以如果可以，企业何尝不想接过考卷并运用一套能够产出可靠创新成果的组合拳来打破产品市场的死循环？况且在这个恐怖的低容错率的创新游戏里，如果不能确保每个创新实施行为都能够发挥得"稳准狠"，那么就不可能收获创新成果，更谈不上轻轻松松就能活下来的创新念想。因此，"产品创新路径"方法体系的三大阶段和四大步骤依托于八项具体的实施环节，并且每一项实施环节中都有对单点可进行突破的具体方法和实施准则。

就像在"有效信息获取"环节中的"三步搜罗法"，它能够帮助你识别信息黑洞，告别无效的信息采集方式，还能最大程度地帮助你在进行需求信息获取时降低人力和时间成本，并避免被过多无效的"信息脂肪"喂养得消化不良。同样，在"合情推理分析"环节中，"需求翻译"和"用户求同分析法"能够告诉你如何分辨用户的情感诉求和用户的真实需求。通过对这两种方法的掌握和运用，能够清晰地判断出用户对产品创新关注点的权重分布，并将用户群体所指向的需求方向转化为产品的"创新指引"，从而为创新策略奠定扎实、可靠的价值基础。还有"创新概念具象表达"环节中对"设计创新三部曲"的方法运用，让以往建立在个人喜好上的设计评价能够建立起统一的度量范式，并且通过与传统产品设计截然不同的方式进行创新设计，最终得以用创新的姿态表达出设计的含义，输出既能满足创意追求又能符合商业实际的创新设计形态。不仅如此，"创新评估"环节中的"创新评估矩阵"更是重新定义了创新性产品在集体评议中的评估系统，打破了以往用普通项目来对标创新性项目的惯常认知，让每个创新机会点不再被评议者你一言、我一语地推落悬崖，就此灰飞烟灭。而是通过"创新评估矩阵"让评议者从视角到思想再到行动重新构建一套适用于创新产品的评价体系，让每个创新机会点都能如一叶扁舟驶向不同的"创新矩阵码头"。

在同属于步骤三"机会点"中的"创新验证"环节也围绕验证的基本理念重新建立起了符合产品创新的验证价值观——"用户的付费意愿"。毕竟消费者对产品的夸赞只能表示喜欢，而真金白银的支持才能代表真爱。与此同时，作为此环节中的具体实施方法，"创新验证摩天轮"能帮助我们挖掘用户付费意愿背后的创新影响因素，从而编织起一张用户与产品在创新关系上的"蛛网"，这样不仅能够让产品创新的不同维度在用户的视角下体现出不同的价值分量，还能够为极具风险的创新决策扣上一把"安全锁"。不仅如此，我相信关于如何控制真金白银的投入和规避创新产生的成本浪费在"设计深化"环节中的巧妙运用，能够给创新实施者带来非常大的启发。同样，在"创新判断"环节中，创新成果与创新成功的关系也从模糊的定义演变成为由"三维要素"构建起来的稳固体系。这些都能帮助我们在投身于这个更炫的创新世界时不再茫然。因此，过去我们所认知的碎片化的创新方式正在被产品创新路径模型中的八项实施环节全面分解、重构，这是"产品创新路径"方法体系的魅力所在，也是能够一次次收获创新成果的结局使然。

　　不可否认，如今的企业一方面身处于产品创新的修罗场，而另一方面也的确赶上了产品创新的好时候。从纵向的历史维度来看，创新的产品能够被消费者追捧、被市场标榜、被时代铭记，靠的是产品创新团队的努力，同时也不能否认机遇的成分。但是从横向的机遇角度来看，对不同类型产品进行创新这件事上任何时代都存在着机会，能不能抓住，既要凭企业本身的创新决心，又要凭一些运气，而最重要的还是要凭借自身的创新实力。在创新实力面前，有些企业还在埋头苦干，抱残守缺，而有些企业已经重塑认知，如虎添翼。可见前者与后者的差别就在于对产品创新有效方法的认知和运用了。

通过产品创新路径模型——学习＋训练＝创新力

　　推动开展一次产品创新工作，会随时面临很多需要解决的问题。虽然企业或组织内部由于职位不同，需要解决的专业问题也会不一样，但是参与创新工作的决策者和执行者们是所有企业创新的核心。所以创新工作的开展所需解决的问题可以归结为两个方面，一方面是具体实施上的专业问题，另一方面是创新参与者在共生观念上的思想问题。简而言之，前者是"事"的问题，而后者是"人"的问题。因此，既能在产品创新实施工作中传递出专业理念，运用有效的创新方法来解决"事"的问题，又能够激发出协作精神，解决创新过程中的资源获取问题，才能成为标榜自身拥有创新力的优秀范本。

　　或许在你身边有一些人似乎天生就掌握了创新力的密码，他们因为创新能力的彰显常常成为组织中的焦点，并且在职业发展的道路上节节攀升。或许你会感叹，认为他们都是拥有创新力天赋的宠儿，甚至你还会认为"在天赋面前努力不值一提"这句调侃的话说得很有道理。其实，我认为这句话说得对，但也不完全对。虽然伟大的发明家爱迪生曾经说过："成功就是99%的汗水加1%的灵感，但很多时候这1%的灵感比99%的汗水更重要。"不可否认，这足以反映出天赋的重要性。但是我之所以说它不完全对，是因为在很多能贴上天赋标签的能力面前，我们所谓能发挥在产品创新方面并通过创新为企业带来市场增长的创新力，真的有天赋可言吗？如果我们在此谈及的创新力有天赋可言的话，那么因对产品进行创新而就此打破传统并改变人类生活方式的那些人和因进行产品创新行为后就此突破市场重围走向商业之巅的那些人，他们谁不是经历了千锤百炼的考验后才拥有了推陈出新的创新能力，并因此获得成功的呢？所以这些事实告诉我们，在创新力面前，其实天赋可有可无。如果创新能力没有绝对的天赋可言，那么它一定可以通过自身的努力习得并建立。

虽然当我们提及如何建立自身创新力这一话题时，很多人都认为自己曾经为拥有这项能力而努力付出过，但是如果你以前为拥有创新力而投入时间并努力学习，却依然没有得到相应的反馈和回报，那么肯定是你努力的方式方法出了问题。其实，对于创新力的建立，许多人对具体操作的方式方法问题并不感兴趣，而只对想要的结果感兴趣，并且渴望最好有一条捷径能像阿拉丁神灯一样瞬间实现这一愿望。然而，如果你对能力构建存在认知上的缺乏，并且没有具体的操作指引作为能力训练工具的话，那么你对创新能力的渴望也只能是自我感动下的消耗，永远无法追求理想中的匹配。

因此，本书要告诉你创新力的构建公式是"学习＋训练＝创新力"，而"产品创新路径"方法体系就是你需要学习的"功课"和训练的"工具"。只有理解并掌握了产品创新路径模型所蕴含的创新理念和实施方法，并在实践中不断进行训练，才能内化并培养出属于自身的创新能力。这就如同射击一样，如果你想要做到百发百中，那么从握枪姿势，到扣动扳机的方式，再到对手腕的控制，以及对瞄准和呼吸的调节，每一个环节只要出现一点点偏差都会导致无法射中。如果你不去学习并矫正每个环节可能出现的误差，通过反复训练让每个环节都做到精准，那么你永远都无法实现百发百中的愿望。这些看起来简单的操作，你认为自己都懂，但其实并不完全懂。就好比射击的时候那个扣动扳机的动作不是扣，而是压，是用食指的第二个关节为支点，成90°往后压。这一操作需要训练上万次，把相关的小肌肉群训练出来才能正常且稳定地执行。否则，扣一下就会造成晃动，即便瞄准了也射不准。呼吸更是看似谁都会的事情，然而，我们平常的呼吸方式会造成身体的晃动，继而通过手臂传导过去造成枪的晃动。只要稍微有一点晃动，距离越远偏差就会越大。同样，对创新力的认识也是如此。你以为自己会跟用户聊天，会设计问卷模板就是有创新力的体现了吗？你以为收集一本比字典还厚的用户信息，就是产品创新能够瞄准的需求方向了吗？你以为几页漂亮的PPT加上炫酷的动效就能让大家认为你有创新力吗？如果你对创新力的认识还停留在这一程度，那么创新力就太廉价了。所以你需要明白，产品创新是一个目标，既然是目标就能够被分解，一旦分解出来就会牵扯出所需要的能力要求。然而，想要达到这些要求，就需要自己由内而外进行全方位的创新能力升级。因此，"产品创新路径"方法体系中的三大阶段、四大步骤和八项实施环节都需要去努力习得，并不断训练。毕竟对创新力的构建而言，没有一飞冲天的捷径，只有厚积薄发的积淀。

最后，我想用一部电影《奇异博士》中的故事作为本书前言的结尾。神经外科名医史蒂芬·斯特兰奇因车祸无法再拿起手术刀，精神遭受打击的他远赴尼泊尔，历经千难万险找到传说中的古一法师。史蒂芬通过跟随古一法师年复一年地勤学苦练，终于成为一代至尊大法师——奇异博士。

希望通过阅读此书，你能够成为产品创新领域的"奇异博士"。

刘　毅
于广州美术学院

目 录

第1章
创新，一件并不神秘的事情

"唯有通过创新，
　才能破解存量时代下的增长焦虑。"

商业的终局是人，
　　创新的终局也是人。

人类自从在人们所熟悉的蓝色星球繁衍生息开始，就开始运用创造性的活动改变着自然，塑造着多样化的、五彩纷呈的人类文明。在远古时期，人类创造了语言，通过语言交流使信息得以传播、知识得以传承。早在大约80万年前，为了能与狮子等野兽一较高下，人类创造了火种和石器，最终在身体和力量并不占优势的时期登上了食物链的顶端。在大约3万年前，人类创造了油灯、船舶及用于抵御严寒的衣物，这时人类文明开始萌芽，商业基因开始涌动，人类开始有了"万物领袖"的样子。到了工业时代，以人力为首的"手工工场"基本上被机器取代，以蒸汽机为代表的一次巨大变革应运而生。直到现在，人们已经跨越了物质匮乏、供求关系失衡的时期。

第1章
视频导读

物质虽不再匮乏，但社会仍需要发展，所以"创新"一词进入了人们的眼帘。创新始于创造之后，人们常说"经济基础决定上层建筑"，那么"造物基础就决定了创新"高度。如果"创造"一词属于历史的话，那么"创新"一词就属于未来，只有在改造自然与世界的根基上创新才能生根发芽。创新与创造同时具有更新的意思，创造是从0到1的质变，创新是延展改进的量变。所以从古至今，创新思维和对创新的追求已经根植于人类的基因，并且人类擅长去运用它、发挥它。所以创新并不是一件神秘的事情。

1.1 对创新的"又爱又恨"

面向未来，创新在企业的发展历程中占据着举足轻重的地位，因为唯有保持创新才能在优胜劣汰的市场竞争大潮中立于不败之地。但是当企业提及创新时，兴奋之余又不由得黯然神伤，大家似乎都想异口同声地说出那句："创新太难了！"

在企业发展或变革的历程中，创新对于大多数企业而言都是一种可望而不可即的存在。很多企业希望通过引入年轻人的方式来补充组织的创新元气，随着越来越多年轻人的加入，企业组织注入了很多的新鲜活力。这群年轻人大多刚走出大学这座象牙塔，带着美好的憧憬进入企业组织当中去，在层级分明、流程完整的企业制度下，在经验老到、墨守成规的前辈们面前，他们表现出了与企业内部环境相适宜的姿态，并希望突破旧有的规则桎梏。他们用年轻人的态度来展示对当今时代的解读，也渴望在还没有被磨平棱角的时候，发挥出年轻人在新时代下的创新精神。但是，拥有创新的精神并不代表能推动创新的行为。初入职场，缺乏对职场规则的认识，导致他们的想法常常被扼杀在摇篮中，甚至很多时候企业管理者对他们的想法所给予的反馈是"不切实际""欠缺考虑"，等等。久而久之，年轻人创新的精神和迸发想象力的热情在一次次的负面反馈中被消耗殆尽。然而，很多年轻人依然不甘于在这种"标准化""制度化"的环境中日复一日地做着相同的工作。当"前浪们"还沉浸在旧有的游戏规则中时，殊不知"后浪们"正在默默想要改变游戏的规则。如果你问一位拥有10年以上职场经历的中年人对现在的产品和当下的业务有什么想法时，他一定会以老道的职场话术来回复你。或许这种答案让人感到索然无味，又或许与创新毫不相干，但他依旧能表现出中年人在职场上的那份游刃有余。如果你问年轻人同样的问题，或许1000个"哈姆雷特"就会有1万个答案。这些答案可能让你感到奇怪，可能让你感到漫无边际，也可能让你感到振奋和惊喜。

因此，为了企业组织内部的创新血脉能够不断流淌，通过加入更多的年轻人来激活创新思维的方式在一定程度上是有帮助的。虽然年轻人们独有的优势是显而易见的，但他们所表现出的不足也是有目共睹的，这才导致在很多企业中，年轻人和创新行为好像并没有体现出共生的关系，甚至可以说离企业想要推动创新的预期还遥不可及。

同样，在许多企业或组织中，创新的号角不断地在催促加快企业前进的步伐。为了让创新成为产品或服务的原动力，企业的管理者专门成立了独立的创新部门，然后为创新部门招揽各路英才。可见企业对创新的重视程度是毋庸置疑的，管理者希望通过这种方式，让如在荒漠环境里的组织生长出创新的绿枝。从某种程度上来说，企业运用构建独立创新部门的方式来达到创新目的并非完全无效，但实际上绝大多数企业在创新组织分化中发现，就算为创新在组织架构和管理制度上另辟蹊径，创新的果实依然颗粒无收。其中很大的原因在于创新部门的人员所提出的创新想法常常会被高成本、高风险、高不确定性击得片甲不留，同时也会被各部门之间的利益拉扯得四分五裂，最终导致创新还没有开展到执行的层面就被扼杀在了摇篮中。

之所以在如今创新总是被视为难题，是因为它天生就是一件遥不可及的事情吗？还是我们后天用了不正确的方式来对待创新造成的呢？在当下"内卷"如此严重的状态，无疑是向外扩张乏力所导致的。企业内部高举创新的旗帜，喊着创新的口号，却造成了"有形无果"的内部消耗，这无疑是一种悲哀。因为它泯灭了聪明才智，蹉跎了青春年华，磨平了锐气。但在这一片叹息声中，对创新的渴望依然犹如小草渴望雨露、花儿渴望绽放、雄鹰渴望蓝天一般。因为在企业的发展进程中，"增长"是推动企业走向更高更远的发动机，业绩的增长、市场份额的增长、产品竞争力的增长及企业本身的价值增长，这些都需要不断去开拓创新之路。所以唯有通过创新才能破解存量时代下的增长焦虑。

如今，企业一提及"创新"二字，就会无形地带给我们一种压力，甚至我们常常会因为接手了一件从0到1的工作任务而感到无助。虽然我们内心时常燃烧起创新的火苗，希望为创新大干一场，但也很快会被一种无形的力量所浇灭。那到底是哪里出了问题，会让我们创新的心智如此脆弱？是因为企业内部众口难调的部门利益吗？还是因为受外界因素影响才造成创新变得乏力呢？其实最根本的原因是大家对创新有一个忐忑不安的误解。这里之所以用"忐忑不安"来修饰这个误解，是因为对创新我们无法从理智上去认知它与成功的关系，所以容易扰乱了我们对它的合理解读。因此，首先要承认"创新不等于成功"。创新在一定程度上是可以推动企业发展、带来价值增长的，甚至可以让企业在市场中脱颖而出，成为竞争的佼佼者。但是这些都不代表成功，因为从古至今对成功的定义是没有标准答案的。创新就好比古代军事战役中的弓箭、火炮和铠甲等打仗所需要的武器，拥有这些武器并不代表你拥有了胜利，也不代表这座城池就能够被占领。此处，我们并不否认武器对战役结果所带来的促进性作用，但它充其量只能作为战役胜利的必要条件而非充分条件。如果我们认为肯德基的成功是归因于自动化和流程化的创新，那么"肯特基"一比一地效仿了肯德基所创新的自动化和流程化的模式，为什么依然没能给自己注入成功的生命力呢？其原因是"肯特基"所效仿的模式只是肯德基构成成功因素中的一个方面。除了这一方面外，店铺的选址、食材的供应链以及营销等可能都是构成肯德基成功的相关因素。虽然创新是企业奔赴成功的关键因素，但是单靠这一个因素是不足以使企业抵达成功彼岸的。所以创新并不等于成功，无论你是对产品进行创新、对流程进行创新还是对服务进行创新，它们都只是促进成功的一个因子而已。虽然从过往到如今，创新已经成为众多企业的"座右铭"，而对身处企业内部的职场人来说，创新不是固守存量而是突破扩增量的最佳方式。但我们应该从本质上去理解创新、正视创新，用正确的方法对待创新。这样在未来的创新道路上就可以卸下成功的包袱，聚焦到创新应有的价值体现上，同时摒弃那些干扰我们的思绪，然后在如何能把创新做好这件事情上投入更多的思考。最终无论创新结果是好与坏，都将在创新的过程中有所收获。

虽然创新不等于成功，但是如果你还对成功有所追求，那么，就去做创新的事情。哲学家们说，"哲学可以帮助人们如何去面对死亡"，我想告诉你，"创新能够帮助你如何去诠释成功"。

个人是这样，企业更是如此。在此之前，我有幸与院办领导一同前往格力公司，与董明珠及相关团队人员进行了一次面对面的会议沟通。在会议中我真实目睹了董总的豪迈与气概，同时也第一次这么透彻地感受到了"好空调，格力造"这句话背后的精髓。格力在30年的奋斗历史中，不断地面对国内外竞品的挑战、市场的变化，以及互联网营销的突变，这些都曾给格力带来前所未有的冲击。然而，格力始终坚持着不断创新的使命，秉持着"产品第一，技术为王"的理念，通过对技术创新的深耕，格力构建起了"技术领先"的护城河，成为以技术创新为产品核心竞争力的优质企业，并成为全球空调领域的佼佼者。这就是持续创新的力量。我相信未来的格力，创新的步伐仍然不会停息。

最后，无论你对创新是爱还是恨，无论你之前对它有多少种假设和想象，你都不能对它视而不见，因为个人不创新，会被公司淘汰；公司不创新，会被行业淘汰；行业不创新，会被社会淘汰；社会不创新，会被历史淘汰。因此，一定要摒弃固化思维，重新去审视"创新"，相信你会发现创新其实并不是一件神秘的事情。

1.2 探索创新的规律

在此，有人肯定会说，创新谈何容易！是的，在人类发展的历史长河中，每一次变革都经历了披荆斩棘的过程，但是我们也看到无数卓越的前辈们对企业发展、社会进步做出了伟大贡献，至今影响深远。就如"科学管理之父"弗雷德里克·温斯洛·泰勒先生，他所有的管理原理、原则和方法都是通过无数次的亲身实践和研究总结出来的。最终泰勒"把农民变成了工人"，提升了人类几十倍的生产力，帮助人类从农业社会进入工业社会，迈上了新的征程。再如"现代管理学之父"彼得·德鲁克先生，他一生经历了"一战""二战"，从事过的职业包括记者、金融分析师、作家、咨询顾问和大学教授[2]。丰富的人生阅历、渊博的学识和强烈的社会责任感使他用其一生来钻研管理学，并通过理论与实践的双循环研究模式，最终运用管理学方法大幅提高了知识工作者的生产力，也让他在管理学界拥有了不可超越的崇高地位。还有我们熟知的"定位之父"杰克·特劳特（Jack Trout），从20世纪60年代末到70年代初，美国的商业竞争越来越激烈，琳琅满目的商品配上铺天盖地的广告已经不起作用了，商业竞争超越了时间的限制，竞争的速度、深度和广度与之前相比发生了前所未有的改变。就在这极速变化的时代背景下，特劳特从自己40年的商战经验中，围绕营销领域总结出了"定位"理论体系，并且运用定位理论帮助众多企业在营销领域从战术提升到战略高度。定位理论为营销领域所带来的突破成了启蒙众多企业走向新型营销之路的"圣经"。这些前辈所做的这一切，又何尝不是一个披荆斩棘的过程。

因此，只要有信念，只要有在一个领域深耕和坚持的决心，我们同样可以探索出产品创新的脉络，同样可以总结出产品创新内在的必然联系，从而成为未来每个产品创新者脚前的灯和路上的光。就如鲁迅先生所说："世上本没有路，走的人多了也便成了路。"

在构建产品创新方法体系的道路中，我们也经历了众多项目的洗礼。通过市场风雨的历练，我们总结出今天这种可以为之自豪、能与国内创新者分享的创新方法。我们通过与比亚迪的深入合作，共同对"汽车售后服务创新"进行了深化和改革。如今，国内汽车消费市场的巨大潜力逐渐爆发，汽车保有量持续增长的同时，售后服务也越来越受到车企和消费者的重视。如何充分挖掘售后服务的潜力，并开拓创新服务模式优化消费者体验，成了车企和经销商们讨论的热门话题。作为当下国产燃油汽车的主力军和新能源汽车领域的龙头品牌，比亚迪汽车对售后服务板块尤为重视，并且提出了"服务创新"的理念。就此我们聚焦于比亚迪汽车售后板块，对售后服务创新进行了共同探索与研究，并通过对消费者、经销商、售后人员等多角色的数据获取和统计分析，又对售后环境、流程、制度的 360° 解构与重建，最终我们就像完成了一张崭新的"拼图"一样，为比亚迪售后服务板块注入了新的内涵。让消费者对比亚迪汽车售后服务满意度提高的同时，也为比亚迪汽车售后市场开创出增收闭环的新理念。这无疑为拥有 2000 万亿市场规模的汽车售后服务市场开拓了新的边界，同时也为我们在探索产品创新规律的道路上收获了可以生根发芽的种子。

与此同时，我们曾在智能手机萌芽的时期，就开启了与三星公司对智能手机产品创新板块的深入合作。以 Note II 手机和平板电脑 Note10.1 为突破口，解决了当时三星手机产品在行业竞争中的专利限制。在 iPhone 手机来势汹汹抢占市场先机之际，我们通过对中国市场环境和用户普遍行为习惯的深入分析与研究，以及对文化和传统使用规律的探索与结合，洞察出新的创新元素并快速投入真实的市场环境中进行检验。如此，在一次又一次从想法到概念再到真实的市场检验的数据反馈中，我们为三星智能手机产品系列打造出行业首创的"智能笔＋智能设备"的崭新模式。就这样，我们不仅为当时三星手机 Note II 和平板电脑 Note10.1 产品在应用方面通过另辟蹊径的方式解决了专利限制的问题，同时也为三星智能产品在当时的消费市场中开创了一条差异化的途径。在与三星公司的紧密合作中，我们不仅亲身感受到了世界优秀企业的开放性和包容性，同时也为创新规律的探索注入了新的能量。

当然，在这20余载的行业沉淀中，我们探索创新规律的脚步没有停息。在此之前，我们帮助白云机场跻身世界服务创新十佳机场，帮助广州城市交通在大数据和智能出行板块推动产品创新。同时，我们发挥多年来积累的经验和优势构建了"产品创新路径"方法体系，帮助海信集团的影音及冰洗产品、三九集团的康养产品系列及石材供应链龙头企业全石公司在产品创新中打开了新的篇章。不仅如此，对"产品创新路径"方法体系的学习和使用，更是赋予了企业乃至个人在"创新力"上的提升与突围。所以创新本没有规律，但通过时间的沉淀和实践的积累，以及对创新方法体系的探索与研究，再将创新方法融入商业环境中进行一次又一次闭环式的实施过程，从而提炼出创新本质中所蕴含的规律，就能够将创新看似无序的状态转化为有律可循的实施行为，它就像一剂"强心针"，给予我们敢于创新的勇气。

1.3　创新是创新力的产物

"距离已经消失，要么创新，要么死亡。"

——托马斯·彼得斯

伟大的管理学家托马斯·彼得斯的这句名言，用于当下这个时代再合适不过了。对于企业或组织来说，商业市场的变化日新月异，在机遇与挑战并存之下，大多数企业就像"贪吃蛇"游戏里的那条"蛇"一样，需要不断地去找到能让自身变强大的"珠子"进行衔接，并且躲避一切能让自身毁灭的障碍物。对于个人而言，职场竞争态势也如巨浪般翻腾，让人时刻不得喘息。如今的职场关口正处于一种极度亢奋的状态中，职场人都在以惊人的速度向前奔跑着。职场新秀们想用自身极强的执行力进行弯道超车，24小时随时待命，为工作昼夜颠倒已成常态。而职场老手们想靠自身的经验值安身立命，将上一份经验卖给下一家公司，不断填补着企业之间的信息差。但是，无论是职场新秀还是职场老手，这样做就能"职业长青"了吗？答案是否定的。在企业环境中靠执行力的比拼是一种活法，以过往经验作为稀缺性资源的方式也是一种活法，但它们本质都是一种刻舟求剑的行为，忽略了"永远不变的只有变化"这个事实。所以"距离已经消失"了，对于企业而言决定命运的危机正在步步紧逼。虽然互联网的普及和科技的进步带来了前所未有的时代红利，基础设施的线上化发展提高了人们"衣食住行"上的生产效率。电商平台、共享经济、实时传播等都成了人们日常生活的标准配置，智能手机也俨然变成了人们不可缺少的重要"器官"之一。我们都知道产品的起源是基于需求，企业在面对需求这件事情上可谓八仙过海，各显神通，任何能够被科技化赋能、向线上化转移的需求看似已经被做到了极致。正因如此，在众多企业纷纷入局相互追赶的同时，市场悄然进入了用户的争夺大战时代。一个品类下会出现成千上万的商品，但成千上万的商品却都大同小异，所以最后依然回到了价格战和性价比的对决中。在这个过程中，企业已发现自己时常在一个同质化严重的境地中来回打转，最终各个领域都构建起了一座"围城"，城里的人想通过创新，带着自己的新产品走出去，而城外的人也想通过创新，带着自己的创新成果闯进来。在过去发展迅猛的时代背景中，我们见证了很多企业在商业这个主战场上快速崛起又迅速消失，唯有持续性的创新才能为你保驾护航。

在服装行业，"白小T"以"科技+T恤"的产品创新方式杀出了一条差异化的道路，以一件极简的白色T恤充分切中了消费者对传统白色T恤怕脏、怕皱、怕油污的痛点，颠覆了大家对以往科技应该带来炫酷表现的刻板印象，通过创新将科技完美地融入了日常的一件普通白色T恤上，并且在产品制作方面选用了新疆阿克苏地区的长绒棉来确保产品品质，增强产品力。在"科技+T恤"的产品创新形式下，目标人群也从竞争激烈的"年轻人"和"女性"群体转向了更具有购买潜力的中青年男性群体。就这样，"白小T"通过产品创新走出了服装领域的"围城"，重新定义了T恤品类。然而，"白小T"在产品创新上的成功也让我们看到，无论你是想在蓝海赛道上奔驰，还是想在红海赛道上突破，只有通过创新才能打破消费者对以往产品的传统认知，开辟出新的增长路径。

虽然如今在围绕消费者的衣食住行，甚至娱乐、情感等范围所衍生出的产品形态已处于供大于求的状况，同时随着市场竞争的加剧，产品的出场顺序也成为争夺用户注意力的关键因素。但是，就在产品品类已被全球知名品牌占据半壁江山的速溶咖啡领域，"三顿半"咖啡的"超即溶小罐精品咖啡"一经推出，就受到了消费者的追捧。其原因是"三顿半"咖啡对速溶咖啡产品进行了由内而外的创新举措。在速溶咖啡的制作工艺上采用了20世纪70年代就已经被证明可行但技术成本较高的冻干技术，作为产品"智能干燥，冷萃提取"的创新工艺方式。这样做能让速溶咖啡最大限度地还原现磨咖啡的口感和风味。另外，大胆摒弃了传统速溶咖啡的袋装形式，改为颜色鲜艳多样的迷你小罐作为容器，打造出了独特的视觉创新符号。就这样，产品在消费者面前横空出世后，由内而外地彰显了区别于其他竞品的创新内涵，受到了市场的认可和消费者的喜爱，一举打破了速溶咖啡霸主"雀巢"的垄断，成为首个拿下天猫"双十一"咖啡品类第一的国货品牌，并持续登上速溶咖啡类目的首位。这就是创新的魅力，所以创新可以让超越这件当时看起来遥不可及的事情，变得看起来只是轻易之举。

但是，商业的终局是人，企业生产产品为的是满足人们的需求和欲望，并体现产品的使用价值。而产品在流通过程中会实现自身的增值属性，通过消费者购买使企业产生收益。这使得商业和人构成了一种良性的循环关系。而在此我想强调的是，创新的终局也是人。我们看到的这些因产品创新而在行业内取得巨大成就的企业，其背后都是创新者的驱使和作为；当我们看到这些产品因创新而被市场认可、被消费者喜爱时，其背后也必然离不开创新者的付出。"一切的不行，都是人的不行"，也许这句话放在大多数事情上都显得太过绝对，然而放在创新这件事情上就再契合不过了。因为创新这件事情相比于其他事情有着明显的特殊性。比如在企业内部，想要提高生产效率，可以制订一套流程体系，只要按部就班地按照所制订的流程去执行，如此循环往复地进行生产，效率必定会出现一定程度的提升。或者在组织内部，如果想加大某一方面的执行力度，可以通过设计一套激励机制并结合"赛马"的方式推动执行效率来达到所期望的提升。所以，当出现效率低下、执行不到位等问题时，可以通过在"人"本体以外的方面设置一些"规则"来促进事情进展，从而达到预期和目的。然而对于创新这件事情而言，则极大程度上取决于人本身的内化表现。因为创新相当于一种DNA，它需要写进"人"的基因序列里，然后由人把它发挥出来。所以说，创新的终局也是人。没有"人"，无论用Excel软件制作出多少张关于机制、流程和制度的表格，最终都无法产出任何创新的成果。

虽然说创新的终局也是人，那驱使人走向创新终局的重要内核是什么呢？答案就是"创新力"。也就是说，"创新是创新力的产物"。从过去到现在，有很多企业哭喊着自己的产品创新思路已经枯竭，找不到可创新的空间点，而另一些企业却以惊人的速度一次又一次地为市场提供具有创新性的产品。这些反差的背后，反映出的是企业能否认识到创新力对创新带来的影响，以及拥有创新力的人员占比。而对于个人而言，具有开拓性能力的人将更擅长敲开职场通道的机遇之门。或许你已经很清楚，创新是展现个人开拓性能力的最好体现，但你的内心却时常感到迷茫，原因是你没有认识到创新力才是创新的充分条件，所以导致自己做出了很多创新的行为却颗粒无收。我相信你一定看过某位成功创业者对创新的高谈阔论，也听过某些知名企业的员工对创新表达的见解。但你会发现，这些内容虽然当时听起来让你热血沸腾，可你根本无法把他们的经验运用到自己实际的工作或任务中。在职场环境里，我相信你身边一定有某些同事特别富有创新精神，并且将这种创新精神转化成了可为企业带来增收的创新产品，从此走向了升职加薪的阳光大道。你虽然也渴望能够如此，但由于找不到实际可操作的方式而感到十分彷徨和无助。在日复一日的工作中，我相信你一定关注过很多关于创新的学习资料，想努力去探索创新实施的脉络。但那些所谓的创新工具和方法给你带来的往往只是有形无果的结局。以上种种现象表明，过去的我们没有真正认识到"创新是创新力的产物"，更没有洞悉能够孵化出创新成果的底层逻辑其实是一种创新能力的培养。

因此对于企业而言，这些富有创新力的员工的可贵之处在于，他们能够帮助企业在未来跨越创新发展，提高企业的自主创新水平，打造业务的创新增长曲线。而对于职场人士来说，创新力将成为你在职场披荆斩棘的"武器"。创新力不是天才的专利，更不是成功者的特权，而是身为普通人的我们所能学习的能力。只要我们从现在开始认识到"创新的终局是人"，而使人走向创新终局的重要内核是"创新力"，就能通过学习和训练去构建一套属于自己的"创新真经"。这也是本书将为大家先厘清创新理念再到教授具体实施方法的内容呈现逻辑，通过从创新理念到创新实践这种双剑合璧的方式，更深入地帮助大家谱写属于自己的"创新真经"。

未来的职场必然是"得创新力者得天下"的时代。就如山不言其高，并不影响它耸立云端；海不言其深，并不影响它海纳百川；创新力不言其重要，也并不影响它成为职场强者的密钥。所以，一定要认识到"创新是创新力的产物"，然后在秉持这一观念的同时深刻认识"创新力"的力量，这样就会发现创新并不是一件神秘的事情。

第2章
产品创新的三大阶段与创新力构建

> 有人说：'唐僧之所以能成为唐僧，并不是因为他取得了经书，而是他取经的路。'产品创新的成功并不只是一次偶然的机遇或是时代使然，而是源于创新的有效路径。

第 2 章
视频导读

当我们提及创新力的时候，大家是否会联想到与能力相关的复合词，如"领导力""决策力""组织力""感召力"等？这些词大家可能耳熟能详，但当要对这些词进行明确定义时我们又会难以言说。其实并不复杂，如果说一个人具有某种能力就意味着他具备掌握了某方面知识或技能的可能性，能力越高说明所掌握和运用的知识技能就越娴熟顺畅，那么当我们加上一个特定的名词与能力二字组合成一个复合词时，它所表达出来的含义就会发生变化，而这样的变化完全取决于对名词本身的定义。所以为了让大家能够透彻地理解本书内容中所阐述的创新力，要先对创新力划定一个范围和边界，并在本书中对其进行明确的定义。这样不仅能够避免对创新力在认知上的偏差，更能够对本书的阅读，以及对本书核心思想的理解有一个明确的指引，从而更好地收获本书所要传递的价值。

本书所谈及的创新力只针对产品方向上的创新，这里所指的产品方向不仅包括硬件产品，如生活电器类产品、智能可穿戴类产品及交通工具类产品等，同时也包括软件应用类产品，如手机端使用的 App 应用，以及智能手表、智能电视里的各种互联网软件应用类产品等。明确了创新力所覆盖的范围后，针对创新力在产品方向上的定义就是"以产品创新成果为导向所构建的能力体系"。在构建的过程中，我们从产品创新力的理解，到具体方法的运用，再到不同程度的训练等过程，最终掌握并具备产品创新的能力，从而帮助我们达到产品创新目的。

或许大家曾在网络上或其他资料中看过对创新力的各种解读，比如在一些资料中有对创新力进行这样的解释——"创新能力是人们革旧布新和创造新事物的能力。或者说，创新力不是一种单一能力，它是由一些思维能力综合而来的，主要包括系统性思维能力、创造性思维能力和实践能力等。"当然，对创新力的解读并没有孰对孰错之说，而是当我们去查阅或接收这些信息时，需要清晰地认识到创新力所指的范围是什么，以及在所指的范围内明确创新力能解决什么样的问题。在此，相信当大家对本书所提及的创新力这一复合词有了清晰的范围认识和明确的定义后，就能摆脱以往似懂非懂的现象，从而建立起基于创新力理解之上的产品创新思路。

2.1　阶段一：产品创新策略

在产品创新部分，本书会把整个创新实施的过程分为三个阶段，分别为产品创新策略、产品创新设计和产品创新决策，简称为"前、中、后"三个阶段。

"前"为第一个阶段即"产品创新策略"，这个阶段的任务就是要明确"做什么"。在开展产品创新行为之前，我们会根据企业所处的行业、所积累的产品类型和资源优势，以及战略性的导向快速地聚焦于一个大的范围和方向上。比如，企业会选择是在原有的产品基础上进行产品迭代或衍生，还是在已有的战略性目标上进行从 0 到 1 的产品拓展，无论是哪一种选择都是在产品创新实施之前就能确定的。之后在所确定的创新范围下，该"做什么"就是在本阶段要解决的实质性问题了。就好比你身处于一片原始森林，手里有一把弓箭，你可以将手中的弓箭射向任何一个地方或者射向任何一种猎物，借此冲出荒蛮之地，获得一线生机。但当你发现前方是茂密的树林和奇峻的岩石，飞鹰在头顶翱翔，河马从河的对岸缓缓而来，可爱的松鼠从你脚边穿过，此时，你会举起弓把这一箭射向何处？是生猛的野兽，还是没有抵抗力的松鼠？是树林里的果实还是岩石缝中的植被？此时此刻你一定要做出决策，才能有生还的机会。如果不做决策或者决策不当，都会带来巨大的生命风险！所以"射哪里"与第一个阶段"做什么"是有异曲同工之处的。

因此，产品创新过程中的第一阶段是三个阶段中最重要的。如果没有第一阶段的"做什么"，就不可能有后面两个阶段的"怎么做"，没有第一阶段的明确指引也就没有后面两个阶段的坚持与聚焦。所以在第一阶段"做什么"的选择范畴中，如何合理化、清晰化、效率化地制定出蓝图与方针，才是推进和实施产品创新的抓手。本书所说的产品创新中第一阶段的重要程度就如在人生之中对职业的选择一样，看起来或许只是无心之举，却已经为未来选定了一条漫长的道路。我们会沿着最初选择的那个方向一直前进，并且不断强化当初的选择，无论这条道路的前方是悬崖峭壁的惊险之地，还是充满牛奶与蜜的富饶之地，都让我们觉得神秘莫测。我们深知走得越远就越难掉头，所以"选择大于努力"的格言深植于我们心中。因此，产品创新的第一阶段"产品创新策略"是未来取得创新成果的重要根基。

从工业时代至今，产品创新策略的重要性是呈现指数级增长的。在有着百年沉淀的汽车领域，优秀的国产汽车品牌在重视产品创新策略之后所获的突破是显而易见的。以前，合资汽车品牌可以说是垄断了国内市场，当时的国产汽车就是廉价的代名词，而近年国产汽车品牌异军突起，其中长城汽车旗下的哈弗系列首屈一指。哈弗H6车型可以说在SUV市场上如神一般地存在着，这得益于城市SUV的需求增长，哈弗H6的诞生不仅解决了老越野车型的不舒适性、油耗高等问题，也满足了越野型SUV以家庭出行为主的刚性需求。同时在外观与内饰方面不失年轻消费者追求的科技性与时尚感。哈弗车型的成功并非偶然，相比战术性的市场空间，真正的战略空间在于长城汽车在当时市场发展机遇下，对产品创新策略的精准定位。通过对产品创新策略的推进与实施，哈弗H6最终站上了国产汽车的神坛。长城汽车通过实施产品创新策略，在技术上不断强化与精进，更是让一众合资车见识到了中国品牌的实力，以至于曾经有人说过"哈弗H6的对手永远是下一代哈弗H6"。

与此同时，在20世纪90年代初期这一合资车企横行的年代，市场中不仅充满了各式各样的诱惑，同时也蕴藏着巨大的商业机遇。但对于当时刚刚起步的一些小型民营车企来说，却是另一番景象。由于缺乏做轿车的资质及与外资车企的合作资源，长城集团在创业之初就遇到了各种问题。在竞争激烈的汽车领域，为了公司的生存，长城集团不得不寻找下一个突破口。其实在打造哈弗汽车产品体系之前，长城对众多车型都进行过尝试，容易让人产生一种长城汽车什么车型都做，但是什么车型都不精通的错觉。就在这种内外夹击的质疑声中，长城通过借鉴海外市场的发展经验，将东南亚市场很受欢迎的皮卡车型引入国内进行制造生产，希望以皮卡车型塑造相对国内其他车企的市场竞争优势，并在这个"狭窄"领域投入大量资源发起猛烈攻势。毋庸置疑，长城通过对自身优势的把握，以及对国内市场和消费者的研究与探索，让这次产品创新策略命中靶心。最终凭借皮卡的物美价廉，很快占领了国内皮卡车型的大部分市场份额。如果一家企业不重视产品创新策略，而在产品创新初始就只会埋头苦干的话，那么不但其眼界与格局会被桎梏，更会造成真金白银的惨痛损失。随着21世纪的到来，整体经济的转型及消费市场的升级让诸多企业开始了新一轮的变革，汽车市场也不例外。消费者手里的可支配收入在增加，适应消费升级的新趋势不仅给企业带来了新的挑战，同时也为企业开辟出了新的赛道。为了更好地满足市场需求，撬动消费潜力，成熟企业开始紧锣密鼓地加快产品创新的步伐，从而塑造出新的品牌形象。初创企业也层出不穷，通过更年轻化、个性化的产品形式，来拥抱"80后""90后"这一代消费主力军。

　　凭借着H6这一车型在SUV领域所获得的成就，长城集团希望改写"廉价"的历史篇章，进入中高端车型的发展轨道。抱着这样的愿景和勇气，长城汽车开始行动了，在2018年推出了首款插电式混动车高端车型——魏派P8。被国人寄予厚望的P8看上去拥有着豪华配置和大气的外观，在上市之初曾放言要超越比亚迪唐和丰田汉兰达等同级别车型。但上市之后，消费者们似乎都被其较高的定价挡在了门外，最终它以月销售仅百台并且降价5万元都无人问津的结局收场。这无疑是长城汽车在中高端汽车产品创新策略上的一次失败经历，这次创新策略的箭似乎偏离了靶心。产品创新策略的失策一方面给长城带来了一定的损失及消费者对长城品牌的负面解读；另一方面也给长城汽车在产品创新策略的布局中带来了反思。对于消费者而言，当我们享受到高性价比的国产汽车时，不要忘却是这些有责任、有担当的国产车企不断地进行创新和探索。

　　当绝大多数的产品在市场上已经供大于求时，或许产品的市场突破不能再依赖于愿景与勇气带来的奇迹，更不能把产品的生死归结于命运。因为那个遥远的、野蛮的，但也充满不可思议的个人传奇的时代已经过去了，所以要在产品创新的进程中步步为营，通过有效的方法为第一阶段的产品创新策略构建有效的实施举措，然后根据企业本身具有的优势和市场大环境的趋势为产品创新带来更理智的、可行的决策支撑。

2.2 阶段二：产品创新设计

"唐僧之所以能成为唐僧，并不是因为他取得了经书，而是他取经的路"，产品创新就是如此，产品创新的成功并不是源于一次偶然的机遇或是时代使然，而是源于产品创新的有效路径。

产品创新设计是产品创新进程中的第二个阶段，大家可能会将这一阶段与耳熟能详的产品设计相混淆，本节中的第二阶段产品创新设计与产品设计并非相同的概念，如果产品设计是设计1.0的话，那么产品创新设计即设计2.0。从市场角度来说，以往的产品设计是以满足刚需强化功能为主，效仿和借鉴在当时是有效的。过去，绝大多数企业都以自身强大的制造能力和生产效率为核心竞争力，并通过这样的优势很好地生存下来，再谋求业务的泛化。但如今，在消费品赛道中，人们对愿意付费购买的产品有着更高品质的追求及个性化的喜好，这让产品使命要从注重消费者的理性脑转向感性脑，也就是以人的身份和生活方式的探索为轴。

同样，市场也在不断变化，前一秒还是湛蓝无比、风平浪静的蓝海市场，下一秒就变成了竞争残酷、招招见红的红海市场。但无论是从蓝海中把消费市场变出来，博得原本没有这种消费习惯的消费者的认可，还是在红海市场的竞争白热化状态下，让原本是竞争对手的客户变成合作伙伴，对产品进行创新永远都是无法回避的话题。所以如果还在以过去的产品设计理念强加于当下这个极具竞争的市场环境，很明显是根本无法匹配的。毕竟时钟不会停摆，时代也在不断更替，只有在创新面前才拥有真正意义上的人人平等，所以创新才是后来者重要的翻盘机会，也将成为头部企业们保持增长的钥匙。因此传统的"产品设计"必将转向为"产品创新设计"。

同样，产品构造的过程中，对硬件产品来说已不仅限于对产品的外观进行设计开发。虽然外观是产品给消费者的第一印象，但是对外观的设计体现已经不是以往单一维度的考量，而是关联于需求、场景、技术等方面的综合性考量。而对软件产品而言，也不仅限于对头部产品的借鉴，比如在纯软件类产品中，电商平台就应该被暖色系包裹，并配上瀑布流似的模块；工具类产品就应该被赋予理性的冷色系，并加上硕大的使用按钮等。这些惯用的产品设计行为对用户来说已经司空见惯，而这反映出的是产品创新的缺乏所导致的感染力削弱。用户的认知和焦点在不断变迁的环境中进行着自我进化，如果再用产品设计1.0的理念的话，无疑会出现产品本身溢价权的丢失，从而只剩下卷参数和成本了。就如当"价格战"成为产品在市场中唯一的竞争方式时，供需市场必将出现一片哀号。

从企业的内部职能划分来看，会发现以前对产品设计师的职能要求可以总结为三个方面：第一是会使用各式各样的设计类软件，第二是完全按照领导的想法把产品图形画出来，第三是配合生产线或产品开发的实际能力进行产品深化实施。想必从事过产品设计的读者对这3个方面的工作内容并不感到陌生。但如今，决定企业竞争力的最主要因素之一就是产品，因此产品设计的职能岗位在企业中的分量变得越来越重，企业对产品设计人才的职能要求也有了天翻地覆的变化。所以拥有产品创新设计能力的设计师将成为新的宠儿，他们不仅要对设计与开发负责，更要在产品设计过程中，拥有足够的创新意识和创新方法，使设计出来的产品既拥有亮点和记忆点，又能因能满足用户的核心诉求而成为打动用户的动力源。这才是符合当下设计能力的表现。因此从产品设计到产品创新设计的转变必将为同质化产品泛滥、差异化日益涌现的当下创造出更多突围机会，毕竟在商业市场中从来没有必胜的法则，只有不断创新而构建出的市场准则。

在第二阶段产品创新设计过程中有一个核心命题，也是产品创新设计中最为重要的底层逻辑，即从抽象的想法转化为具象概念的设计过程。

在产品创新的进程中，通过第一阶段产品创新策略收获了产品在创新方向上的发力点（第5章中将对产品创新策略下的实施步骤进行具体论述），这个发力点称为产品定位。但是产品定位只是通过文字描述出来的抽象想法，主要用于圈定创新范围、确定创新边界。如何把抽象的文字转化为具象的产品设计内容，无疑是对产品设计师的一项挑战，也是对产品创新设计能力进行的训练。毕竟一方面既要摒弃以往随波逐流的设计习惯，迈入打破固化、奔赴创新的设计时代，而另一方面也要避免天马行空、不切实际的设计理念，即便设计方案看上去是完美且诱惑的，但这种完美与诱惑反而成为推动创新走向衰亡的"毒药"，毕竟设计是创新具体表达的唯一方式，而产品设计对最终创新成果是可造成牵一发而动全身的不同结果的。

下面将为大家讲述的案例，充分体现了一个在大众认知下造型简单至极、功能十分单一的产品是如何通过创新设计打破固有形态、产生市场涟漪的过程。

2020年，新冠疫情暴发，在要把人民群众生命安全和身体健康放在第一位、坚决遏制疫情蔓延势头的重要指示下，政府通过外防输入、内防扩散的战略布局来堵住传染源，控制新冠疫情的蔓延。那一年的春节，停止了一切走亲访友的活动，每个人都自觉待在家里，做足自我防护和自我监测。随着时间的推移，人体是否感染新冠病毒的特征及表现也越来越清晰和稳定，其中人体温度就成了衡量感染与否的一项重要指标。因此，家用体温计便成为每家每户的必备用品。回溯电子体温计产品的发展历程，在中国最早起源于1998年，并且此产品的需求量持续在以高达30%的增速增长。对于电子体温计产品本身而言，有着较低的政策壁垒、技术壁垒和较大的市场空间，因此吸引了众多相关领域的企业加入电子体温计的设计和生产，不仅将电子体温计产品推向了高速发展的赛道，同时也加剧了市场竞争的白热化程度。

虽然电子体温计成为每家每户必备的刚需产品，形态和功能看上去也大同小异，企业主们对电子体温计产品的态度可谓"不求有功但求无过"。这造成了相关企业对用户使用过程和使用体验上的忽略，导致市场一直没有出现具有差异性的电子体温计产品。或许因为这类产品太过普通了，它那一根直直的造型加上清晰刻度的形象已经根深蒂固地刻画在消费者的心里，又或许是使用方式过于单一了，只要把温度测量的功能做到位，其他的都无须雕琢。但事实上，如果体温计的使用人群不同，那么体温计在设计上应该体现出差异性。就最普通的腋下电子体温计而言，婴幼儿和成年人的使用性质就完全不同。就在2020年的夏天，一家知名体温计制造商与我的团队进行了深入沟通，他们认为想要在当今腋下电子体温计市场竞争中获得一席之地，唯一的策略就是不断压缩利润空间，下调市场售价。但实际上，价格战打破的是本有的溢价基础，久而久之以廉价出名的品牌，就难以再走向高端。因此这家体温计制造商希望能够运用我们的产品创新方法体系，通过对产品本身进行具有创新性的设计重构，以此作为市场发力的突破口。显然，这是一个具有挑战性的合作项目。首先，体温计产品本身需要的设计元素太过单一，外观形态也已被固化；其次，用户的使用场景是固定的，使用方式也几乎完全相同。虽然面临着林林总总的挑战，以及产品外观极致简单化的现实问题，但是这些困难对于我和我的团队而言并不陌生，因为对创新反复验证后不断得到的高回报激励了团队迎难而上的勇气，而这种创新的勇气进一步融入了每个人内在的创新力和行事风格。

我们严谨地按照产品创新过程中的三个阶段进行实施，从第一阶段的产品创新策略展开，我们分别在腋下体温计使用者和被测温者中分析出了不同的核心需求，以及人、产品和场景之间的关联性需求。因此在产品创新策略中有了瞄准的目标范围，即1~3周岁的婴幼儿市场，同时也清晰地定义出了产品定位。通过产品定位的精准引导，我们开始克制地在产品创新策略范围内进行具象化的产品创新设计工作。首先，在进行外观设计的创新上，我们运用了"关联度产品的区间融合"到"多元素的堆叠"方法来区别于目前市场上的所有产品形态（具体方法将在5.3"设计创新三部曲"实施方法中详细阐述）。同时让产品给用户的第一印象就定格在婴幼儿专用的产品属性上，并且通过设计体现出适用于婴幼儿的专属样式，从而传达出专业、可爱的产品形象。其次，作为一个具有医疗属性的品类，功能的稳定和使用也是需要被绝对重视的，妈妈为宝宝在测量体温的场景中实现单手测温、一键开机，以及测量数据的简单易读，都成为合理的人机关系的有效依据。最后，温度测量的准确性、柔软的材料及耐摔的材质是产品的基础保障。从抽象的产品定位到快速产出的设计创新概念手稿，再到完全输出区别于目前市场上所有的产品形态，电子腋下体温计的完整设计就这样形成了，如图2-1所示。

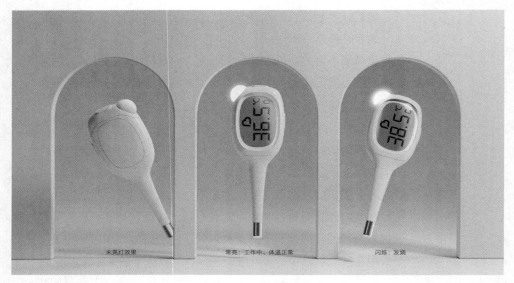

图 2-1　体温计产品设计

　　但是具有创新性的设计必定会带来一些挑战，无论是大师乔布斯对智能手机富有颠覆性的创新之举，还是任何设计师在日常工作中对普通产品某功能的一次迭代和改动，都会对研发或者制造生产带来大大小小的挑战。在经济学中有一种被称为"路径依赖"的理论，表明了人类社会中的技术演进或者制度变迁，均有某种惯性。一旦进入某一种路径，无论好坏，都可能对这种路径产生依赖性。这个理论，一定程度上也可以用来解释我们在产品创新设计中所遇到的问题。在腋下电子体温计的这个项目中，我们交付的不仅是有理有据的产品创新设计报告和具有创新性的设计图纸，更重要的是确保产品在制造生产过程中的可落地性和可实现性。虽然在我们与产品工程师们进行沟通的过程中，小到电池电量导致的产品使用次数大幅缩水，大到产品结构的拆模与开模的实施问题，都导致了固有的制造流程被打破，虽然产品开发流程中各环节以往习以为常的操作行为将被改变，这些都成了推动此次产品创新的阻碍，但是作为产品创新设计的发起者和推动者，我们无疑要具备一定的产品专业度和沟通协调能力，以及对产品创新的坚守和超越精神。因为只有发挥创新力才能增强生产力，最终把产品在市场中的"战斗力"提升起来。因此，我和我的团队通过不懈的努力，与公司内部的产品工程师们一起面对了产品创新带来的一系列改变，也培养了打破固有环节、接受变化的心态，最终开拓出了创新产品所需的生产条件，为产品实现画上了完美的句号。

2.3　阶段三：产品创新决策

决策的重要性是不言而喻的，一个错误的决策，有时100个补救的行动也无法挽救。对于人生而言，求学的道路、职业的方向及伴侣的选择都会因为自己所做的决策而发生变化，正如你今天的状态很大程度是来自你昨天所做的决定，你的将来也将随着你今天的决策而发生改变。在企业活动中，做出大大小小的决策更是高管们的日常，他们会从各个方案中选择一个方案作为未来的行动指南，大到公司的战略方向、市场行为，小到公司内部的职能划分、员工关怀等，都需要有人做出明确的决策。如果缺失了决策这一关键性的行为，那么所有的事情都将变得悬而未决，企业的发展将失去目标，团队也将变得毫无动力。

在不同的决策性事件中，决策者都会根据客观的可能性进行评估，并在一定的信息量和个人经验的基础上，借助一定的方法对目标实现的相关因素进行分析后做出相应的判断和决策。不同的决策性事件给予决策者们判断的依据和支撑性的内容也不一样，正因为具有这样的差异性，所以不同的决策性事件拥有不同的信息收集方法，以及信息加工后具有推倒性的结论过程。有了现代化高速发展的技术水平，对产品创新的实施开展所缺乏的不再是生产工艺，也不是研发能力，更不是创意和点子，而是经过有效的推理方法和分析手段所得出的可靠结论。毕竟商业的底层逻辑之一就是降低风险，降低风险的底层逻辑就是提高决策能力，提高决策能力的底层逻辑就是在产品创新过程中获取作出结论的有效性支撑依据。因此，在产品创新进程中及创新成果产出后，对于此次创新行动是停止还是继续，对创新成果是淘汰还是量产，都取决于决策者们对创新进行价值评估后所作出的最终决策。但是，作为产品创新的推动者和实践者，我们也需要对创新产品进行真实的市场验证并获取相关可靠的信息数据，同时对其进行潜在的风险分析，以及对决策者进行清晰的创新价值表达，从而帮助决策者在进行决策的过程中作出合理的判断。

通常一提及创新就会与风险相挂钩，而我们所实施的产品创新是以最大程度规避风险、缩小不确定性为前提的。另外，作为产品创新的发起者，我们希望创新孵化的进程得以延续，并得到资源的支持和高层决策者的肯定。因为只有与高层决策者在产品创新的预期上达成共识，才能极大地推动创新成果走向成功的可能性。所以从以上两个方面出发，在第三阶段——产品创新决策中就要解决两个核心问题，即"真实市场验证数据"的获取和"综合性分析评估报告"的撰写与呈现。虽然每个人所身处的创新平台、组织架构及土壤环境都存在很大的差异性，但依然要坚持完成产品创新进程中的最后一个阶段，毕竟创新成果是否有登上市场舞台的机会，最终还是掌握在创新发起者自己手中。

接下来，我将通过一个具体的案例向大家阐述，在产品创新决策中是如何进行真实市场验证并完成用户反馈信息收集的。

随着人们生活水平的提高，在已满足物质条件的情况下，对精神层面的追求已经成为大多数民众生活的新目标。毕竟不断探索生活中的乐趣是人类发展的不竭动力，因此旅游度假成了大家休闲娱乐、放松身心的首要选择。从1993年到2018年，国内游客数量增长了十余倍，这充分体现了我国旅游业的良好发展与变化。这样的高速增长局面，一方面离不开我国经济的快速发展和国内旅游资源的丰富，另一方面也体现出了人们对旅游度假的热情和推崇。

伴随着高速发展的旅游业所带动的周边产业的蒸蒸日上，游客在旅游过程中的需求也发生了一系列变化。从以往基本的景区游览需求到对吃、住、行、游、购、娱的全方位体验升级和以拍照为主留下旅游印记的行为，再到慢慢品味风土人情从而获得不同价值感的体验，这些需求上的改变都激发了游客对旅游品质全方位提升的新预期。就在这一时期，旅游产业的高速增长与科技产业的蓬勃发展不期而遇，在科技赋能下，全域旅游、智慧景区的概念应运而生，携程、腾讯这样的互联网大公司也纷纷入局，运用自身的技术优势和互联网理念为旅游产业添砖加瓦，为游客在旅游过程中提供更高效的智能服务。其实只要市场有需求就会催生出新的业务形态，从而成为企业的营利方式。对于以营利为目的、从事商业经营的组织来说，旅游这块蛋糕无疑具有很大的吸引力。但对于一种新的用户需求，怎么做才能满足游客在旅游过程中对体验价值的预期，成为企业需要去探索和研究的话题。

此时，一家具备互联网技术开发能力但对智慧旅游产品无从下手的企业找到了我们，希望我们能够帮助他们打造能满足智慧旅游需求的产品形态，并希望对此产品进行低成本的有效验证以确保风险的可控性。这对于我和我的团队来说是一次从 0 到 1 的产品创新工作，我们依然从第一个阶段入手，通过一系列的有效信息获取和合情推理的论证方式，提出了产品定位。运行到第二个阶段时，输出了具有创新性的设计形态，即涵盖了游客游前、游中、游后的三大触点所涉及的游客服务平台、旅游管理部门人员使用的运营平台和旅游大数据平台，通过一个中心、两个平台集成了旅游服务管理化的整套系统。最后进入了第三阶段——产品创新决策，在这一阶段中，第一步必须将之前进行的一系列分析推断和设想的设计形态投入创新验证中获取真实的用户信息反馈。既然是验证，就务必通过低成本且高效率的方式来达到验证目的。但对于一套既涉及 B 端管理人员又涉及 C 端终端服务的系统而言，涉及多角色使用者的系统必定会带来验证的难度。

因此，在实施验证的过程中，首先，并没有将产品进行系统开发，只要不涉及开发，就能在研发资源的投入和效率上缩减大量成本。其次，将产品的价值内涵转化成一套完整的智慧旅游信息化解决方案，在这套解决方案中，通过对使用角色操作背景的了解，以及对旅游信息化需求和政策的深刻解读，基于目前旅游业的现状总结出了旅游资源缺整合、旅游监管缺手段、旅游营销缺数据、旅游服务缺创新四大痛点，同时将构建的产品体系转化为"一个中心汇聚信息的游客大数据平台""一套系统监管行业的综合管理平台"和"一部手机畅游全域的综合服务平台"三大解决办法。以四大痛点和三大解决办法为出发点，将拓宽产品本身的价值维度，并在资源投入和效率上大大降低产品的创新成本。最后，我们在与多位需求客户进行"智慧旅游信息化"解决方案的沟通中，顺利收集到了真实市场的价值反馈并进行总结提炼，提炼的结果成为此次产品创新设计的佐证和决定该企业是否进行投入并开展此项目的决策依据。

在产品的创新决策中，不能只在想象中对创新成果进行预判，更不能在不对创新成果做任何验证之前就将产品直接进行量产，或研发后直接投入市场中。这样的行为只会导致创新的风险层层加剧，创新的产品也最终成为落在商业舞台上的一粒尘埃。或许在此，有人会高举"运气至上"的牌子，认为对于创新成果来说验证过程可有可无，又或许有人相信自己有对创新作出甄别的眼光和经验，认为对创新作出决策的根基是丰厚的经历。其实，对创新产品进行验证是否必要，是随着创新环境不断变化的，重点看的应该是市场饱和程度和创新成功概率之间的动向。毕竟创新的目的是创造收益，只有被用户所认可的创新产品，才会衍生出一个广阔的增量市场。然而众所周知，在未来的不确定性面前，经验只能代表过去，所以对创新决策所表现出的那份笃定也并不可靠。在这样的局面下，唯一能做的只有对不确定性进行不断挖掘和探索，在有限的条件下作出积极的应变，并努力将客观的验证过程做到极致，才能降低产品创新中的决策风险概率。

以上就是对产品创新在实施过程中所划分出的三大阶段的详细阐述。当从三个阶段重新去审视整个创新的进程时，你会更有结构性地去理解产品创新实施过程中的核心要素，更清晰地认知创新过程之间的关联。这样你就会有像鹰的眼睛从天空中俯瞰大地一样的创新全局感，这种俯瞰创新全局的过程将激发你构建起全新的产品创新思维，而三大阶段将成为你在产品创新实施过程中的行为框架。

2.4 "创新力"的构建公式

通过对产品创新三大阶段的全方位认识，你已经对产品创新的整个历程有了全局化的概念。下面来思考这样的问题：假如你对产品创新进程的每个阶段都已经了如指掌，或者你还知道了很多创新工具，也了解了诸多创新方法，那么是否就代表你能够成功且顺利地推动一次创新活动呢？又或许你对产品创新持有热爱，也对团队的实力抱有信心，那么是否代表你在产品创新过程的每个阶段都能做到有效产出呢？我相信以上问题会把你带入自我审视的状态，你内心想回答出"我可以"，但在现实中创新的实施难度是不言而喻的。

以上的问题之所以会让你如此徘徊不定，那是因为你没有意识到创新力才是推动创新实施且获取有效创新成果的本源。毕竟对于任何实施行为而言，执行过程的质量高低对目标结果的最后呈现是会带来直接影响的。而在产品创新的实施过程中能否确保创新的有效性，取决于创新发起者自身创新能力的功底深浅。只要有足够深厚的创新力，就能成为创新实施过程中的发动机，而这一创新发动机必将为最终的创新成果提供有效且合理的动力源。所以，当意识到创新的工具和方法只是获取创新成果的武器，而创新力才是产品创新的本源时，就会将每一次运用产品创新方法对创新工作进行实施的机会视为对创新力的训练。毕竟，能力是需要日积月累沉淀后才能最终成为专属于自己的内力。当你有了属于自己的创新力，就能够在团队中、在企业里，甚至在个人的创业环境中迸发出创新的火花并让它成为推动创新变革的燃料，这样就可以为达成创新目标注入更多的原动力。因此归根结底，如果你渴望在一场创新盛宴中被世人瞩目，如果你希望创新成果能插上奔向成功的翅膀，那么就应该分辨出，当下有些像迷雾一样的创新行为阻碍了产品创新的有效性，以及过度标榜那些在创新中成功的"运气选手"让我们对创新产生了误解。所以，当我们明白创新力才是推动产品创新奔赴创新目标的本源时，眼前这些构筑在产品创新面前的阻碍和误解都将不攻自破。

当我们意识到创新力才是产品创新的本源后，再来看那些帮助我们达到创新目的的工具和方法时，就会发现创新力与创新工具之间是一种相辅相成的关系。一方面，如果你缺乏创新力，就算你知道很多的创新工具，了解很多的创新方法，但你在创新活动中也只是经历了一场纸上谈兵般的热闹而已。这种形式主义的方式对收获创新成果没有任何益处可言。另一方面，如果你没有行之有效的创新工具，那么在创新能力的构建过程中将缺乏抓手。所以创新力与创新工具是一体的，是不可被分割对待的。同样，如果你掌握了有效的创新工具或方法，那么所掌握的工具和方法就将成为创新能力进阶的阶梯，并且在阶梯的攀爬过程中会让你越往上就会变得越顺利。所以，创新力与创新工具是相辅相成的关系，也会相得益彰。

不仅如此，我们还需要将自己训练成为一名能够熟练掌握"创新武器"的战士。当达到"人器合一"的境界后，不仅在创新过程中不会再因为想象力的缺失而导致自己缺乏对创新的判断力，也不会再因为那些自己通过想象而产生的感性依据，削弱创新实施过程中的信服度。同时还能让你在产品创新的实施过程中增加一份笃定和信心，而这份笃定与信心将为你扫除眼前那些质疑的绊脚石，最终让你在创新之路上持续前进直到收获创新成果。但是，创新力的构建不仅需要有效的创新工具和方法进行指引，更需要对创新工具和方法进行循环往复的运用，这样才能增强创新的经验值，从而转化为属于自身的创新力。

所以，创新能力的关键构成就在于：第一，一定要运用有效的创新实施工具和方法。如果你选择的工具和方法对产品创新在实施的过程中没有促进作用，或因为你缺乏对创新工具和方法的判断从而导致选择出现错误的话，那么就像在参加一场长跑竞赛，奔跑速度的高低都是其次，但如果方向跑错了，反而会离创新的目标越来越远。第二，即使拥有了有效的工具和方法，但不加以训练和运用，那么再有效的工具和方法也将失去效用。毕竟对于创新工具和方法的掌握程度取决于你对创新工具和方法的有效运用和不断训练的积累过程，以及在每一次创新实施中对创新思维的点拨和锻炼。所以，只有有效的创新工具加上合理的运用方式，以及不断的训练过程，才是真正构建起自身创新力的最佳公式。

回归到产品创新中，无论你是想通过创新力的优势成为企业中不可缺少的核心角色，还是想通过开辟新的产品赛道成为一方诸侯，除了离不开勤学和苦练的行为本质，还需要找到带你开启创新力进阶之旅的引领者。他将系统性的产品创新方法和工具交付于你，然后你通过有效的运用进行不断训练，最终成为被时代拥抱的产品创新佼佼者。

第3章
结束产品创新的侏罗纪时代

"*工欲善其事，必先利其器。*"

对方法和工具的理解深度决定了我们使用它所获得的价值高度。

距今2亿多年前，我们的地球上生活着庞大的恐龙家族，它们统治着海洋、陆地和天空。但是如今，它们已不复存在。作为曾经一个时代的霸主，它们在时代的更替中销声匿迹了。就像如今成千上万的企业带着形形色色的产品进入弱肉强食的"侏罗纪时代"一样，不断追赶、不断博弈，因为大家都害怕被淘汰，更害怕从此被忘记。所以，企业中不断开拓创造的心智是尤为坚定的，对产品价值的不断追求也从未停息，因为只有这样才能在这个弱肉强食的商业世界中生存和发展。但是，在进行产品创新的具体实施过程中，由于对创新方法本身所存在的认知局限，以及对产品创新实施关键节点把控失衡，种种问题层出不穷，以致产品创新成果失利，甚至常常出现虎头蛇尾的产品创新情形，使得创新在实施过程中出现半路夭折的窘况。这些都是产品在开展创新的过程中通常会遭遇的局面。或许现在的你正深陷于创新的窘境之中，又或许在你以往的创新实施经历中有所体会。但似乎大家都把创新成果出现普遍性的失利情况视为常态，与其说大家不愿意去探究它，更大的原因或许在于大家并不知道哪里出了问题，以及该如何走出这一创新误区。

第 3 章
视频导读

3.1 对当下"用户研究"方法的反思

近年来用户研究的方法得到了不少从事设计或者产品经理工作的职场人的追捧。他们希望通过用户研究的方法，帮助企业定义产品的目标群体，明确细化产品概念，挖掘用户实际需求，从而让产品更符合用户的习惯、行为和期待。所以，近几年间用户研究的方法在各企业乃至设计类高校中大行其道。同时，随着用户研究这一概念的普及度越来越高，对用户研究内容的获取和学习也变得更加轻而易举。大家不仅可以通过搜索就能看到琳琅满目的教授方式和形形色色的用户研究定义，还可以通过查阅书籍获取用户研究的相关知识和概念，并且从书中了解对"问卷、访谈、焦点小组"等用户研究实施方法和操作流程的清晰解释和对具体执行步骤的阐述。此外，有些企业为了能够开展一次专业的用户研究实施行为，还可以向外部咨询公司购买专业的用户研究咨询服务。由此可见，当一个概念或方法的信息获取通路变得越来越容易和多元时，就代表这一概念或方法的普及度变得越来越高。这就好比人们常常形容受追捧程度高的产品是爆品，那么用户研究也可以被称为当下的一个爆款概念了。

其实1.0时代的用户研究是起源于市场研究。1923年，阿瑟·查尔斯·尼尔森先生在美国创建了AC尼尔森公司，标志着美国第一家市场研究公司的诞生，也是世界上最早的市场研究公司之一。随后1988年，合资企业广州宝洁公司注册成立，并在广州设立了消费者市场研究部。随着时间的推移和演变，众多市场研究公司开始出现，同时也为最早期的用户研究打下了理论基础。之后伴随着互联网的兴起，用户研究迎来了2.0时代。在这一时期，真正意义上的用户研究职业形态开始出现，并伴随着用户体验（User Experience）一词被广泛认知。2000年，随着互联网时代野蛮生长的上半场结束，软件产品的竞争变得日益激烈。就在此时，用户研究被视为产品设计的有效突围方式并在互联网企业中被广泛使用。与此同时，用户研究概念及使用方法的影响力也由此被不断扩大。

以上通过对用户研究概念演变历程的简要回溯可以发现，用户研究的构成根基依然坐落于早期的市场调研范畴之中。所以在用户研究中所涉及的具体实施方法如问卷、访谈、焦点小组等都与市场调研中所运用的方法有着异曲同工之处。然而，随着互联网信息技术的蓬勃发展和软件产品的大范围普及，用户研究的运用范畴和概念被无限扩大和过度润色，使这一方法被当时很多互联网企业视为重启辉煌的法宝。直到如今，用户研究已经被视为可用于产品创新的一种可靠手段。正因如此，当大家把用户研究视为奔赴产品创新的有效通路后，似乎大家都在积极地学习它，大胆地使用它。这表示大家都希望摒弃拍脑袋似的创新行为，而在为寻求一种有理有据的创新举措而付出努力。毕竟在产品创新领域，像乔布斯那样神话般的天才创新者我们只能望尘莫及。而作为普通人，我们为之能做的就是怀揣着对创新的热诚然后找到相对有效的方法，去拉近和创新之间的距离，用理性的创新主义精神使产品创新从疯狂中冷静下来。但用户研究，真的能解决产品创新的一切难题吗？

其实，我们之所以在开展产品创新行为时会"信仰"用户研究的概念和方法，是因为在产品创新的实施过程中必然会运用到用户研究所涉及的具体内容。换言之，就是在开展产品创新举措时，通常会运用到调研的具体实施方式。就如在企业的日常工作中，当我们需要去做一件未知的事情之前，哪怕是一个功能的迭代或者是一次从0到1的创新举措，我们脑海里闪现的第一步一定是先做个调研吧！因为在面对未知事物时，调研一定是我们信息输入的最优解，也是着手开展的第一步。然而，用户研究的方法中所包含的问卷、观察、访谈等实施行为与调研的具体实施内容是完全一致的，所以我们在开展富有创新性的工作时必然会运用到用户研究中所涉及的调研方法，甚至我们会认为用户研究的方法可以成为产品的创新指南。殊不知调研只是产品奔赴创新彼岸的一块砖石，而并非整座桥梁。所以，当我们将产品创新作为最终的目标并希望运用用户研究的方法去达成这一最终目标时，似乎就显得有些力不从心了。

尽管我们按照用户研究的方法和要求去不同的城市对目标用户进行深入的访谈，并且通过问卷收集了成千上万的用户数据，甚至还邀约了高价值用户进行共创共建的实施举措，希望通过群策群力迸发出对产品的创新见解，但是，也很难有效且完整地对产品创新实施进行有力推动，直至产出有效的产品创新成果。这使得产品创新实施工作常常在高举高打地开场后，都以"半路夭折"的状态惨淡收场，最终剩下的只是几份铺满了图文和各种过程展示的PPT罢了。

曾经我和我的团队何尝不是用户研究方法的"信徒"，我们去深入理解用户研究这一舶来品的价值，并且认为多学科的融合和不同角色的团队组成一定能为产品创新增添色彩，也一定能为这场商业赌局赢得筹码。但是，当我们将用户研究的方法落实到产品创新项目中时，所收获的产品创新成果却是苍白的。因此，经历了几次碰壁后，我们开始对用户研究方法与产品创新目标之间的关系进行了深刻反思。由此总结出以下两点。

（1）*产品创新需要体系化的实施行为，而用户研究只是局部的实施勾勒*

实施一次有成果性的产品创新行为，需要一套体系化的闭环实施方法，这个体系的关联性决定了有些步骤是无法被压缩的，就如在企业中有些岗位是无法被合并的，有些冗余和烦琐的流程看起来很不重要，甚至浪费成本，但是在关键时刻往往是决定整体价值的。所以产品创新过程中所运用的方法体系一定不是东拼西凑地随意拼接，也不是以偏概全地通过局部现象来覆盖整体的片面举措，而是需要体系化地采取闭环实施行为，才能使产品创新在感性和理性之间寻找到平衡点，从而使每一步创新行为在整个创新过程中达到相互促进、相互强化、相互协调的配合关系，并获得每个关键步骤下所关联的价值产出，最终才能产出符合预期的产品创新成果。

但是体系化的价值网络常常隐藏在显性行为的背后而容易被忽略，因为人们更容易被具体的、可见的、热闹的行为所吸引，而不习惯在审视某个行为时站在高处去俯瞰它。就如你每天回到家，按一下开关灯就亮了，打开水龙头就有水了，而且能够循环往复地去使用水电。就在这一普遍行为下，人们常常把关注点放在了电灯泡和水龙头本身，但其实并不是仅仅因为安装了电灯泡和水龙头才让你如此地使用自如，而是背后有一套成熟、稳定且综合效率很高的城市供水体系和供电体系的支撑。正因有这样的体系才能够让黑夜变得明亮，让我们在干渴中得以滋润。

当我们以体系化的视角去审视用户研究会发现，它只是在产品创新实施过程中前期调研开展下的局部运用方式而已。比如，制作一根跳绳需要5段材料才能将其衔接完成，而用户研究只是这5段材料中一段里的一部分。仅凭这一段材料里的一部分就能制作出一根完整的跳绳吗？显然答案是否定的。因此，用户研究所涉及的实施行为对于产品创新而言只是推进过程中的一小步，而这一小步与体系化的闭环实施行为之间还存在着一定的距离。所以在我们仅运用用户研究方法去推动创新活动时常常会出现以下这样的局面。

在企业中，当你需要去执行一次与产品创新相关的工作时，大多数情况下会有两种实施模式的选择。第一，你会选择带领团队亲自操刀，为这次创新活动亲自坐镇。这样在整个产品创新的过程中不仅可以打磨团队的能力，还可以赋予个人饱满的成就感。第二，你也可以根据此次产品创新的具体任务明确出清晰的需求范围，然后引入外部公司来帮助你寻求创新答案。这样一来，你只需要扮演好甲方的角色，到时间节点进行验收即可。

假如你选择的是亲自操刀并且与能力不错的同事们成立了创新专项小组，而在创新专项小组里的同事们为了获取创新成果都十分积极努力，但在创新实施的过程中，你们选择运用用户研究的方法作为产品创新的执行方针，并且在实施过程中对用户研究所涉及的每一个方法都按照要求努力做到了尽善尽美。通过深度访谈、焦点小组等定性分析和问卷调查、影随观察等定量方法，你们终于有了创新的想法。但是，问题也开始慢慢涌现出来，在一次又一次的会议讨论中，大家对创新的想法开始变得分化。A同事说："我们应该强化功能性解决用户的痛点。"B同事说："我们应该传递价值性突出用户的爽点。"当这些不同的想法不断涌现却迟迟得不到统一时，内在的消耗也演变成了一种疲惫，最终让创新实施的推动效率大大降低并且加大了创新前进的阻力，导致产品创新的工作停滞不前，创新成效也大打折扣。

出现此种局面，是用户研究中所包含的实施方法相互之间缺失体系化造成的。体系化的缺失代表第一步的实施完成后与下一步的行为开展之间没有关联性的纽带作为连接点，而连接点的缺失就代表对下一步实施的方向性缺乏统一的目标和共识，所以才导致团队内部出现想法无法聚焦的现象。毕竟在实施产品创新的过程中，团队内不同成员对创新想法的发散性与形成共识下的聚焦性之间是存在矛盾的，所以需要一杆尺度清晰的秤作为众多想法与核心共识之间的平衡标准，而这一平衡标准就是体系化中每个关键节点下的具体指引和价值产出。有了环环相扣下的具体指引和价值产出，就能在实施产品创新行为时顺利地将第一步与第二步进行衔接，直至产出最终的产品创新成果。所以，用户研究中所包含的具体方法不仅缺乏体系化的闭环模式，而且每个实施方法之间还缺乏关键节点和衔接指引，因此让创新实施在推动的过程中显得分外吃力。

假如你没有选择第一种亲自操刀上阵的模式，而是在听从外部机构对用户研究方法的阐述后决定引入他们来开展此次创新活动的话，那么在轰轰烈烈的几周后，外部机构会向你呈现出他们运用了用户研究的种种方法后所收集到的用户数据和分析出的创新结论。这份报告看上去内容丰富、方法严谨，大家似乎很满意他们的工作产出，外部机构也因此顺利地结项并退场。此时，你正为做出引入外部公司进行产品创新实施的决定而感到沾沾自喜时，领导对你说："后续产品创新落地的事情就交给你了。"你顿时感到有点恍惚，仿佛有一种自己未曾经历"前半生"，就直接进入"后半截"的感觉。你突然发现外部机构通过运用用户研究方法留给你的除了一堆文字饱满、图形好看的抽象内容，没有任何具象的产品创新形态。而且你不知道如何将这些抽象的内容和观点转化为具有创新性的产品概念，更无法根据这份报告的内容去指导后续的产品创新工作。外部机构运用用户研究的方法来开展此次产品创新行为看似有章法、有内容，但由于用户研究方法对产品创新所需的体系化实施而言，是断层和不足的，所以它对下一步创新工作的转换和推进造成了很大的阻碍。因此，如果将产品创新视为最终的结果，那么就需要有体系化的实施路径才可抵达，而不是只看局部。

如果你从事产品工作且已经有了多年的职业经验，或者你是某次产品创新行动中的参与者或执行者，那么相信上述两种情形你并不会感到陌生。或许在现实的产品创新工作中我们遇到的问题已远远超过以上举出的两种情况，但就上述情况来看，都真实反映出了用户研究用于产品创新上所体现出的共性问题，而这也是我对用户研究概念及方法进行反思后的一点总结。对于产品创新而言，就如同你在绘制一张地图，而在这张地图上你只画出了进出口的位置，而其他的路径和标示却都是一片空白，那它怎能称作一张能带你走出创新困境的有效地图呢？

（2）用户研究中所包含的方法"有用"，但在实际操作中不一定"有效"

当我们为了解决某个问题而需要选择使用某种方法时，一般会从两个维度来对方法的有效性进行评估。第一，方法本身对于此问题是否适用和匹配，换句话说就是所选择的方法是否"对症下药"。第二，通过运用具体的方法解决问题的有效性是否达到预期。在产品创新进程的第一阶段产品创新策略中，为了迈出创新的第一步，我们需要围绕创新目标从多个维度的各个方面进行有效的信息收集，然后通过分析结构的建立对创新所需的有效信息进行提取。用户研究中所包含的访谈、观察、问卷、用户旅程地图等方法和工具对进行有效信息收集和提取都有一定的帮助，并且这些方法和工具在产品创新的第一阶段中，对信息获取和信息分析都有着直接的促进作用。因此，不可否认在产品创新实施进程的第一阶段中，用户研究所包含的方法和工具可以适用于具体的实施工作。但是，方法本身的适用与方法运用后所产生的有效性预期是两个完全不同的概念。方法本身的适用只能证明方法与需要解决的问题是契合的。所谓契合，就是当需要收集用户对某产品的使用感受时，就运用访谈的方法作为收集用户对产品使用感受的手段，这也就表示对收集用户使用感受这一问题选择对了方法。虽然选择对了方法，但是运用方法后对问题所产生的有效性是存在巨大差异的。简而言之，就是有些方法虽然本身对某些问题是适用的，但如果使用不当不仅解决不了问题，有时问题还会朝着负面方向被放大。

那为什么会出现本身有用的方法却在使用过程中发挥不出有效性呢？这当然不是使用者故意造成的，而是因为在铺天盖地的宣传中人们都只注重这些方法外在的表现形式，却缺失了对其核心使用逻辑的建立。所以，这也导致用户研究方法使用后的有效程度常常遭到质疑。就如在使用访谈的方式对有效信息进行收集时，一般都会在访谈之前准备好完整的访谈脚本，并严格地按照脚本内容去执行整个访谈过程。当然，经历了完整的访谈后，我们也如愿以偿收集到了不同访谈对象的信息内容。有了这些信息内容作为基础量，接下来就可以根据访谈内容结合分析的有序方式，最终得出相应的结论性观点。这就是一次完整访谈的实施流程。

但是，当对访谈所得出的结论和观点反向进行考量时就会发现，从所收集的信息内容到结论观点的形成，看似有理有据，其中却缺失了最为关键的一步——论证过程（见图3-1）。如果将A看成通过方法所收集的信息，将B看成通过相关信息所得出的结论和观点，那么是如何从 A 到 B 的呢？就如在一片田地里撒下了种子，过了一段时间后种子长成了果树，但从种子到果树的过程中如果没有浇水、施肥等培育过程，怎么可能长成果树呢？正因论证过程的严重缺失和不足，原本适用的解决方法最终得出了匪夷所思的结论，也正因为对"论证过程"的忽略，结论和观点的可靠性受到极大影响，反而干扰了创新的举措，加剧了创新的风险。

图 3-1　方法使用现状

在企业的真实工作中，通常会涉及一些具有开放性的工作内容。所谓开放性的工作内容，就是所要执行的工作任务不是按部就班地对一件事进行重复操作，而是工作任务的目标比较模糊且执行方式也需要进行探索。毫无疑问，当面对具有开放性工作内容时，需要做的第一步就是想办法获取大量的有效信息，然后对所收集的信息进行梳理和分析，最终得出相应的结论和观点。而用户研究中所包含的各种信息收集的方法，都可以使信息收集更为有效。并且当下流行的分析工具也一定能成为你梳理信息数据的好帮手。

届时，如果你已经对这些方法有了很成熟的使用经验，想必你一定积累了很多的见解和使用体会。如果你对这些方法有过了解但使用得并不熟练，相信你也可以在各大搜索引擎上找到相应的知识。但是，无论你是像前者一样使用得游刃有余，还是像后者一样可以照葫芦画瓢模仿得有模有样，相信你都可以输出一份看似内容丰富并且美观整洁的信息分析报告。然而，当这份报告呈现于众目睽睽之下时，有人问你的结论和观点是如何得到的，你会作何回答呢？或许，出现这种局面时，你也无法准确地找到从信息通往结论的那座桥梁，更无法将其原因清晰明了地表达出来。之所以说方法本身的适用性并不代表使用后就能产生有效性，其原因就在于使用用户研究概念中的具体方法所得到的结论是难以归因的，所以导致结论的可信度是有待商榷的。因此，用户研究方法和工具在使用后所得到的结果通常会出现不尽如人意的现象，其本质都是缺失了重要的论证过程而导致的。

所以，在对用户研究进行反思的第二点中，我们发现论证过程的缺失是用户研究方法在使用过程中普遍存在的现象。而这一普遍现象的存在不仅让原本适用的方法无法发挥其应有的有效性，也完全阻断了用户研究对产品创新仅有的效用和价值。

3.2　工欲善其事，必先利其器

如果想要达到目标或解决问题，那么借助有效的工具或方法是非常有必要的。但是任何方法体系的建立和运行都不是天生的，更不是只对它有表象的认识就能够达到某种预期和效果。就像很多人认为地球绕着太阳转是一种自然而然的现象，但即便是地球绕着太阳转这一现象背后也是因为有太阳引力的存在。同理，我们对方法和工具的理解深度决定了使用它所获得的价值高度，并且在被方法和工具所充斥的当下，我们更应该建立自己的鉴别能力，恰当的工具和方法才能帮助我们在解决问题时变得游刃有余。

其实一直以来在企业的经营成本构成中，最大的成本来源于3种看不见的成本，分别是沟通成本、决策成本和试错成本。惠普前全球副总裁孙振耀先生说："企业的所有问题都跟沟通有关。在很多时候因为没有将问题或需求说清楚而导致互相之间不配合的情况比比皆是。"这在职场中可谓是非常普遍的现象，同时对于产品创新而言沟通无疑是其中非常重要的环节之一，无论是内部跨部门之间的协作沟通，还是对外与客户之间的商务沟通，都需要我们能将创新的想法和概念清晰明确地表达出来。但是对于具有创新性的工作内容而言，如何才能将概念性且抽象化的信息内容直观地与呈现，并让接收者能够准确理解创新价值呢？这一点一直都是产品创新在开展过程中的一项棘手问题。只是创新沟通这一棘手问题太过于普通了，而普通就代表这一问题太不起眼了，以至于没有人去关注它。其实，恰当地运用方法和工具就可以帮助我们将抽象的概念进行可视化的表达，让方法和工具成为创新思想的翻译官，从而将正确、准确、确切的创新想法传递出去，打破沟通壁垒，降低沟通成本。所以，类似人们耳熟能详的"商业模式画布""波士顿矩阵"等实施工具和方法并不是我们肉眼所见的几条线段的组成或附有结构性的表格图示，而是蕴含着特定的问题导向。

同样在当下，如何能进行科学决策已经成为企业中热议的话题之一。对于产品创新这一项不确定性极高的实施工作而言，进行科学决策成了决策者们的"保命符"。因为一方面大家都害怕决策失误导致错失创新的机会，而另一方面也更害怕因为决策失利导致一错再错的结果。对于产品创新而言，如果想进行合理的科学决策，那么就离不开方法论的支撑。而方法论想要满足现实需求，就必须将理论的文字表达转化为可运用的工具模型。所以有效的工具模型可以为科学决策建立起一层保护屏障，而这层保护屏障将摒弃随意拍板、头脑发热似的决策行为，从而为产品创新赋予正确的决策路径。

"摸着石头过河"是改革开放的标志性语言之一。没有桥，河也必须过，这表明了改革必须前进的决心。就如在企业中，产品创新没有确定的答案，但也必须做，这同样表明了企业发展的恒心。然而，创新必然会带来试错成本的增加，但同时也带来了春生夏长的生机，所以我们需要提升系统化的认知，运用体系化的方法来降低错误频率。最终让产品创新的实施举措有步骤、有次序地进行和开展，而不是靠头脑发热，也不是仅靠毅力、理想、信念就可以实现的。

在本章节的开头，我们对用户研究的概念和方法进行了反思。一方面，这些方法和工具的引入让我们不断走向前沿且不断发展心智，也让我们感到欣喜。但是随着时间的沉淀和洗礼，我们也应该看到水土不服的现象背后是我们对用户研究"只见树木不见森林"的弱点缺乏认知。它就如我们眼前的一栋崭新的房子，如果不去使用它，我们永远不会知道这栋房子缺失了内置的电网、水管等隐藏系统，从而让它失去了居住功能，如同一个钢筋混凝土方块。用户研究中所包含的方法和工具本身没有问题，问题在于我们对产品创新成果的迫切渴望，蒙蔽了我们对产品创新方法体系的深入理解，以致将用户研究当成产品创新实施方式的救命稻草。因此，我们应该真正掌握有体系化的产品创新方法，并且深入理解其方法和工具背后的本质，然后运用到实际的创新工作中。

最后，对于用户研究这一概念而言，它将像侏罗纪时代一样，成为以产品创新成果为目标的过去式。与此同时，本书也将为大家揭示能够通往创新成果彼岸的可靠路径。

3.3　构建有效的"产品创新路径"

在生活中，人们不应选择在最该奋斗的年龄虚度时日，而应踌躇满志地奔跑在人生的赛道上。当鸡汤文学充斥，有人告诉我们做人做事要不忘初心，因为守住初心的人才会有大的成就。又有人对我们说不要甘愿随波逐流，那样就会迷失了自己找不到生活的意义。众说纷纭之下，泛滥的鸡汤没有让我们离梦想越来越近，反而时常让我们感到无助。这是因为它无法为我们在梦想与实现梦想之间架起一条具有指导性的行动桥梁，也没有一条路径能够指引我们该如何做才能够到达实现梦想的彼岸。产品创新也是如此，当我决定要改变当下时，当我决定要给世界留下美好的印记时，当我决定通过创新实现价值增长时，就需要一条能够通往创新成果的桥梁，一条有方法、有体系的路径来跨越预期与成果之间的鸿沟。我接下来将为大家揭示一座能够通往创新彼岸的桥梁，它就是产品创新路径。虽然它不能赋予你创新魔法，让你就此改变世界，但是它能像罗盘一样指引创新行为，使其航行在正确的航向上，并为创新成果带来更多的可能性。

当下，产品已经成为一个被泛化的名词。虽然过去产品是根据其组成部分、属性或者执行的功能来定义的，所以被划定在有形实体范畴中的才能被称为产品，但是现在产品所指向的内容已经不再是具有单一物理属性的实体硬件，同时软件应用、服务形态等也都被称为产品。所以随着产品定义的扩大，产品创新所涉及的内容也变得越来越多元。就像现在大多数被企业推向市场的产品都表现出了多元化的融合属性，它们已不再是单一的硬件产品，也不是单纯的服务形式，而是有着软硬一体化或服务数字化的融合属性。所以，当下开展产品创新工作所要面对的是综合了实体、软件和服务于一体的产品体系，以及至少融合了其中两者的产品形态。因此，在构成产品本身复杂性增加的同时，产品的创新实施方式也不能再从单一的视角去进行解构，而是需要用综合性的眼光来看待当下融合性的产品形态，然后运用对应的实施方法去解当下产品的创新之渴。

对于产品经理或设计师，创新无疑已经成为我们在工作中需要不断思考和努力的方向。但在很多时候，我们容易将产品创新与产品创意这两者混为一谈，甚至时常将这两者都看作灵感的产物。其实，产品创新是一项系统化的实施工程，它在企业中存在的意义也更为深远。而产品创意则是产品创新中的一个环节，是达到斩获创新成果的重要组成部分。所以产品创新与产品创意在实施过程中既不是两个独立的概念，也不是两个完全相同的概念，而是一种包含关系。在产品创新的实施环节中，需要好的创意为创新助力。但好创意的输出也并不只是依赖于灵感乍现或绞尽脑汁地闭门造车就能实现的，好创意是通过大量的积累和沉淀而来的。对于产品创新而言，希望通过灵感来收获创新成果的想法更是不切实际的，这就像指望天上掉馅饼一样异想天开。所以，什么样的创新实施行为和创新开展步骤才能帮助我们切实获得可靠的创新成果，以及从容面对产品创新带来的挑战，才是我们需要去迫切思考和掌握的。

因此，本书将提供一套具有系统性的产品创新方法，打开一条从创新起点到获得创新成果的有效通路，并在这条通路中搭建起一个个具有指引性的创新路标，让你在奔赴创新目的地时所迈出的每一步都能够清晰准确，直至走完每一块创新版图，这套创新方法就是产品创新路径模型。所谓产品创新路径模型，是由有效的创新行为序列构成的。接下来，我将从何为有效、何为行为序列这两个方面来解读产品创新路径模型的构成定义。

（1）产品创新路径模型的构成定义一：有效性

在产品创新路径的构成定义中，第一点就是有效性。纵观整个发展周期，有效性在每个阶段都有着不同的含义。在农耕时期，人们谈及的有效性更多是指效用，是使用价值的代名词，也是所有物品的自然属性。就如桌子可以放置物品，马车可以用于载人行驶等，这都是物品存在应有的价值属性。当然，不同类型的物品所拥有的效用属性也不同。而且物品之间的效用属性没有高低贵贱之分，它们的价值都是被统一评价的。随后迈入了工业化时期，工业化生产的手段把人类社会带入了物质丰裕的时代。社会化大生产催生了新型的生产分工和协作关系。亚当·斯密在《国民财富的性质和原因的研究》中把依靠社会分工产生的生产力提升，以及各生产要素凝结在产品中的价值总和称为价值论。亚当·斯密所说的价值包含两个方面，一是前面已经论述的效用，二是交换价值，也就是用于生产该产品的时间、劳动力等要素。根据亚当·斯密所提出的观点，在工业化时代中，单个产品的效用是固定的。不同的是工业化生产带来的是单位时间生产产品数量的增加，也就是效率的提升。就如在发明流水线生产技术之前，每装配一辆福特汽车要728个工时。当时汽车的年产量大约为12辆。1913年福特应用流水线工艺技术后，每辆T型汽车的组装时间由原来的12小时28分钟缩短至10秒，生产效率极大提升。

　　但是，之前两个时代所谈的有效性和我们在产品创新路径模型中定义的有效性有着完全不同的概念。在产品创新路径模型中所谈论的有效性需要发挥两个作用，一是起到"横向串联，上下拉通"的作用，二是起到"整体实施，分步可行"的作用。"横向串联，上下拉通"是指在产品创新的开展过程中，通过对产品创新路径模型的使用可以加强跨部门之间协作的推动力。避免在产品创新的实施过程中出现创新想法与成果产出之间发生断层的局面，也就是出现大张旗鼓地启动创新计划，但在实施中途就发生创新夭折的窘况。这样不仅无法达到创新预期，收获创新成果，还浪费了时间，增加了许多额外的无用成本。所以"横向串联，上下拉通"是产品创新路径模型在创新开展中的一剂"良药"，而这剂"良药"的有效性将为产品在创新过程中不断赋能，让产品的创新举措能够从开局就被持续推进到最终的成果产出，并且跨越创新在推进过程中的协作阻碍。

　　第二点"整体实施，分步可行"，是指可以根据当下创新所涉及的阶段，进行有选择性的步骤实施。产品创新路径模型主要是由三大阶段和四大步骤组成的，每一个阶段对应的是产品创新在实施过程中都必须经历的标准流程，而每一个步骤则是在每一个对应阶段下所体现的具体实施方法。因此，无论你现在所开展的产品创新项目处于哪个阶段，都可以根据创新需求在对应的阶段下找到具有针对性的实施方法。这也充分体现了产品创新路径模型在运用过程中的灵活性。而灵活性运用方式的背后代表了产品创新路径模型的使用广度和运用精度的双效合并，摒弃了方法模型以往的刻板使用模式。

所以，在产品创新路径模型中定义的有效性指向的不是生产效率的提升，也不是产品本身的效用属性，而是仅属于产品创新路径模型的核心价值。同时产品创新路径模型的有效性将帮助不同的企业在产品创新的实施过程中更透彻地理解创新本质，解决创新问题，从而收获创新成果。

（2）产品创新路径的构成定义二：行为序列

在产品创新路径模型的定义中何为"行为序列"呢？其实将它放置于企业或组织中，就可以将其理解为开展创新工作时所需要进行的实施步骤。这里所谈论的实施步骤是在企业或组织中完成一项工作任务所需要的协作流程。既然需要协作流程，就代表这项工作任务并非一个部门或仅凭个人能力就能完成的，而是需要多个不同的职能部门和专业岗位的人员有序地实施接力才能完成。

至今，为了完成某项业务目标时，企业内部会根据业务属性的不同制订出比较成熟的职能分工和协作流程。然而随着互联网企业的发展，对于产品创新这项工作任务来说也已经建立起了清晰的职能分工和协作流程，也就是以达到产品创新为目标而设置了有序的"实施步骤"。就如我们需要从0到1去开展一项产品创新工作时，都会进行第一步：调研；第二步：设计；第三步：开发；第四步：测试；第五步：落地（见图3-2），以这样的实施步骤在不同部门协作下有序开展工作。不仅如此，还对各步骤中人员的工作产出制订了一套标准化的考核机制。虽然可能会因为产品类型的不同对各步骤的实施细节有所调整，但是每个步骤的整体实施几乎不会有什么大的变化。所以在互联网企业中，以产品创新为目的的工作开展可以说已经有了一套相对成熟的协作模式。

图 3-2　创新实施步骤

虽然这套为产品创新而建立的实施步骤在众多头部互联网企业内已经运转多年，并且绝大多数腰部的互联网企业也在相继效仿和学习。但是在此针对这套成熟的产品创新实施步骤，我仍有几个问题希望与大家一起来思考。

① 为什么会形成这几大步骤？

② 每个细分步骤产生的核心价值是什么？步骤一与步骤二之间的关联性又是什么？

③ 目前对于泛化的产品类型而言，这样的实施步骤对收获创新成果还适用吗？

在与企业进行产品创新的众多项目合作中，我经历过无数次这样标准化的实施步骤，但就在这一次又一次的经历中，在这看似标准化的步骤下，每一个实施板块都被细分化，并且内部被细分化的每个板块也成为各个独立的职能部门。就如我们所了解的，调研是一个部门，产品设计是另外一个部门。不可否认的是，生产效率的急速提高离不开以专业化进行劳动分工。每个人都只做自己擅长的工作板块，然后在不同的职能板块之间进行扭转和衔接。这样，不仅能够带来效率上的提升，还能够让不同职能的专业程度渗透得更加深入。但是，对于产品创新这项工作本身而言，它不同于其他按部就班就能完成的工作类型，也并非效率至上就能达到创新目标，产出创新成果。所以将创新本身所需要的实施流程切割成几个板块并成立不同的部门，并从此按照一套固定流程的实施步骤去进行一项具有创新性的工作任务，就真的能如愿以偿收获创新成果吗？

根据创新实施流程下具体步骤的产生，我们划分出了不同的职能部门，并且在不同的职能部门下不同的职位和头衔也孕育而生（见图3-3）。

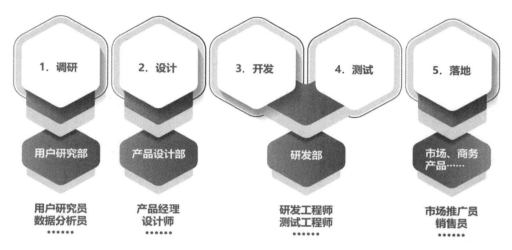

图 3-3 产品开发流程及职能分工图

在这样看似标准化的实施步骤下,我们的工作内容变得更加集中并且执行效率也变得突飞猛进。我们想通过更细致的分工来达到 1+1>2 的创新目的。但当创新的结果不尽如人意时,协作部门之间则常常推诿责任。在很多的企业组织中,调研部门和产品部门是由两个不同的团队组成的。但在开展产品创新工作时,上游部门对下游部门所交付的信息可能已经是老生常谈的内容,又或者是市面上已经过时的陈词滥调,导致对产品的创新工作并没有提供任何实质性的价值。可是,由于创新工作本身所蕴含的特殊性,我们很难对创新的工作产出进行客观且统一的评估。毕竟如果可以用一套标准化的评估方式对创新进行度量,那么这就一定违背了创新的本意。换个角度来看,就是你所做的工作并不富有真正意义上的创新性。所以,当创新本身的实施流程被切割后,并让不同的团队或部门分别负责不同的板块时,就难免会出现上游部门交付给下游部门的创新产出缺乏足够的价值浓度。这就导致在产品创新项目的博弈中,部门之间演变成了只为完成工作交付任务的甲乙方关系。

其实,出现这样的局面也并不足为奇,因为在一个成规模的企业中,每个分公司、每个事业部、每个具体的部门,甚至每个具体的项目组,都有自己所要面对的考核指标和争取的团队利益。由于创新实施步骤被拆解成了不同的板块并由不同的部门进行创新任务的承接，就算企业对不同部门都制订了相应的考核指标，但每个部门的考核指标与最终的创新成果之间很难建立起直接的捆绑关系。况且，每个部门都会去争取属于自己的部门利益，一旦出现利益分化，就会产生不同的想法。这就好比将企业看成人体时，你会发现它并没有一个能称得上是大脑的部位，因为每一个部位都有属于自己的大脑，胳膊会思考，大腿也有自己的想法，就连手脚都有自己想要前往的方向。这样就导致在很多情况下，各个部门都会优先考虑自己的考核目标和利益分配，所以才会打着职能分工的旗号，输出一些并不考虑对其他部门是否产生价值的交付结果，这样的无效分工对创新工作带来了很大负面影响。

这套标准化的创新实施步骤之所以会出现这样的问题，并不只是各部门存在的利己行为所造成的，而是实施步骤的构建与创新属性的不匹配所造成的。而不匹配的关键点就在于产品创新的实施目标应该是获取可靠的创新成果，那么创新的实施流程就不应该被切割，更不应该由不同的部门进行工作任务的承接，而是需要通过一套体系化的步骤将创新所需要的专业能力整合并串联起来。这样不仅能使创新工作有序的开展，还能将创新的发力点都瞄准在统一的创新目标之上。所以，以往制订的标准化实施流程下进行的部门划分并不适用于富有创新性的工作任务，这一"错位"的现象才是让达成创新目标显得力不从心的底层原因。

所以产品创新路径模型中的行为序列其实就等同于产品创新中的实施步骤。但此实施步骤摒弃了传统的部门划分模式，也不是单纯的为效率提升而进行的任务分工，而是以产品创新本身为出发点，结合创新具有的特殊性进行的流程设定和步骤组成。行为序列的组成中不再将创新所需的调研、设计等工作进行不同部门或职能的划分，而是组成一个创新小组作为主要的创新发起者，并以跨部门协作的模式开展创新工作。这样创新小组就对最终的创新成果负责，而产品创新路径模型的实施步骤将成为创新小组对内对外形成合力的有效工具。

（3）产品创新路径模型——符合当下产品创新实施的新方式

虽然人的工具化属性正在随着科技的发展而日益加速，但是对于产品创新而言，人们不仅要摆脱掉工具化的属性，还要通过创新的举措助推科技的发展和时代的变化。所以产品创新一定是每个职场人、每个企业都要由内而外不断去探索、追求和持续行动的方向。因为企业的运行是基于利益最大化目的而组成的，而创新则是企业利益增长和发展的不二选择。因此对于每个职场人而言，拥有创新的战斗力将成为在企业中持续发展的标志符号，并且这种符号将提升你在企业中的价值浓度。在进行产品创新的实施过程中，我们通常会去借鉴方法、探究工具，也渴望有一种创新模式能够为创新成果带来保障。于是，在这个过程中必须清楚地认识到每个看似有效的方法背后都有故事，这些故事有的是真的，有的是编造的，而能够适用于大多数产品形态并且能够保证创新过程中完成环节接力从而获得创新成果的方法，才是切实有用的。

产品创新路径模型是以创新本身为出发点，以创新行为在企业内部所存在的特殊性和效用性为整体框架构建的。它主要围绕创新环节中所涉及的三大阶段和四大步骤来组成，并且每个步骤之间都有明确的价值产出和具体的实施方法，通过这样体系化的构建能够更好地推进创新的整体实施进度，从而可持续性地产出可靠的产品创新成果。

如果说产品的起源是需求，那么如何基于需求研发出可满足需求的产品，似乎成为我们都要去深入思考的问题。当一套体系建立起来之后，使用者有着其他未使用者所不具备的系统性优势，通过这套体系所赋予的优势可以快速提高产品创新的综合能力，并且在企业环境中延续创新的基因，保持创新的活力。或许我们常常听到一些对创新的解读，比如创新是对传统的延续、创新是与其更好不如不同。但是，一套创新方法只有在快速发展的商业环境中，在形形色色的产品形态下，在不同的创新组织里帮我们找到创新的突破口，并能对我们在创新的实施过程中起到指引性、达到创新的彼岸、收获创新成果的作用，这样的方法才是值得拥有和掌握的。

本书中的产品创新路径模型将为产品在进行创新的道路上指引方向，如果你能真正理解并运用得到，将对创新成果的产出质量带来新的飞跃，如图 3-4 所示。

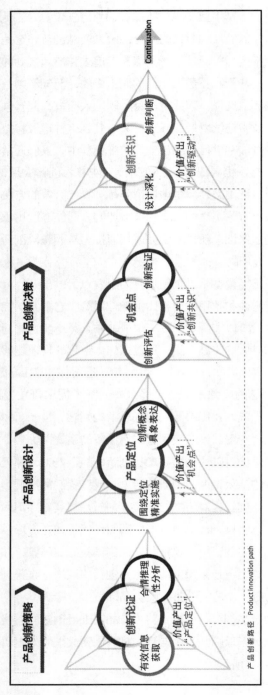

图 3-4 产品创新路径模型

第4章
产品创新路径模型解读

> **"** 从现在开始, 你将奔赴一场产品创新的'接力赛'。**"**

创新本就是抽象的, 但往往越抽象的东西就越容易使人着迷, 反而具体的东西总是能让人瞬间清醒。

此章将对产品创新路径模型的每个构成模块进行创新理念和使用方法的具体解读。通过对产品创新路径模型的每个模块进行学习和理解，除了能够让大家对整体模型有一个全面的认识，还能够帮助大家更深入地理解创新的底层逻辑，同时掌握四大步骤和八个环节中的具体实施方法。

此模型主要将产品创新的实施过程分为三大阶段和四大步骤，产品创新策略、产品创新设计和产品创新决策为三大阶段，创新论证、产品定位、机会点及创新共识为四大步骤。三大阶段在本书的第二章（产品创新的三大阶段与创新力构建）中已进行了详细概述。本章主要为大家解读实施过程中所涉及的四大步骤，在这四大步骤中包含了具体的实施方法及如何一步一步推动创新直至获得创新成果，为整章节的核心内容。在实施产品创新的行为中，四大步骤所呈现的体系化使得每个步骤之间都有着很强的关联性，与此同时，在每个步骤中都包含了两项关键要素，并且每个步骤都有其对应的价值产出。所以通过对每个步骤价值产出的准确定义和具象化体现，确保每个步骤下的价值产出都将成为下一步骤所要开展行动的有效指引。就如在远古时代，信仰成为族群所能够持续传承的一种终极指引，而且这种指引能够让个体在面对未知时获得某种确定性的感受。同时，这种指引也将成为族群在面对人或事做出是非对错和价值取舍时的坐标系。产品创新路径模型中每个步骤所获得的价值产出就如同终极指引一样，让创新工作能够推进和延续，并且能够成为下一步骤的指向性和风向标，从而避免创新在实施过程中出现脱节或夭折的窘况。

4.1　创新论证

创新论证是第一阶段产品创新策略中尤为重要的具体实施方法和探索创新方向的手段，如图4-1所示。在产品创新路径模型中，创新论证作为开启产品创新行为的指南针，不仅方法本身适用于绝大多数领域的产品类型，它还是这场创新接力有效迈向下一阶段的关键出口。虽然大家都知道万事开头难，但是只要方法得当、思路清晰，并且对创新论证中的两项实施环节进行本质上的理解和具体方法的掌握，那么为产品创新的第一步拔得头筹也就不是什么难事了。

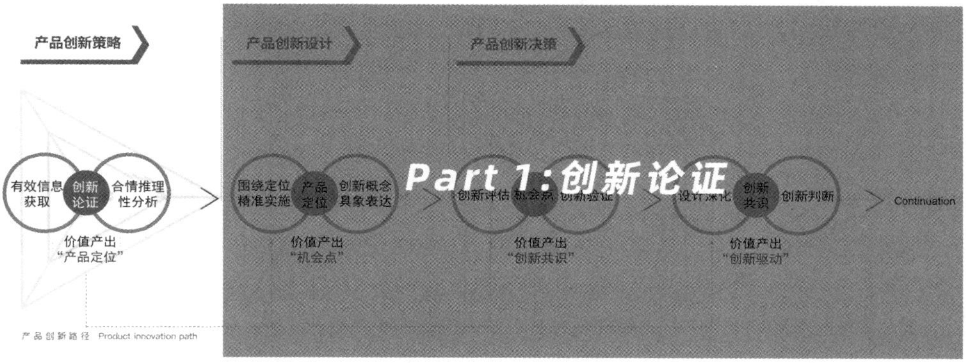

图 4-1　产品创新模型中的创新论证

论证是逻辑学中的一个专属名词。而逻辑学的特殊之处就在于它的基本原理不仅逻辑学本身适用，也已经成为多学科在思维上的基础，并且常常涉及人们日常工作和生活中的方方面面，所以逻辑学的适用范围非常广泛[3]。就如在职场工作中，我们与同事合作项目时的每一次沟通，我们与上级汇报时的每一次表达，甚至我们在执行一项工作时的思维方式，其实都与逻辑息息相关。英国侦探小说家阿瑟·柯南·道尔曾说："一位逻辑思维清晰的人不需要亲眼见到大西洋或尼亚加拉大瀑布，他从一滴水就能推测出它们存在的可能性。"或许这就是逻辑学中推理方法所产生的魅力。所以在产品创新的第一步实施过程中，需要从用户的需求和细分的场景中去发现可创新的蛛丝马迹，也同样需要在同品类产品的共性下发现创新的可乘之机。毕竟在这个信息已经营养过剩的时代，单纯的智商税产品，一定会被消费者碾碎。同样，缺乏有效依据的需求获取和信息分析方式，也将因受到质疑而就此淡出创新的舞台。所以，我们将逻辑学中的论证方法与产品创新第一步中所需要的价值产出进行了有效的因果关联，从而将论证性的创新行为作为开启创新之旅的第一步。这样不仅能够避免创新陷入盲人摸象似的胡乱揣测，还能为产品创新带来可靠的实施依据，更能成为每一个创新发起者打开创新思维的泉眼。

在3.1节（对当下用于研究方法的反思）中已经讲过论证就是由A到B的过程。所以A就是论据，B就是结论，而过程就是我们需要用到的具体推理方法。但是在开展"创新论证"的行为之前，最关键一点就是需要确定所围绕的论题是什么（论题即所需要解决的问题）。在日常工作中常常会因论题不明确，而导致问题不仅无法解决，还遭受长时间精神内耗。其实，职场人最讨厌的事情除了加班就是开会。一群人围坐在一起，大家开始展开讨论，从一个问题讨论到另一个问题，场面可谓热火朝天，直至会议结束后，发现2个小时过去了，虽然会议纪要上记录的内容丰富多彩，但没有任何对问题的结论性输出。这种无效会议频发的根源就是在会议开启前对论题没有做到清晰明确的界定，也就是没有明确此次会议需要解决的问题是什么，所以才会导致在会议中出现讨论内容不聚焦，讨论范围在无形中被扩大边界而无法收尾的现象。因此在进行论证前，必须对论题有清晰的理解和明确的界定，只有这样坚定了标杆和方向，采取有力的措施，才能让整个论证行为有序地开展下去。

虽然论证看似是一个错综复杂的行为，但是无论论证看上去多么复杂，其构成要素和本质含义却是简易明了的。所以可以将论证视为由3个基本要素组成，即前提、推理过程和结论。前提在整个论证中起到了支持的作用，是构成我们可以接受结论的理由。它的出发点更多来自客观事实，而结论是在前提的基础上通过有效的推理方式所得出的内容，也是实施论证行为后最终所展示的核心结果。最后前提与结论之间将通过推理方法进行连接，确保前提通往结论的过程是有迹可循的。这样整个论证关系就被完整地建立起来了。接下来将通过一个生活中的例子来为大家概括论证中所涉及的相关因素，以及它们之间的关联性和作用。

随着生活水平的提高，我们每年几乎都习惯为自己去做一些常规的体检。就在一次体检中，有一个项目是口腔检查，当我躺在口腔检查台上时，帮我检查的口腔医生说了这样一番话："您平时喝茶喝得有点多啊，我发现您的牙齿表面有很多茶渍。"接着又跟我说："您平时抽烟也抽得比较厉害吧，牙齿表面也附着了很多烟渍。所以您现在的牙齿看起来又黑又黄。但是只要是今天来我们机构参与体检的顾客不需要399元，也不需要299元，也不需要199元，而只需要99元，并且不需要排队也不需要预约，就可以洗牙了。"大家听完这位口腔医生的表述后感觉怎么样？其实这位口腔医生用了短短30秒的时间就进行了一次很完整的论证。因为抽烟、喝茶会产生污渍是人所共知的事实，而且今天不用预约、不用排队也是一个事实，所以这几句话的表达就是构成论证的有效前提。但在整个论证过程中，我并没有提及我有喝茶和抽烟的习惯，所以这位口腔科医生首先做了一个假设，假设我既喝茶又抽烟，这就是假设前提。如果这个假设存在，那洗牙这个结论一定会被我接受。但如果这个假设不存在，想必我就不会接受洗牙这个结论了。所以在论证的过程中，我们可以对没有出现的某一个条件进行假设，但要让最后结论能被接受，那假设的某一个条件就一定要和客观事实相符合。在这位口腔医生的表述中，喝茶会有茶渍，抽烟会有烟渍，所以导致牙齿又黑又黄，以及不用排队，不用预约，而且洗牙只需要99元，其实这些就是论证中的论据。而在这位口腔医生的论证过程中，很显然是运用了"因果"的推理方式，为了最后达到让我洗牙的目的。因此在这样一个生活小例子中，论证中的三大核心要素就已经被完整地表现出来了。

　　在产品创新的实施过程中，创新论证之所以能成为产品创新路径模型的第一步，是因为创新本身是一件很抽象的行为。它就像绝大多数人经常谈论的人生意义、理想和爱情等抽象概念一样。但往往越抽象的东西就越容易使人着迷，反而具体的东西总是能让人瞬间清醒。论证就是通过具体的方法让我们从千丝万缕的抽象信息中推导出创新的突破口，让看似抽象的内容变成可引导实施的具体行为。同时一次创新活动的发起，一方面需要获得决策者的支持，另一方面也需要进行跨部门的协作，所以我们需要对大家表述的不是我要做什么样的产品创新，而是我为什么要做这样的产品创新。因为只有将创新行为背后的动机思考清晰并表述清楚，才能在最大程度上得到决策者或同事们的认可。就如这样一句话："因为张三经常和同事发生冲突，所以他被调到了成都分公司工作。"这句话其实已经构成了一次论证，因为它有前提、有结论，也有推理过程。但是这句话不只是想说明张三被调动的结论，更重要的是解释这个结论为什么会发生。所以推动一次创新活动，一定要将想法背后的动机向对方表达清楚，这样才能在更大程度上顺利地开展创新工作。最后，论证方式的掌握和对论证能力的训练也是我们构建创新力的首要支点。如果我们缺乏对论证思维的打磨，就容易被五花八门的创新行为所影响，从而处于一种对创新理解失衡的状态。所以才会出现要么将创新置于一个被高度简化的境地，认为"所想即所得"，借鉴和抄袭就是产品能够创新成功的终局，要么将创新视为一项高度复杂的工作，实施过程蹑手蹑脚，担心创新失败的恐惧感成了最终的归宿。因此，这样就会导致创新成果的可靠性变得极其脆弱。

4.2　有效信息获取与合情推理分析

为了满足创新论证在实施过程中所需要的基本条件，它需要由两个核心要素构成，分别为有效信息获取和合情推理分析。有效信息的获取毋庸置疑就是当我们去完成一项新的工作和任务时，为了对新的工作和任务有一定程度的了解，首要行动就是找到一定量的相关信息进行自我输入。就如你需要学习一项新技能或者想进入一个新的领域时，一定会去寻求一些渠道进行相关知识的输入来作为认知新领域的第一步。比如你会通过报读一些课程来进行有针对性的知识输入，或者通过阅读相关书籍和寻找一些有相关经验的前辈进行取经，这些无疑也是获取有效信息的方式。所以充足的信息获取是我们在面对未知领域时提升自己相关认知的最佳手段。但是在信息获取中，最关键的就在于对信息有效性的把握以及对无效信息的过滤，这样才能够避免陷入被无效信息充斥的泥潭之中。毕竟在信息速度和量级都非常发达的当下，我们所面对的信息收集对象也变得更加复杂和多变。就如人想成长就得见世面，但见世面的重点不在于多，而在于不同。同样，我们想获取相关的有效信息，重点并不在于信息量看起来显得多么大而全，而在于对信息有效性的筛选和提炼。所以在创新论证步骤下对有效信息获取的实施开展中，需要运用具有针对性的信息获取方法和能够过滤信息内容的有效工具来帮助我们提高"有效信息获取"环节的精准度。

在有效信息获取的实施环节中，同样会用访谈、问卷、观察等方式来作为信息获取的主要手段。对于这些词汇大家并不陌生，因为它们与我们在调研中所包含的信息获取方式几乎是一致的。虽然"调研"二字会在工作中被常常提及并且调研方式也在各个领域中被时常运用，但是最初的调研目的和最终收获的调研成果却是截然不同的。就如我们熟知的有市场调研、商业调研、客户调研等，它们虽然在信息获取方式的运用上显得大相径庭，但在面对所需要的研究维度上却存在很大差异性。并且从更深一层来看，在信息的筛选和提炼中对不同的调研目的所使用的对应方法也是全然不同的。所以，虽然对信息获取这一实施行为我们通常习惯于用相同的名词来表达，就如只要是开展信息收集的工作，就会被统称为调研。但是，实施目的的不同会对信息收集的实施工作带来完全不同的理解。因此，并不能因表象的相似就对其内涵进行一概而论的定义。

在创新论证中，通过有效信息获取的方式收集到了大量且多维的信息内容后，就可以进入创新论证步骤中的第二个实施环节，即合情推理分析。在日常工作中涉及分析的工作内容无处不在，而且分析这一概念在工作中所存在的普遍性似乎已经成为我们处理工作的一项基础能力。然而随着信息复杂化的提升和商业市场扑朔迷离的局面，分析在工作中也有着举足轻重的地位，毕竟它可以直接对一件事情的结果及决策产生极大的影响，同时也是引导思维和行动走向正确方向的结晶。但是，在绝大多数企业中分析工作的重要性常常被弱化，并且被看成是一种没有实际产出的工作行为。因为在很多时候，大家习惯以节约时间成本为由跳过分析这一过程，并表现出以一种更高效的方式就能直接奔向所预期的结果，所以才会对分析这一行为的价值产生误解。一方面是因分析的过程中所运用的分析方法缺乏透明度所造成的，而透明度的缺乏就像是你面前出现了一个黑洞，站在黑洞旁边的人告诉你，黑洞的深处有宝藏，你听后肯定会对其产生好奇，但同时你也一定会对其产生严重的质疑。所以作为分析者，如果不能将滤镜去掉，提高分析过程的透明度，那么就算是你夜以继日产出的分析结果也依然会遭受到对方的怀疑，甚至分析行为本身也将会被扣上毫无价值的帽子。而另一方面造成分析乏力的原因是对具体业务和所处领域缺乏认知深度造成的，就如进行一次商业分析的工作，既需要懂得数据分析方法，还需要对行业知识和公司的业务背景有深刻的理解，才能为你所分析的内容和方向增加浓度。进行一次市场分析也是如此，既需要有时刻观察市场动向的敏锐度，还需要对公司市场发展战略有清晰的认识并且能够执行有效的分析举措。所以，想要开展一次卓有成效的分析行为，不仅要对所分析的业务方向和相关的专业领域进行不断的学习和积累，更要对分析结论所产生的过程和方法向受众者透明化，并对分析结论的构成提供有效的依据和清晰的阐述。相信只要能够满足以上两个方面，就不会让分析行为成为一项可有可无的工作，而摇身一变成为被大家认可的有效输出方式。

在产品创新的第一步创新论证中，合情推理分析环节的分析部分在同样秉持以上两个层面的执行原则上，还需要以创新本身为出发点，结合创新具有的特殊性对其分析方式的底层逻辑进行有效的融合运用。所以合情推理既符合创新属性又具有合理的达成方式。那么什么是合情推理？我们为什么要遵循合情推理的方式来作为创新论证中分析行为的前置条件呢？

其实在我们经常运用的推理方式中包含了两种形式，一种是必然推理，另一种是合情推理。其中必然推理的主要含义其实与其字面上所呈现出来的意思是一致的，就是通过必然推理的方式所得到的结果一定为真或是确凿的。在必然推理中，我们通常会运用演绎法或综合推理的方法来进行，它主要是通过普遍现象推导出一般现象的过程，就如"人类需要饮水来延续生命（这是公认的一个普遍现象），张三是人，所以张三需要饮水（推导出的确凿结论）"，这就是一个必然推理的形成。对于合情推理而言，它的主要含义与其字面所呈现的意义也完全一致，就是合乎情理的推理方式。它之所以被称为合情推理，与必然推理的最大区别就在于它所得到的结果不会像"必然推理"那样百分之百的确凿或为真。所以在产品创新论证的环节中，通常会使用合情推理的方式来进行，是因为开展产品创新的目的始终离不开企业的利润增长，市场占有率的延续和商业版图的耕耘。那么，对于产品创新在商业环境和市场局势中获得的最终答案就不可能是百分之百确凿的，而确凿结果的意思就是一个创新的产品投入市场后立刻就可以判断它会成功还是失败。毕竟商业和市场本身就充斥着极大的不确定性，而一个产品成为爆品不单单来自创新所带来的正向驱使，还存在多维的因素和特殊的条件所凝结起来的最终导向。

因此对于在创新论证环节中所运用的合情推理方式，从一方面来说它不是一种化腐朽为神奇的魔法，也不像一道数学题的固定公式那样会得到唯一的解答。而从另一方面来看，运用合情推理的方式是为了避免将产品创新看成一种"幸存者偏差"的小概率游戏，而是运用这种方式切实地为产品创新找到创新的脉络，然后通过一次又一次地打磨与实践，最终达到产品创新的最优成果，并且加大创新走向商业市场后的成功概率。因此，合情推理是符合产品创新共性和特质的一种有效方式，也是一种对创新力锻炼与拓展的最佳手段。

在"合情推理"中通常会运用"归纳法"和"类比法"来进行，它主要是由特殊性推导出普遍性的过程。就如"张三作为一个男人他很喜欢汽车，李四作为一个男人他很喜欢汽车，王五作为一个男人他很喜欢汽车"，就可以通过这个特殊的现象推出"男人喜欢汽车"这一结果。但是有个问题在于地球上有成千上万的男人，如果只举出这3个男人喜欢汽车的现象，是不足以代表普遍状况的。然而在"合情推理"中，可以通过一些特殊的情况推出某一种结果，虽然这个结果不是百分之百的确凿，但很大程度上是合乎情理的，这就是"合情推理"的基本含义。在产品创新中，要从盘根错节的有效信息中抽取出符合"合情推理"的信息内容，从而运用归纳或类比的方式进行分析，找到信息之间的紧密关系，最终推导出合乎情理的结论（关于"有效信息获取"与"合情推理分析"的具体方法在第九章"有效信息获取"中会进行详细描述）。

4.3 创新论证中有效价值产出的构建准则

在第一步骤"创新论证"中，通过对两项核心环节进行有效实施所收获的最终价值产出就是"产品定位"。而每个步骤下所收获的"价值产出"就如产品创新路径模型体系中的"接力棒"一样，决定了下一步骤开跑后的"参与资格和赛道方向"，也是四大步骤实施过程中所追求的最终结果和具体目标。"产品定位"就是我们在"创新论证"中所孕育的唯一结果。其实对于论证方式本身而言，从一个论证出发得出多个结论的现象是非常少见的，也是在进行"创新论证"的实施过程中需要去尽量避免的。但是对于产品创新而言，其内在可论证的方向是多维的，换句话说，就是在产品创新论证的实施行为中可以假设出2~3种可论证的方向去进行论证（一般不超过3种），从而得出2~3种结论，这样也完全符合论证的基本原则。然而值得注意的是，要避免由一个论证举措或一个假设方向就得出多个结论的情况，这样的论证谬误使我们容易被误导，以致最终的价值产出缺乏明确性和指向性，创新工作的推进也遭受阻碍。

"产品定位"就是在"创新论证"中最终得出的可靠结论和价值产出。有效的"创新论证"实施行为总是能得出最简单明了的"产品定位"。在伟大的艺术家中流传着这样一句话，"简单就是终极的复杂"。看上去对任何事物都好像没有太多的修饰，但当你仔细揣摩时就会发现，在化繁为简的每个细节中都融入了深刻的思考和含义。"产品定位"也是化繁为简的最好体现，甚至简易到只需要用一段文字来对其进行构成。但是在这个由十几个文字组成的语句中，都必须表明对下一步实施行为的指向。所以，如何构成精准的"产品定位"，并将其视为能够统一创新实施行为的信条是以下需要重点掌握的。

所谓"定位"，就是指确定事物的名位或方位。确定的背后其实是对事物的边界划定和自我的行为限制，也就是说，"定位"所制造出来的边界感本身就存在着很强的约束性，也正是因为有了这样的约束性，才能发挥出"定位"所蕴含的真正价值。其实"定位"二字在日常工作和生活中屡见不鲜，就如特劳特先生的畅销书，其书名就叫《定位》。同时，像产品定位、市场定位、需求定位等不同的定位属性也层出不穷，这也导致人们容易对这些不同的定位属性产生概念上的混淆。

就如我以前教过的一位学生，在他刚从设计师转向成为一名产品经理时，就被要求撰写一份产品的PRD（产品需求）文档。而在PRD文档的类目中，明确需要他对产品定位进行详细的描述。这是他第一次撰写PRD文档，当他查阅了网络上对产品定位的相关解释后，反而更加难以界定所需要撰写的产品定位应当涵盖的范畴了。虽然"产品定位"这4个字在日常工作中使用频率很高，但是由于任务属性和实施目标的不同，"产品定位"在不同的语境中有着完全不同的内在含义。就如让这位同学在PRD文档内对产品定位撰写的本意是要求他能讲清楚产品是干什么的。所以"面向商务人群，提供差旅行程中吃、住、行全方位服务的商务小程序"这样一句话，就能清晰地将产品"轮廓"描述清楚。而清晰简易地将产品"轮廓"描述清楚也正是他所需要的"产品定位"概念。

与此同时，"产品定位"除了在相同文字的使用下容易造成概念上的混淆，产品定位与市场定位之间也常常存在"老鼠老虎傻傻分不清楚"的情况。随着市场竞争的加剧和市场变化的日新月异，很多企业认为，只有清晰的产品定位和明确的市场定位才能增强产品在市场上的竞争优势。当然，从企业战略的角度来看这句话非常正确，但是当我们让产品定位和市场定位回归到战术层面，转化为具体的职能划分或实施行为时，就难免会出现概念上的混淆。其实从企业内部的组织结构来看，市场定位就是企业对目标消费群体和目标消费市场的确定，而产品定位则是满足目标消费群体和消费市场的需求。所以二者是上游与下游的关系，并且将产品定位和市场定位进行概念上的划分后，二者就能更好地成为企业内部对职能与组织建设的基础。

在此，以上那位同学需要描述的"产品定位"与通常企业内部所定义的"产品定位"虽然文字表述上一模一样，但其内在含义显然不同。除此之外，"产品定位"4个字在品牌营销中也较为常见。特别是在当下这个信息庞杂的时代，无数的信息像潮水般奔涌而至，消费者们在信息巨浪的翻腾中筛选、甄别。因此，一款产品想要成为消费者们选中的对象，在品牌营销的领域中清晰的"产品定位"一定是必不可少的。所以，品牌营销中常提及的"产品定位"是指确定产品在顾客或消费者心目中的形象和地位。就如一款名为"电脑管家"的软件产品，在品牌营销的产品定位中，就会以"默默无闻保护你电脑安全的工具"这样一句话来作为满足消费者心理的定位方向，而这句话同样也成为"电脑管家"软件产品的形象标签。同样，如果是一款"短视频"软件产品，在品牌营销的领域范畴中会以"用更爽的方式打发无聊的时间"这样一句话来成为传递给消费者的"产品定位"。所以在营销领域中赋予产品定位的目标是要将产品的营销力量发挥出最大价值。或许"产品定位"只是营销中的一个引子，因为并没有人知道让消费者完成最后的交易步骤与"产品定位"之间达到了何种紧密程度。但无论如何，产品定位都关乎营销怎么做。

以上从3个方面向大家诠释了"产品定位"在不同属性和领域下的概念差异，以帮助大家能够在日常工作中基本分辨出"产品定位"这个常用词的不同含义。其实在日常的工作和生活中，人们之所以容易对事物产生概念上的混淆，是因为缺乏对建立清晰概念重要性的认识，所以才会让思维在面对相似信息时出现混乱不清的现象。在混乱不清中，所做的行为和决策就容易出现劳而无功的情况，看似花费了很大的力气，收获却寥寥无几。因此，避免造成概念上的混淆不仅是加强自我认知的首要举措，也能让我们切实增强解决问题的能力，从而以更多维的视角获得解决更大问题的机会。

当我们对"产品定位"这一名词能够从概念上进行基本的区分后，就能够厘清"产品定位"这一名词在众多情形运用下的认知差异，以及让产品创新路径模型中的产品定位可以以一种更扁平的方式呈现在大家面前。在产品创新路径模型的创新论证中所获得的产品定位是第一步骤的关键价值产出，也是有效信息获取和合情推理分析环节进行有效实施后的价值结晶。所以在产品创新路径模型中，产品定位的概念是指确保创新实施工作的推进和衔接，并且仅由语句表述作为最终的呈现方式。

虽然此产品定位只是一段语句的表述和文字的构成，但是它需要满足两个基本原则，才能被称为行之有效的产品定位。第一个基本原则就是简短，所谓简短，表示文字的构成并不需要长篇大论似的堆砌，而只需要运用20个以内的文字就能有力地将产品定位表述清楚。所以在产品定位的表述构成中每个文字都应该被仔细斟酌，避免多余的文字对信息造成干扰。因此，简短是来自对文字运用上的精挑细选，而非暴力压缩。虽然产品定位的表述简短，但字里行间必须言之有物。所以第二个基本原则就是要有行动指向，所谓行动指向，首先从思想上能够让创新团队的成员们无须多言就能统一共识，其次是在行动指示上包含实施细节，并为接下来的创新行为划定隐性的实施边界。换而言之，就是通过一句简单的表述不仅能让所有创新团队的成员蒙着眼睛也能一起做出同样的动作，还能专注于眼下的唯一目标并为创新工作带来高效进展。总之，如果产品定位的构成能够满足简短和行动指向这两个原则，那么，产品定位所凸显的价值将从文字辐射到行动，最终为创新成果涂抹上至关重要的一笔。

随着智能技术的提升，互联网数字化的应用已经触及人们工作和生活的方方面面。由此可见，大到生产制造方面运用的"柔性制造"技术，已经完全可以根据需求和订单数量灵活地安排产品的生产量，小到人们的衣食住行，互联网数字化的应用也在逐步提升人们的行动效率，改变传统的生活方式。2020 年，我们主导创新的"如约巴士"产品就是这样一款服务于城市市民交通出行的互联网应用。众所周知，公交系统的运营往往有着固定的线路和准确的时间。虽然公交的行使路线和始发时间是公交系统长时间经营沉淀后根据市民们的出行需求和行动规律而制订的，但是随着城市的发展建设，人们的居住范围不断扩大，导致过去的固定公交路线已经无法满足人们从居住地到公司之间的通勤需求。因此，为了满足人们公共出行服务的需求及补充公交系统的区域空白，以一种新的公共出行模式帮助人们解决通勤这一生活刚需，则是我们开展此次产品创新的主要宗旨。

为此，我们依然运用产品创新路径模型开启系统化的实施工作。通过对第一步骤下有效信息获取和合情推理分析环节的有效开展，我们发现一款能够让市民自主提交个性化出行需求，并且能够让有相似需求的用户自动完成聚类且生成特定公交线路的产品，不仅可以作为固有公交路线网络的补充，还能避免人们因出行偶发性和时令性因素所造成的无人坐车或无法上车的情况。显然，我们在创新论证的实施和开展中已经有了很大收获，并且所得出的创新指引将成为产品定位构成的有效依据（创新指引将在第 11 章中具体讲解）。但是此时此刻我们并没有得出最终的价值产出——产品定位。试想一下，如果进行第一步骤的实施后却没有得出产品定位，那么所收获的创新指引，以及创新方向下对创新概念的设想和延展将变得漫无边际，况且这不是一个人的漫无边际，而是一个创新团队的漫无边际。这种漫无边际的思想会蔓延发酵，最终导致团队成员之间意见无法统一，行动无法聚力，创新也就无法再推进了。所以在没有得出产品定位之前，第一步骤就不能被标记为完成。因此，接下来必须将以上所得出的产品创新方向和对创新形式上的设想用一句话表述出来，作为此次创新的产品定位。根据产品定位的两点构成原则，我们精练了文字并赋予了它行动指向。最终"让用户更便捷地定制通勤路线"就成为此次创新的产品定位，并且在为第一阶段产品创新策略划订出明确指引的同时，也成了拨开下一阶段创新迷雾的"指南针"。"让用户更便捷地定制通勤路线"这句看似简练的产品定位表述背后，其实是创新论证实施过程中，创新团队成员们在创新方向和思考上的坚持与放弃所碰撞出来的，也是对公交系统和出行服务需求所提炼出的创新最优解。

从此产品定位的表述中，可以很直观地看到两个关键信息，一个是"更便捷地定制"，另一个是"通勤路线"。之所以会以"更便捷地定制"来作为产品定位的关键信息之一，是因为对于那些住在郊区或者新区的用户而言，他们为了解决平时的通勤问题，通常会选择自主联系相邻的人进行拼车，或者在现有的公共交通条件下通过多次转线来抵达目的地。无论是选择前者还是后者，对每天都需要通勤的人而言无疑都不是一种高效且便捷的举措。所以在此产品的创新中一定要以"更便捷地定制"方式为用户开启第三种选择。这样可以将用户为通勤所要付出的80%的操作行为，降低到了20%，另外80%的操作行为则交付给了产品创新后所构建出的自动化生成系统。而稳定的定制专线能够为用户的通勤带来极大的保障。

在"产品定位"中的第二个关键信息就是"通勤路线"，通过这一关键信息已经明确划定出了定制路线的服务范围。如果在之后的创新设计中，有人提出为了满足更广泛的出行需求而增设从A点到超市，或从B点到运动场等路线的建议，那就可以不假思索且义正词严地对其进行否决。因为他的提议并不在产品定位所划定的"通勤路线"这一范围内。所以"让用户更便捷地定制通勤路线"这一产品定位就极大地确保了"如约巴士"产品在创新实施工作中的顺利推进，也充分发挥出了对下一步骤的衔接价值。

不可否认的是，产品创新的过程是一场又一场需要群策群力才能完成的"游戏"。如果创新团队的内部成员还要以职级进行划分，以及对话语权重进行分别对待的话，那么在创新实施的过程中就会出现意见被某些人垄断的现象，从而造成创新团队成员们的实施目的转向成了服从于上级。所以既然是群策群力，一方面既能发挥出集体的智慧，让最终产出的产品定位能够凝结团队内每个人的知识和经验；而另一方面也要守住群策群力后所得出的产品定位，避免团队成员在实施过程中因思维过度发散或想法膨胀，而导致具体执行范围被无限扩大的现象。

　　除了开展"如约巴士"产品的创新外，我们运用产品创新路径模型进行创新的过程中都离不开有效的产品定位。比如，我们曾为某国际机场设计创新的"智能出行服务"产品，这款智能产品的创新需求是提高出发旅客和到达旅客的服务效率并且加大服务半径，同时运用信息化手段来减少目前机场服务人员的服务压力。这款产品在创新过程中所存在的复杂性，一方面体现在机场广泛的人群范围，另一方面则体现在这是一款需要软硬件相融合的产品。所以在创新论证步骤中，通过有效信息获取和合情推理分析的有效实施环节，将广泛的机场人群大致分为了3类，分别是普通出行人群、科技钝感人群和特殊人群。并在这3类人群的细分下，清晰地将不同人群角色归入其中。

　　比如，商务旅客和出游旅客就归类于普通出行人群中，务工人员和老年人就归类于科技钝感人群中，孩童和残障旅客就归类于特殊人群中。通过对机场人群进行系统性的划分，并将细分人群与"智能出行服务"产品的使用契合度进行匹配后，最终圈定出了适用于"智能出行服务"产品的高频使用人群。因此，通过聚焦于高频使用人群的特质，并结合机场环境下的放置条件，以及对信息化服务所能承载的内容进行分析和梳理后，最终得出的产品定位是"能够吸引旅客注意力，并以最简便的方式解决旅客出行的高频问题"。可以看出这一产品定位的表述同样满足了简短和行动指向的构成原则。在机场以往摆设的智能设备中，大多数都需要工作人员在设备旁进行引导后旅客才知道服务内容和使用方式。而在此产品定位中"能够吸引旅客注意力"则表示在此产品的创新中要能够区别于机场以往的智能服务设备，加强运用有标志性和引导性的外观造型，让旅客远观就能识别智能产品的服务性质并主动接近和使用。毕竟作为放置于交通枢纽的智能硬件产品，用户使用频次是检验其有效性的首要指标。

　　除此之外，"以最简便的方式解决旅客出行的高频问题"则表示产品在创新过程中无论是硬件层面还是软件系统都需要将用户的操作路径缩减到最短，并提高软硬件结合使用下的交互流畅度和效率性，同时在产品信息的呈现中只围绕"解决旅客出行的高频问题"这一初衷。在此，重点强调了"高频"，这就表示在信息架构的优先级排序中高频问题才会转化为产品主要呈现的信息和功能，毕竟只有高频问题才会有旺盛的解决需求，而旺盛的解决需求才会加强旅客的使用意愿，从而凸显出产品的创新价值。当时在此产品创新的实施过程中，周围也有很多声音希望我们在智能出行服务产品中，围绕机场候机范围加入具有娱乐性的3D地图，以及围绕机场的消费服务增加具有营销性质的餐饮券领取活动等。但是我们依然秉持产品需求的初衷和产品定位的宗旨，对这些想法都加以回绝，并毫无为此动摇之心。因为真正有价值的产品不可能是万金油，就如我们都知道除了动漫中杜撰的超人，在世界上不可能有什么都会的人。假如你形容一个人什么都会，那么从另一个层面来看就是这个人什么都不会。同样，如果你希望用一个大而全的产品来笼络所有人的需求，那么这个产品反而失去了最主要的"价值灵魂"。

产品定位的构成准则是其有效性的基本原则，就像一位智者在引导着你的行动，同时也在鼓励你要坚持，但它一定不会像权威人士站在制高点对你进行约束那样带来某种压迫感。所以对于"产品定位"这样一个简短的表述，你对它理解得有多深刻，就能够运用得有多自如。通过对以上两个案例的理解，当我们看到一款专门针对C端旅游用户的产品定位是"帮助游客在线下玩得更好"时，或许也能够在不清楚背景需求的情况下，解读出这个产品定位所指向的产品创新方向及被划定的实施边界。毕竟这个简短且具有行动指向的语句概括了用户和需求，它让产品在创新的实施进程中能够建立起边界感的同时，也为创新的有效推进增添了助力。

产品定位是通过创新团队在有效信息获取和合情推理分析的实施过程中反复磋商后达成的共识，而在此共识的基础上组织的力量一定大于个体之和。所以秉持简洁和行动指向的构建原则，输出有效的产品定位是第一阶段至关重要的价值产出。

第5章
产品定位——创新的杠杆

" 这是一场'设计'与'克制'的博弈。**"**

"产品定位"能够让你抵御外界的干扰，
聚焦于克制的创新实践中。

通过第一步骤得出产品定位的价值产出后，我们已在产品创新策略这一阶段有了明确的指引和方向，并且通过产品定位的确立对下一步的实施目标也划定出了清晰的边界范围。有了产品定位，就如同你身处于一片一望无际的丛林当中时握在手里的指南针一样，它能够为你指明走出丛林的方向。虽然产品定位本身只是用文字构成的一段语句，但是这看似简单的表述却是产品在创新过程中决定创新路径的关键节点。就像人体骨骼是通过关节才得以连接，关节将人体内的206块骨头进行连接后形成了人体骨架，构成关节两骨的相对面叫作关节面，一般呈现出一凸一凹相互适应的形态。所以产品定位就如同关节面的一个凸面，它需要与下一步骤的凹面进行吻合，才能将第一步骤和第二步骤严丝合缝地连接起来。而产品定位凸面的尺寸大小、切面形态已被完全设定，所以下一步骤中的凹面必须按照相应的规格进行衔接才得以匹配。

就如我们为旅游用户创新的一款移动应用产品一样，在迈入第二阶段"产品创新设计"之前所得出的产品定位是帮助游客在线下玩得更好。当我们秉持着产品定位这一目标宗旨进入第二步骤时，最重要的就是将"帮助游客在线下玩得更好"这样一句抽象的语句转化为具象的设计内容，并且将创新的设计元素以及创新的设计理念融入整个产品设计中，最终将产品定位转化为富有创新性的具体表达。其实，也就是在第二步骤中需要完成从产品定位到创新概念再到输出产品创新设计具体形态的整个进化过程，如图5-1所示。

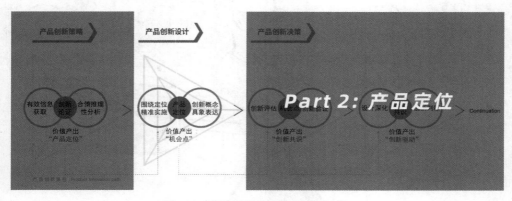

图 5-1　产品创新模型中的产品定位

5.1　围绕定位精准实施

在第二步骤中，通过产品定位所衍生出的关键实施环节主要分为两部分，一是"围绕定位精准实施"，二是"创新概念具象表达"。在"围绕定位精准实施"这一重点环节中，最为关键的就是"精准"二字。就如我平时喜欢烘焙，但相比之下我今天做出来的蛋糕却比以往做的都要好吃，其原因在于我今天做蛋糕的过程中，运用了电子秤来对各种材料进行精准的称量，不像以前任凭感觉和经验对材料的用量进行随意抓取。所以经过这一系列的精准操作，出炉的蛋糕松软适中，味道好极了。其实无论是烘焙还是烹饪，不同比例的食材、调料等搭配对最终出品的味道会起到决定性的作用，但如果你能够精准地把握材料之间的搭配比例，那么好味道的稳定性和口感才会得到最大程度的保障。

虽然在日常工作中，强调执行力的重要性已经不再是一句简单的口号，而是已经成为评估工作主动性和衡量能否胜任的标准之一，然而仅仅停留在执行这一层面上是远远不够的，毕竟对于任何事务而言，最终结果的有效性与执行过程是紧密相连的。就如我们在工作中会常常出现战略层的想法与执行层的实施结果大相径庭的现象，要么在执行过程中出现虎头蛇尾没有下文，要么就偏离了战略发展的航道不符合标准。所以如果在缺失了精准的前提下谈论执行，那么任何周密的计划、完善的措施、创新的思路、有效的方法都只能成为水中月、镜中花。所以我们常说，"管理之道，在于执行，执行之道，在于精准"，只有执行而做不到精准，就不能称为行之有效的执行。虽然只要执行就必然会有结果，但无法达到预期，甚至偏离了精准理念的执行举措又有何意义呢？因此，"精准"本身就具有独特的能量，它不仅映照出了知与行的统一，更体现出了一种精准思维与实践相融合的艺术。

在步骤一所作出的产品定位，从微观层面来看它只是一句语句，但是从宏观层面来说，它就是产品创新策略阶段的核心抓手。因为它既蕴藏着在产品创新中可实现目标的方案集合，也是根据创新态势发展而制定的行动方针。除了在思想上对产品定位高度重视，还需要秉持产品定位所给予的指向性和边界范围对产品开展精准的创新设计行为。所以如果在步骤二的实施过程中，跳脱出了产品定位所指向的目标范围，那么在第一阶段产品创新策略中所收获的核心价值也将付诸东流，同时在第二阶段产品创新设计中的创新表现也将变得不尽如人意。

其实在具体的实施工作中，我们都认识到"在于知，而更在于行"的道理，也明白如果只是知晓或者明白而不去落实到具体的行为上，是不可能产生结果的。真正影响执行结果的不仅要有"知"和"行"的横向配合，还要有对"知"和"行"的纵向理解和精准把控。就如对产品定位而言，它是我们在第一阶段中通过创新论证所获得的有力答案，也是在第一阶段中运用有效减法来应对无序与纷杂信息的价值结晶。所以一定要放大产品定位在步骤二实施过程中的影响半径，同时也要在具体的设计执行中克制住发散和跳脱的行为举措。接下来，将用一个例子更直观地为大家解读围绕产品定位精准实施这一环节对创新设计的重要影响。

移动互联网的发展对社会带来了广泛的影响。在使用群体的高浓度渗透下，移动互联网不断辐射和扩大的影响力背后蕴藏着巨大的商业价值。但是随着移动互联网产品和服务的普及度越来越高，产品类型的同质化现象也开始变得屡见不鲜。在互联网巨头涌现的市场局面下，刚需化、平台化的产品空间也在逐渐萎缩。这样的发展态势，使得产品体验由粗放式发展阶段进入精细化发展阶段。以往产品大而全的平台化追求也逐渐转向对小而美产品进行细分领域的深耕。就如在旅游互联网的赛道中，丰富的移动互联网产品形态几乎贯穿了用户在旅游过程中的方方面面，从线上预订门票、酒店，到游玩结束后的游记撰写，都能找到相应的平台去操作和完成。移动互联网对旅游过程中的渗透不仅增加了开放性，同时还提供了游客在旅游过程中的便捷度，加强了效率性。但是就在这个朝阳赛道的背后，互联网产品之间的竞争态势也愈演愈烈，创新无疑成了产品在细分化领域突围的最后一根稻草。我与我的团队也在旅游互联网产品的高度发展时期，开展了对某旅游互联网产品的创新工作。在这次产品创新工作中，产品创新路径模型依然是我们开展创新工作的主要方针和行动主轴。首先，通过对步骤一创新论证方法的有效运用，将旅游场景划分为旅游前、旅游中和旅游后三大板块，并且通过有效分析后决定将创新焦点聚集在"旅游中"这一场景板块（见图5-2）。然后，通过合情推理的方式得出"游客去景区本身追求的就是线下体验"这一核心结论。"让游客觉得好玩才是旅游中的本质"，因此作为一个游中场景下的互联网产品，产品定位就是"帮助用户在线下玩得更好"。

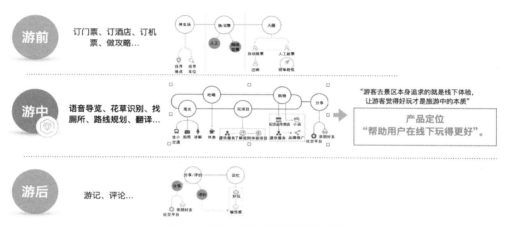

图 5-2　旅游产品"定位"示意图

收获产品定位后，接下来的实施任务就是要将这句抽象的文字表述，转化为具象的创新设计形态。

第一阶段的工作在得出产品定位后就此告一段落，在产品创新工作的开展中，始终保持与企业相关的执行者和决策者进行密切沟通，确保信息通畅及理解一致。在即将进入第二阶段时，决策者认为企业自身内部有比较完善的设计团队，并且认为这是一次对设计创新操练的好机会，所以他们希望接下来的工作由企业内部的设计团队来开展。为此我们尊重决策者的意见，并向其内部设计团队的每位成员详细阐述前期论证的整个过程，嘱咐他们一定要按照产品定位的实施范畴来进行创新设计工作。大约过了两周以后，企业决策者再次邀请我们参与内部设计团队的设计评审会议，在评审会议中设计团队的负责人向我们展示了最终设计成果。一张张看似合理的高保真设计图和细致的交互流程图呈现在我们眼前，如果没有产品定位的存在，如果没有第一阶段产品创新策略的推敲，相信你一定会被眼前这个美观且完整的产品设计方案所吸引。但是当我们再次回顾第一步骤中的论证过程，以及通过合情推理和有效分析的方法所获得的产品定位时，会发现当下所呈现的产品设计方案与产品定位所要表达的内涵和方向已经截然不同。如果把这一现象上升到管理学的角度来看，就是出现了执行不到位的情况，出现执行不到位的情况一般是由很多因素导致的，如目标不清晰、人员不到位、职责不明确、标准不统一等。但是从产品定位到创新设计的这一执行过程中，我们的执行目标和方向是清晰明确的，参与执行的人员也是具备专业能力的，甚至已经对执行范围进行了划定。那到底是什么原因导致了从产品定位到创新设计这一过程的最终结果变得货不对板呢？其实，根本问题在于企业内部团队在进行创新设计的过程中并没有对产品定位做到精准实施。

"精准"二字才是确保创新设计与产品定位完美契合的灵魂。之所以反复强调"精准"，是因为从产品定位到创新设计这一执行过程中本身就隐藏着一个巨大的冲突点。只要我们能够意识到冲突点的存在并了解了冲突点的本因，就可以化解二者在执行转化过程中的偏差。所以这个冲突点其实就在于设计与克制的博弈。因为对于设计本身而言，它在实施过程中应该是大胆的、开放的，运用设计元素尽可能地去彰显设计表达的一种行为，并且这也成为一直以来对设计师能力评价的一种固有观念。就好像人们从小就会将"女生应该勤俭持家""男生一定要有责任心"这样的观念言传身教，潜移默化地用于驯化下一代一样。并且这一观念是从设计中反复实践所总结出来的优秀表现，所驱动的行为也符合设计能力的彰显和市场对设计职业的见解。

然而，对于产品定位而言，所设立的实施边界需要的是克制。所谓克制，就是对于某种思想和行为，有条件去做而强制自己不去做的一种表现。在创新的实施路径中会出现太多"诱惑"，身边无数的意见会对你进行拉扯，它们似乎都化身成为预言家，建议你添加这个功能产品就会如日中天，告诉你那样做用户才会对你更加青睐。在这种杂音的渲染中唯有产品定位能够让你抵御外界的干扰，聚焦于克制的创新实践中。所以产品定位所蕴含的克制与设计行为所标榜的奔放之间，体现出的是两种完全不同的价值取向，甚至这两种价值取向是背道而驰的，这才导致从产品定位到创新设计的执行过程中难以做到精准。而出现偏差的缘由其实就在于忽视了对二者冲突点的理解。除此之外，在围绕定位精准实施理念中，还需要意识到传统设计与产品创新路径模型中所需要的设计在认知和方式上是存在跨越性差异的。从产品定位到创新设计的这一过程，其实是一个从文字表述到设计表现的转化过程。虽然文字表述是思维的具象表现，并且在构成产品定位的这句简短表述中，不仅做到了对产品的创新行为有所指，更体现出了让执行者们能够有所知的具体含义。但是对于产品创新而言，文字的表述却是抽象的。所以需要通过设计将抽象的文字概念转变为有"血肉"、可感知的创新表达，将产品定位这句简短的语句进行图像化、可视化。这看似相同的设计行为背后，展现出的却是完全不同的设计理解，因为在整个产品创新路径模型架构中所需要的设计不再是单纯的产品设计，而是产品创新设计。或许以往的设计师所接收到的设计指令大多是直白的，比如设计一个杯子、设计一个电商页面等这样直接且明确的信息。但是对于创新而言，如果接收到的也是如此直白的设计指令，那么你所做的仅仅是设计，而非创新设计。所以为了立足于创新这个基点，一定要摒弃以往对设计的固有认知，将创新作为对设计理解和设计行为的终局，并且平衡产品定位与设计本身之间的冲突与博弈，这样才能在思维到行为的转变过程中不断操练自己的创新技艺，为最终的创新成果添砖加瓦。

虽然没有任何神奇的方法能为创新提供配料齐全的完美公式，但在狭义和广义上通过有效的实施方法却可以为产品创新提供有效的解决途径。因此在第二阶段产品创新设计中，只有对围绕定位精准实施这一环节有深刻的认识和理解后，才能具有对过程的把控力，并顺利推进到下一实施环节中。

5.2　创新概念具象表达

在产品定位步骤中的第二项关键实施环节就是创新概念具象表达。顾名思义，创新概念具象表达就是将对产品创新的想法通过视觉呈现的方式表现出来，并能够将创新的元素通过设计融入所要体现的产品当中。这代表你所做的设计需要区别于同类产品设计形象的刻板印象。这无疑具有很大的挑战，但是对于设计创新而言，所有的无能为力本质上都是因为缺乏切实可行并能够解决问题的有效手段。只要提高解决创新中所面临的问题的能力，就能够避免设计陷入创新枯竭的泥潭之中。

其实每当我们进入设计阶段，都渴望眼前呈现的设计能够带来惊喜，希望设计师用审美的元素为产品披上华丽的外衣，也希望设计师用美学的鉴赏将设计的特点表现得淋漓尽致，甚至更希望设计师运用专业的创新手法让设计成为赢得市场的筹码，并将产品的无限可能性推向巅峰。然而，通常我们所看到的设计成果却大多平平无奇，不仅如此，我们还习惯将设计锚点指向某个产品所呈现出的设计天花板，将其视为效仿对象。当这种设计习惯不断延展，就容易导致设计师陷入创新乏力、设计难产的境地。

在设计无处不在的当下，人们对设计的评价还是更多出自自我的主观判断，对于主观判断人们的思维方式大多是格言似的、跟风似的，甚至有很多设计师本身对设计的评价都仅限于非黑即白的答案。而在当初苹果公司所设计的iPhone手机推出后，人们都认为乔布斯在iPhone产品上所体现的设计创新简直博大精深。但当我们被问及哪里博大哪里精深时，似乎也无法阐述清楚。在产品中实现设计的创新蓝图之所以让设计师感到举步维艰，甚至宁愿去效仿一些呼声较高的设计风格而完全忽略自己的设计想法，原因在于：一方面，当下设计本身的门槛变得越来越高，从业者不再像当年凭借对设计工具熟练使用的优势就能被称为设计人才。因为现在对设计工具的掌握已经成为设计师的一项基础指标而不是稀缺技能。另一方面，人们对设计的精细化需求变得越来越高，随着产品在市场中的细分化变得越来越普遍，对设计所体现的细节表现也变得越来越考究。就如同《加勒比海盗》

中的杰克船长所言：随着地图画得越来越精细，留给海盗的未知岛屿就变得越来越少了。在当下产品变得越来越细分化时，设计也就做得越来越精细化，然而留给设计师创新的空间似乎也越来越少了。因此对设计从业者评估标准的转变及设计在商业市场中饱和度的扩大，都成为设计在创新中体现出匮乏的因素。更重要的是，当人们对设计在创新中的评价成为个人主观喜好的是非之争时，个人主观喜好就会成为阻碍设计推动创新发展的绊脚石。换而言之，设计在创新中之所以演化成了个人主观喜好的是非之争，皆源于设计本身缺乏在创新中进行解构后所建立起来的认知共识。所以如果不能为设计建立一种共识体系来解决设计在创新中存在的问题，还依然让这些问题成为常态化弥漫在设计之中，就犹如猛兽从猎人的手里夺走了武器、马良被夺走了画笔一样，让设计师变得手无缚鸡之力，同时也将阻碍设计本身走向创新化发展的新高地。

在产品创新中即是如此，如果设计环节出现了创新脱节的现象，就犹如人类有了灵魂却没有血肉的躯体。设计在产品创新中就像一个个齿轮一样，将左边的"产品定位"和右边的"机会点"相咬合，这样才能让产品创新的齿轮顺利转动。因此，需要找到设计在创新中的本源，将其解构成模块化的表达，从而转化为能够指导具体行动的有效方法。这样就能让设计在产品创新中发挥重要的意义和价值。

为了确保产品创新成果及产品创新路径模型的有效性，在"创新概念具象表达"这一实施环节中，一定要打破以往仅依赖于个人能力或者影响力的设计行为，确保这套设计创新方法能够让绝大多数普通设计师受惠。最后，要摒弃设计成果是归结于灵感乍现和捕风捉影的思想，这样就能够通过设计将看似创新空间狭小或者普遍性极高的产品类型仍然赋予创新的内涵和表现。此外，为了让设计在整个产品创新中被认可并且打破以往主观评价的枷锁，就要立足于把设计在进行创新过程中的构成方式阐述清楚，这种清楚不是拈花一笑以心传心式的清楚，而是像药物的分子成分一样清晰明了。作为专业的设计师，将设计在创新过程中所构成的关键点阐述得越清楚，就越能将设计精神传递得深刻。

5.3 "设计创新三部曲"实施方法

本节将向大家介绍"创新概念具象表达"方法之"设计创新三部曲",如图5-3所示。

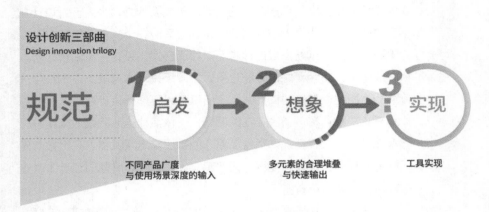

图 5-3   设计创新三部曲

设计创新三部曲的前奏——规范

在运用"设计创新三部曲"进行设计工作时,所面对的产品类型是多样的,就如我们所要进行设计创新的产品可能是生活中常见的电子产品,也可能是为公共场所提供的智能设备,或许所涉及的是系统型的软件类产品等。但无论要进行设计创新的对象是什么类型的产品,首先要做到的就是对相关产品的设计规范进行深入了解。所有类型的产品之所以能成为现代社会中的"商品",是因为它们必须遵守不同产品类型下的规范和要求。就如你所面对的设计对象是硬件类产品,就需要对产品的结构、材料、工艺及产品的易用性等要素在设计创新开始之前进行全方位了解,这也是作为专业设计师进入某个产品领域的最基本考量。但是随着产品的生产流程、智能化融合及环境因素的影响,各个方面的复杂程度变得越来越高,对于产品本身应有的规范和原则也变得越来越多元。

在不同硬件产品的设计中,基本的规范就涉及生产制造、市场流通、使用和体验,以及产品废止等。在生产制造的规范中,我们主要关注产品使用的材料、工艺，以及与之相应的结构关系。不同产品材料的运用必然会对生产过程中加工工艺和加工流程等环节带来影响，同时与产品在生产过程中所耗费的物料资源等问题息息相关。就如在家居产品的设计中，虽然我们运用板材作为主要材料进行家具设计，以彰显产品的环保特性，降低资源消耗。但是，如果缺乏对板式家具在生产工艺、材料特性上的经验，可能会因为特殊的产品造型而耗费更多的碳指标进行热弯处理，或者使用过多的胶水进行板材黏合。最终可能造成真实的资源消耗比一般的家具产品更大。

在市场流通性的规范下，可能在进行设计创新之初就需要充分考虑流通中所涉及的运输、仓储、配送等环节。宜家家居之所以能成为成本控制的王者，最主要的原因就是宜家独有的"模块化设计"和"扁平式包装"。宜家有一句流传至今的商业名言："我们不想花钱运送空气。"为了满足能够在更小的空间内放置更多的产品，极大地降低运输成本和仓储成本并提升配送效率，宜家的设计师在产品设计之初就需要充分考虑相关因素，并在遵循相关规范的前提下进行设计创新。在使用及体验性的规范中，产品应该以具有基本的"可用性"及"可靠性"为前提，也就是产品是能被用户合理使用的，并且能够满足人体工学的基本特性。就如在设计一款电动理发剪时，除了一般人们熟知的电动剪刀所具有的结构和功能，应该更多地考虑理发师的人机工学关系。因此在设计电动理发剪时，我们会巧妙地把理发剪的重心放在产品总长度的40%~45%位置。这样理发师在使用过程中会获得最佳的操作体验。

在满足可用性和可靠性的原则下，要对应不同的场景属性赋予不同的产品体验和使用感知。就如在生活中所接触到的椅子，它在满足了可用性和可靠性规范的同时，也需要满足不同的场景属性对体验感知相关规范的设计要求。就好比我们不可能为快餐店设计高档舒适的沙发椅作为客户用餐时的座位，也不可能为豪华酒店设计冰冷单一的铁质座椅作为酒店旅客的休息区。所以在产品功能达到可用性和可靠性的规范基础上，不同场景中的产品所应当传递的体验感知性也是我们在设计创新之初要遵循的。

　　最后，随着人们对环境保护意识的提升，很多企业在产品废止方面都提出了相关的要求和规范，需要设计师能够充分考虑到产品废止后如何做到可降解、可再生等相关因素，从而在设计之初就提出产品废止相关的规范来作为设计创新的一项指标。我相信对于这些形形色色的硬件产品类型以及企业文化自身所衍生出的设计规范不止于此，虽然看似这些规范给设计带来了很多限制，但是既然进入"游戏"就应该遵守"游戏规则"，在这一点上想必大家都有共识。

　　同样，在软件产品类型中，也需要在遵循相关规范的前提下，进行设计创新的开展。在软件产品的规范中，所涉及的规范内容除了与硬件设备趋于相同的产品属性及场景特性的规范，软件产品还需要考虑技术条件与用户交互行为之间的协调性。如H5小程序的设计就必须遵循H5的技术规范，同时还需要遵循小程序平台的交互规范和商业规范，并且对不同大小的展示屏幕或者不同手机等设备进行软件设计时，需要根据屏幕和系统规范所呈现的差异性来进行控件的设计和使用。或许相比于硬件产品，软件产品所涉及的规范形式更具有统一性，所需要掌握的规范范围也相对更聚焦。但无论是硬件产品还是软件产品，对于相关领域下产品规范的掌握程度与设计创新的成果是密不可分的。对相关产品设计规范的掌握不仅是设计创新的前提条件，也是专业设计师体现专业度的基础指标。

设计创新三部曲——启发

　　有了对规范的掌握和把控，接下来就要正式进入设计创新的环节了。众所周知，我们之所以能对身边的人、事、物有现在的知识储备和认知基础，都源于学生时期接受的知识输入和步入社会后的经验积累。所以当下所塑造出的自己，离不开我们在人生进程中所输入的每一滴养分。因为输入与输出是一种相互依存的关系，所谓先学，再做；先输入，再输出；先接收，再创造，这样的一种先后次序一直贯穿在人们的生活与工作中。因此在设计创新三部曲中，"启发"的本质也是一种输入的过程，其关键点在于如何正确地输入才能打响设计创新的第一步，从而激活创新思维的密码，是我们在这一环节中面对的最为重要的内容。

　　"启发"这一环节是由两个维度构成的，一个是"启发的广度"，另一个是"启发的深度"。所谓"启发的广度",就是要对当下所需进行设计创新的产品展开同类型产品形态的收集,以及对跨界相关产品进行关联度的区间融合。这样才能真正达到"启发的广度"。比如需要对一款电饭煲产品进行设计创新,通常会第一时间去大量收集国内外电饭煲产品的相关内容,然后去参考其相关产品的造型特征、功能结构等。这样做固然能给我们带来某种意义上的启发,但对于创新所需要具备的构成来说远远不够。因为现在处于一个产品极度过剩的年代,同类型产品太多,甚至多到多数新产品只能在夹缝中生存,同时大体趋同、细节近似的同类型产品就像泥石流一样把消费者的耐心和注意力都冲走了,所以只把同类型产品作为输入的唯一内容且作为当下创新的源头是远远不够的。因此在"启发广度"中,除了以往对同类型产品形态的输入,还需要对其他类别产品的相关设计要素进行有针对性的提取,从而开拓和丰富我们对当下设计创新的"启发广度"。

回到电饭煲产品的设计创新实施中,除了对电饭煲相关产品形态的输入,还需要对其他类别的产品进行有针对性的设计要素提取,所以在电饭煲的"启发广度"这一环节的输入中,还需要同步关注出现在相关生活场景中其他类型产品的设计要素,这些产品所呈现出的设计要素时刻影响着消费者对产品的感知度。比如随着生活品质的提高,日常的烹饪已经不再是单纯地为了一日三餐的充饥行为,家庭的烹饪行为逐渐变成了一种生活情趣的体现,所以很多相关的烹饪类产品的设计表现都开始呈现出与生活情趣相关的设计元素。因此,在进行电饭煲产品设计的过程中,我们不仅对烹饪类的相关产品,如榨汁机、烘焙机等在功能和造型方面针对生活情趣的设计元素高度关注,还对有着独特风格类型的异业产品进行了探索。

在对"启发广度"实施的过程中,除了希望赋予产品生活情趣,还希望将某种独特的设计风格融入产品的设计内涵中,让电饭煲产品在放置的时候能成为厨房空间内的装饰物而并非只是传统意义上的煮饭用品。因此,我们从收音机、音响等有着浓厚复古设计风格的相关产品中,通过对复古风格中所蕴含的造型法则,提取出了材料和色彩中所能体现复古内涵的设计元素。比如在复古产品中,色彩的表面处理需要光饱和度的同时加入略带沉稳的红色进行雕琢,这样的色彩运用是富有复古时代特征的。同时在造型语言上，可以看出在复古造型整体的简约形态下，使用圆润的倒角设计可以减少直线条给人带来的冰冷感，所以我们也将此产品所呈现的细节提取出来作为在"启发广度"中的输入内容。因此在"启发广度"的输入过程中，我们对复古类异业产品的色彩和造型，以及对富有生活情趣的产品相关要素进行了有针对性的提取，从而让在"启发广度"中所沉淀下的素材能够帮助我们拓展思维的同时，也为设计创新积累了富有针对性的设计启发。

除了以上对产品材料和色彩运用上的设计要素提取，在"启发广度"中还可以从其他的维度对相关异业产品的设计要素进行有针对性的提取。比如在汽车设计中，可以很清晰地看到当下的汽车设计对异业产品类型的相关要素的普遍运用。比如为了设计一款蕴含着科技感、运动感十足的汽车时，在进行汽车内饰的设计创新过程时，设计师在"启发广度"的实施中，将目光投射到了飞机的驾驶舱内，并且提取了飞机驾驶舱中的按键形态、推杆方式等设计要素，进而运用到了汽车的内饰设计创新中。这样一来，不仅满足了科技感、运动感十足的设计蕴意，通过独特的设计创新形式还让此款汽车得到了消费者的喜爱。

因此在"启发广度"输入这一过程中，一定不要去限制所收集的相关内容的范围和数量。并且在相关设计要素提取的行为中，也无须在意是否在之后的设计执行中能够全部用上。在这一环节，只需要大量收集和提取，犹如输入养分一样使其流入我们的眼睛和大脑。同时在"启发广度"这一环节中，只需要做到同类型产品内容的收集和跨界产品有针对性设计要素的提取即可，这表示"启发广度"这一环节的使命已经完成。就好比要做一道菜"西红柿炒鸡蛋"，需要准备鸡蛋和西红柿等食材，同时也需要准备食用油、香葱和蒜末等配料，才能确保这道菜能够成为满足色香味俱全的一道好菜。但是现在并没有用于炒菜的炊具，所以在"启发广度"这一环节中只需要将所需要的"食材和配料"准备完备即可。这就是在"启发广度"这一维度下，需要理解并围绕两个不同输入层面的价值定义来加以实施的关键内容。

在"启发"这一过程中所要阐述的第二个维度就是"启发深度"。

如果说"启发广度"的输入方式开阔了我们的眼界和思维，那么"启发深度"的输入方式就赋予了我们感同身受的情境。毕竟设计的本质始终是在探索与解决人与人、人与物、人与环境之间的问题，所以在"启发深度"这一环节中，需要将使用场景的意义融入所需进行设计创新的产品中，并且能够透过设计元素所散发出的副作用点燃使用者的情绪价值。简而言之，就是"启发深度"要从使用场景和使用感受上进行相关的内容输入。例如，在婴幼儿腋下电子体温计产品的设计创新实施中，为了让婴儿使用者降低对传统体温计造型的恐惧感，以及达到对发热中婴幼儿烦躁情绪的安抚，我们决定将卡通形象和动物元素纳入"启发深度"范畴中。同时在此产品中，要充分考虑使用者之间的关系所带来的差异性。作为使用者的母亲，她在使用的场景中会出现焦虑和测量不便的状况，因为婴幼儿发烧的高频场景往往是在午夜，而母亲常常会在睡梦中被婴儿的啼哭声惊醒，从而显得慌乱和紧张。所以在对婴幼儿进行测温的使用场景中，婴幼儿本身处于发烧所带来的不适感导致其在测量过程中出现哭闹不配合的情况。在这一情况下，母亲常常出现因抓握不当而导致体温计滑落，也会因为婴幼儿的不配合导致体温计无法紧贴腋下造成测量数据不准确的现象。因此，在"启发深度"的使用场景输入中，我们会根据人机关系的设计法则，提高抓握性。同时为了避免数据测量不准确的现象，我们会运用不同灯光的闪烁提示来作为母亲使用时的判断依据，从而减少无效测量的频次。这就是婴幼儿电子体温计产品在"启发深度"中所获取的输入内容。

除了像婴幼儿电子体温计这种被大众所熟知的产品类型，我们还可以看到很多不同类型的产品通过从"启发深度"的维度进行输入后所获得的价值收获。就如一款关于啤酒周边配件的小众产品来说，通过"启发深度"中对使用场景和使用感受的探索与挖掘，跨越了啤酒产品本身无法逾越的设计壁垒，运用了场景和使用者感受的关联度融合，为啤酒周边产品在设计创新形式上带来了新的推动力。从大众传统的认知而言，啤酒就是一种含有酒精的饮品，一般会出现在朋友聚会的餐桌上或者专属于它的场所里。然而我们需要通过对啤酒周边产品的设计创新，开拓啤酒产品在大众生活中的使用广度，打破人们对啤酒传统的认知。

我们在进行"启发深度"对于使用场景的探索中发现，随着人们生活变得越来越多元化，夏季的泳池派对和冬季的温泉养生等聚会活动都受到了众多年轻人的青睐。因此我们将这样的场景作为啤酒周边产品设计创新的源头，并运用泳池场景中普遍存在的救生圈作为"启发深度"中的主要输入内容，最终将啤酒产品与救生圈元素相结合，让一瓶瓶啤酒放置于救生圈似的周边产品中，这样就可以打破啤酒产品传统的使用局限，让它可以漂浮在夏日的泳池或冬日的温泉水面，让每一位消费者都可以自由、惬意地在这样一个有趣的场景下饮用和享受其中。在啤酒周边产品设计的使用感受中，我们希望打破啤酒固有场景下饮用感受的刻板印象，它不应该只局限于追求一醉方休时的情感宣泄或是三五好友在一起时一饮而尽的痛快，而应该赋予它更多可能性的诠释，所以我们希望将年轻和活力的感受传递给消费者，同时也希望啤酒通过周边产品带来的设计加持成为当下压力环绕时代下放松心情的一剂良方，如图5-4所示。虽然啤酒口味没有改变，啤酒瓶也无法雕琢，但是可以通过对啤酒周边产品的设计创新为啤酒这样附有特殊性的品类带来助力和增长。因此在"启发深度"的输入中，通过对使用场景和使用感受的探索与挖掘，能够从另一个层面丰富我们在"启发"环节中的价值内容。

图 5-4 "啤酒救生圈"啤酒周边礼品设计

但是我们要意识到，在"启发深度"中所输入的内容是需要根据不同的产品类型进行总结和提炼的，并且在对使用场景和使用感受的内容描述中一定要做到精准和直接，因为这样才能更直观地让我们理解所输入内容带来的核心价值，从而更有效地运用到"设计创新三部曲"的实施过程中。与此同时，在此阶段也只需要总结和提炼出使用场景和使用感受的信息内容即可，这表示在"启发深度"这一实施环节的价值使命已经完成。就如同一道"西红柿炒鸡蛋"菜品，在"启发广度"中，我们犹如已经准备好了西红柿、鸡蛋等主要食材和食用油、香葱等辅料食材，而在"启发深度"中，我们犹如已经准备好了炒菜所需要运用到的所有炊具。这样做不仅达到了"启发广度与启发深度"双向输入的实施闭环，并且打破了信息墙，让围绕在"启发"中的信息雷达能够接收到最大范围的"信号"。这就代表在"启发"这一步骤中已经完成了相关的工作内容，而这些有效的内容即将成为执行下一步骤"想象"的有力抓手，也将开始见证设计创新从抽象化到形象化的实施过程。

设计创新三部曲——想象

经过第一步骤下的"启发"经历及在"启发广度和深度"下所输入和收集的相关内容，就可以迈入"设计创新三部曲"中第二步骤的实施环节了。在这一环节中，需要运用在"启发"中所输入和收集的造型元素、流行符号、场景特性和感知传递等相关内容对设计创新的概念进行快速孵化，这一过程就称为"想象"。

顾名思义，所谓"想象"，就是把"启发"中所输入的这些零散但有针对性的已有形象，在大脑中进行有序的描绘，从而运用具象化的方式表达出来的整个过程。在"设计创新三部曲"中，我们所运用的"想象"并非凭空创作，也不是一个抽象语义，更不是传统意义上所阐述的"想象力"。在此，我们所运用的"想象"是以设计创新成果为目的的一种有效方式，它主要由两个方面构成，一方面就是运用"多元素进行合理的堆叠"。通过对"启发"中所收集和输入的内容进行灵活、有序且合理的排列组合方式，进行满足于创新性的有效堆叠，从而在大脑中迸发出具有创新蕴意的设计概念。而另一个方面是通过手绘等表达形式进行"快速输出"。设计本身就是一个以形象思维为主导的表达载体，在以往教学和实践项目的经验中，我们深知手绘能力对"想象"环节的重要性，因为它是设计师在"想象"环节中从抽象的思维表达到具象设计形成过程中最高效、最恰当的利器，并且它充分满足了在设计创新过程中"先做加法再做减法"的形式特征。但是在"想象"这一环节中，如果对"启发"中所输入和收集的内容在"堆叠"的思维过程中没有章法，也毫无尺度可言的话，那么即便有再高超的输出技法，也终将与设计创新失之交臂。因此在"想象"的实施过程中，最需要关注的重点就在于如何能够在多元素堆叠的执行中满足合理性的要求。

通过对婴幼儿电子体温计设计创新案例的延展，我们将运用以上对"使用感受"中所提炼和总结的相关内容来阐述在"想象"步骤中"多元素合理堆叠"的实施方法。在上一节"启发"的实施环节中，我们对婴幼儿电子体温计"使用感受"的提炼内容主要表现为"希望在设计中通过卡通形象和动物元素的纳入，降低婴幼儿对传统体温计造型的恐惧感，并且帮助缓解发热中的婴幼儿平复烦躁情绪"。因此在进行"多元素合理堆叠"的实施过程中，首先决定选取鹦鹉这一动物作为主要的造型融合载体，然后从鹦鹉站立在枝头的真实形态中提取出具有象征意义的形体曲线，并把这一曲线运用到体温计的主体造型设计中，通过巧妙的元素提取并进行合理堆叠的实施行为，让产品的整体设计感在具有鹦鹉形象特征的同时，又避免了直接产生过于具象而成为"儿童玩具"的视觉印象。通过动物仿生形态的揉入，体温计产品摆脱了传统"针管式"的固有造型，使婴幼儿在使用过程中减少了天然的抗拒感，并且避免了婴幼儿在使用时常常误把测温当成要被打针的情形而产生的恐惧心理。

此外，鹦鹉仿生的产品形态让母亲可以在测温的过程中为婴幼儿创造出"游戏故事"般的感受，虽然婴幼儿会因为身体不适而在进行腋下测温时感到反感，但是母亲可以运用体温计鹦鹉的仿生造型，告诉孩子"只要把这只小鸟夹在腋下就可以帮助鸟妈妈孵出幼鸟"，通过这样故事游戏般的植入，能够在一定程度上帮助婴幼儿减少测温过程中的烦躁感，从而让测温过程变得更加顺利。

与此同时，在上一节"启发"的实施环节中，对于使用场景中会出现母亲在测量时由于环境和婴幼儿的客观因素造成测量数据不准确的现象，所以在进行"多元素合理堆叠"的实施过程中，通过人机交互的原理测试出体温计产品与婴幼儿腋下的适配数据，从而将鹦鹉身上提取出的曲线造型与婴幼儿腋下的弧度进行合理匹配。通过这样的设计调整，让附有鹦鹉曲线造型的体温计产品更贴合婴幼儿的腋下尺寸，并且解决了在测温时由于体温计脱落所造成的测温数据不准确的现象，如图5-5所示。同时，为了解决使用场景中会出现的相关问题，我们将LED灯光位置设计在了体温计造型的顶端。这种方式不仅从形态上巧妙地把鹦鹉的"冠"和LED灯的元素之间进行了合理堆叠，而且在LED灯的辅助下，母亲在测温过程中可以通过LED呼吸灯的闪动来直观判断体温计测温是否正常，同时根据LED灯的提示，减少了在测温时需要不断通过看其他钟表来关注测温时间的烦琐行为，而通过LED灯不同的色彩提示便可知道测温时间是否达到。因此对于使用者的母亲而言，提高了在夜间场景使用下的便捷性和效率性。

通过这样"多元素合理堆叠"的设计方式，将具体动物属性中所拥有的造型特征与使用感受和使用场景中所需要解决的问题进行设计运用，不仅满足了造型上的突破，还跨越了传统产品一直存在的使用问题。

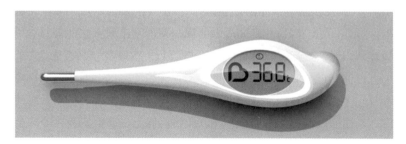

图 5-5 体温计产品设计

在"想象"步骤中，"多元素的合理堆叠"并不是毫无章法的堆砌，也不是高谈阔论般的随意叠加。毕加索曾说，"好的艺术家复制作品，伟大的艺术家窃取灵感"，在设计饱和的当下，设计师不仅要有鉴赏的修养，更要有对设计相关元素的"窃取"功力，因为在看似毫不相关的各个元素中，能够抽丝剥茧出有利于设计的核心内涵才是考验设计师经验广度和美学智慧的试金石。在进行"多元素合理堆叠"的行为中，是一个从加法走向减法的过程，是一个从开放迈向聚焦的过程。

就如在以上婴幼儿电子体温计的案例中，我们在"启发"阶段决定引入动物或卡通元素来缓解婴幼儿在使用中的负面感受，但在"想象"阶段需要确定具体的动物或卡通形象，然后进行设计要素的提取。在这个过程中我们考虑过不同的动物形态，如拥有硕大体型的大象、可爱笨壮的河马、威武霸气的狮子等。但是在尝试对这些种类的动物形象进行设计堆叠时发现，体温计产品本身纤细、瘦小的使用形象是难以与这些动物形态相融合的。相反，如果我们设计的对象是儿童房中的家具产品，那么大象、河马等相关的形象运用就会显得更加合理。

除了尺度与产品本身契合度的影响因素，我们在选取形象符号时还需要考虑动物形象的意指作用。比如老虎、狮子等潜意识中凶猛的符号印象，就显然不适合体温计产品这一类需要向用户传递"关爱、温暖、平和"信息的产品类型的应用。为此，在体温计产品的设计过程中，我们最终选取了抽象的鹦鹉形态作为产品造型的设计元素。因为鹦鹉的形态运用恰好可以在人机关系上与幼儿腋下的曲线相吻合。同时，又能把提示灯等设计元素巧妙地与鹦鹉冠等具象内容结合起来。因此，通过恰当的选择和设计提取要素的合理堆叠就构成了目前所看到的这款既有设计感又有创新性的婴幼儿体温计产品。

在这一过程中，首先需要将各式各样的动物形态展开，并且结合所要设计的产品特性及匹配设计语义之间的关联关系依次进行设计分析，最后通过无数次的堆叠尝试，最终构建出设计创新所具备的产品形态。因此在"想象"步骤中"多元素合理堆叠"的行为是一个抽丝剥茧的过程，是一个从加法走向减法的过程，是一个考验设计师经验广度和美学智慧的过程，更是一个在设计创新中使平凡迈向创新的重要举措。正因如此，"多元素合理堆叠"的行为盘活了我们在"启发"步骤中所积累和输入的相关内容，就如我们在有了所有食材和炊具的基础上已经掌握了"西红柿炒鸡蛋"这道菜的菜谱一样，让我们能够游刃有余地进行烹饪。

但是，在"多元素合理堆叠"的行为过程中，我们不能仅凭脑海中的概念和没有画面感的语言，就将附有设计创新的产品形态表现出来。因为对于"多元素合理堆叠"的实施流程而言，它是一个需要不断尝试、修改、完善的过程——我们所输入的丰富内容中，需要通过可视化的方式来验证堆叠的合理性和设计分析后的判断。同时，在"创新概念具象表达"这一实施步骤下，我们所能产出的创新设计雏形越多越好。因为在这一阶段，我们应该去积极尝试不同的设计创新形态，尽可能地放大设计创新所能表现出的可能性。所以，作为专业的设计师，应该运用自己擅长的手绘功夫，将脑海中所构想的设计内容快速表达出来。因为手绘方式是设计师思维表达最便捷、最恰当的利器。

其实自古以来，对艺术人才的培养就一直在强调"手头功夫"的重要性，但对艺术的理解与认知并非只停留在单纯的绘画技能上，其实它的本质是一门需要"用手思考"的学科。所谓"用手思考"，强调的是通过手脑并用且最终以绘图形式来表达的一种思维方式。就如常常听到的"艺术灵感"一词，其实很多时候都迸发于不断动手绘制的实践过程中。我们所熟知的一幅幅伟大作品的背后，没有哪个艺术家是在脑海中就把自己的作品思考清楚了再动笔进行绘制的。他们常常是有了一个模糊的创作想法后，马上动手沿着脑子里那一道闪烁的光开始绘制，然后在不断的动手过程中进行反复修正和推敲。通过这样的方式，将大脑中的艺术精神和哲学思想转化成了优美的线条和丰盈的色彩，最终才创作出了至今源远流长的艺术作品。近代以来，印象派、野兽派等艺术大师的作品也是如此。如果没有"灵感"在大脑中的发酵和通过手在画纸上不断地绘制表达，这些作品就不可能成为永恒，它们的工艺和美感也不可能经受住时间的考验。

然而在当下，设计更是如此，对于产品设计师而言，手绘能力的体现是在表达创意时对自身专业素养展示的重要组成部分。当你在实际工作中，面对非设计专业和跨部门的同事们表达你的创意、想法和设计思路时，通过手绘所体现出的画面感，无疑是最简单、最便捷、最高效的一种呈现方式。在设计沟通或者工作汇报过程中，我们都知道"一张图胜过千言万语"，因为图示的表达更容易直观准确地传递复杂信息。对于设计而言，最终所呈现的设计结果固然重要，但最终的设计结果也是由复杂的设计思考过程所构成的，而这些设计思考的过程旁人是看不见的，因此导致最终的设计成果常常被旁人用个人的喜好和非专业化的感受来作为衡量的标尺。这种结果的产生反映了我们对设计思考过程这一表现的忽略和运用手绘在此过程中进行图像化表达的忽视。所以在各种设计工具占据了计算机大部分内存的当下，仍然希望大家在拿起鼠标之前，先拿起画笔。先让大脑与手进行对话，从而通过手绘的方式表达创作思想，用一笔一画奔赴最终的设计成果。

与此同时，对于设计创新而言，手绘的表达方式犹如一座从虚幻到现实的桥梁一般，连接着从无到有的过程。并且可以在这个过程中不断地、快速修正自己要走的方向，直到把那些输入的元素在脑海中合理堆叠后，运用手绘快速且恰当地体现在一张张白纸上，最终成为能够进入下一步骤中的具象化设计内容。或许在当下，很多设计师已经习惯于直接用计算机软件进行设计，手绘的过程常常被弱化、被忽视，导致一提及手绘就会给大家一种陌生感，甚至会认为它是一种低效的方式。

这一情况的出现是信息技术发展的副作用，这一作用的持续发酵会直接影响设计师的创新能力。当下，计算机、人工智能等设计工具看起来非常直接和高效，它让设计工作变得轻而易举。就如在电商海报的设计中，商家只需要插入简单的文字，拖入需要编辑的图片，就可以一键成图。在室内设计中，通过将空间的风格、大小和功能进行模块化划分，然后将这些模块化打包成一个个固有的设计样式后，只需要动动手指就能拼装出一个完整的室内设计方案。所以无论你是谁，都可以通过一番简单的操作培训后成为一名室内设计师。然而，这些标准化的组件、模块化的功能和固定搭配下的设计造型都成为设计师设计时的原料，但是这些工具和原料都只是对固有形态的刻画和对标准化产物的克隆。它抽离了设计从模糊到清晰的过程，摆脱了人类思维的发散和创造，更泯灭了驱动创新的原动力。

在这种信息技术发展的副作用下，各种潜藏在本质的问题被表象所带来的高效性、便捷性所掩盖，在设计创新中被副作用影响下的各种隐性缺陷互相叠加，最终导致创新无果，设计乏力，就连设计师这样一个伟大的职业也开始被质疑和诟病。虽然便捷与高效印证了人类的发展，但是作为设计师，肉体可以追求这些便捷性带来的快感，思想却要警惕这些便捷性带来的桎梏。因为设计创新本质上是思维不断进阶的过程，它滋生出的每一个创新想法都值得被纪念，而每一个创新想法会聚焦成为最终的创新成果，跨越出被高度淤积的同质化地带，最终获得一席之地。

因此，这里仍然强调手绘的重要性，特别是在进行设计创新的实施过程中，手绘的作用更是非同小可。因为一方面它是设计创新思想过程的体现，也是打破工具化副作用的良药，更是对设计创新能力的肯定。而另一方面在进行设计创新工作时，最初的设计意向是模糊的，这时候所面对的设计任务往往会出现很多设计方案的可能性，而这种可能性有时是转瞬即逝的灵感，有时是分析探讨后的结论，无论是哪一种，都必须明白构思想要被感知必须通过某种特定的载体进行转化。况且对于设计创新实施工作而言，没有了照葫芦画瓢的对象，也没有明确的需求指令和清晰的设计要求，因此唯有手绘，它将成为你在"启发"中和"多元素合理堆叠"的设计分析中表达构思与创意、推敲设计创新方案最快捷的有效手段。设计师可以在手绘中将自己的设计思维进行整理，并且大胆地表达自己的创新思想，高效地尝试不同的创新形式，从而从最初的设计概念阶段（设计草图）迈向最终的设计展示阶段。所以在"想象"步骤中，一定要运用手绘搭建好从想象到图像的桥梁，这样才能将"设计创新三部曲"的美妙旋律继续弹奏下去。

设计创新三部曲——实现

"设计创新三部曲"的音符即将落在最后一个琴键上，通过前面从"启发"到"想象"的经历，我们已经从刚开始对设计创新的毫无头绪，到创新想法的层出不穷，现在看着自己眼前这一幅幅通过手绘快速描绘出的设计创新概念，就会明白设计创新的口子在一点点被撕开，最后只要将这些运用手绘所输出的设计概念通过工具的加持进行最终的实现。它就会像破茧而出化蛹为蝶一般，将一个个能成为"机会点"的设计雏形幻化成一只只美丽迷人的蝴蝶，飞入人们的视线。

"设计创新三部曲"的最后一个环节是"工具实现"，从字面理解和对工具使用的过往认知来看，所谓"工具实现"，就是通过运用人们所熟知的应用软件，将手稿重新进行计算机绘制的过程。而这一过程无疑是设计师最熟悉、使用得最得心应手的环节，因为一方面对软件的使用是成为一名设计师需要掌握的基本条件，而另一方面计算机绘制所输出的设计呈现也是体现设计水平的最直接方式，甚至对设计工作而言直接使用软件工具是设计效率最大化的表现。但是在此，如果只以这样一个常识来理解设计创新三部曲中"工具实现"的价值和意义，就表明你对创新的理解只停留在雾里看花、水中望月的层面，模糊不清，遥不可及。所以在设计创新三部曲中的"工具实现"，不是哆啦 A 梦的口袋，能够让你即想即得，第一步打开软件，第二步使用软件，然后一张张披着创新光环的稿件就新鲜出炉了。也不是阿拉丁的神灯，能够满足你所有凭空想象的愿望，让灵感附着在鼠标上左右单击上下滑动，一幅幅拥有创新灵魂的视图就完成了。而此处的"工具实现"是以设计创新的思路为核心，以手稿所表达出的设计概念为基础，然后通过软件工具的使用，将粗略的手稿内容转化为具有落地性依据的设计原型。并且通过运用工具对手稿内容的丰富和加持，更清晰地展示创新想法和设计思考。因此，设计创新是一个攀登阶梯的过程，需要拾级而上、一个台阶一个台阶地向上攀登，如果没有阶梯的层层叠叠，就不可能到达"工具实现"这最后一步。

当下设计工具是非常丰富的，学习掌握一个软件工具的使用也变得越来越容易。虽然合理地使用软件工具能够让我们的设计更加完善，但是这并不代表只要拥有了这些工具和掌握了使用方法就能输出富有创新价值的设计。如果没有"启发"的过程作为铺垫，没有"想象"环节的合理堆叠和手绘的概念表达为基础，那么在工具使用中对色彩的运用、材料的选取及工艺上的打磨等这些可以使用智能化工具去操作的内容就无法发挥有效的价值。如果是一个创新思维枯竭的大脑和一双缺乏设计概念表达能力的双手，就算拥有最先进的智能化工具，也无法设计出富有创新性的产品。

就算是当下最火的人工智能工具，貌似只需要输入一段文字，人工智能就能输出无数张富有创意的图片。不可否认，其中还有很多图像的创新性超越了我们的想象，的确能给我们带来许多启发。但是，在实际工作中，人工智能的创新难以保证产品设计的每一个细节都符合创新论证和产品定位的所有推论。因此，一定要认识到设计和设计创新是两个截然不同的概念，前者只需要会使用设计工具，而后者需要真正理解设计与创新之间的关系，理解设计创新中每个步骤的本质含义，才能真正达到设计创新的目的。所以在"设计创新三部曲"中对前两个步骤的实施与积累，都是为了能在最后一个步骤"工具实现"中发挥出锦上添花的价值和意义。

通过以上在设计创新三部曲中对"工具实现"的理解，就可以更游刃有余地使用智能化工具，为设计创新的最后一个环节创造更精准的设计价值。众所周知，在计算机技术还不成熟、设计软件也还未横空出世之前，设计师只能凭借双手完成产品设计的全部工作。从设计草图到产品完善过程中的结构图，甚至到制造阶段的工程图都需要设计师通过双手的绘制来完成。虽然当今的设计师对运用手绘来表达设计概念的方式并不陌生，但是通过手绘来表达产品结构图的方式想必是鲜为人知的。手绘的产品结构图需要设计师具有非常强大的空间思维能力，能够把复杂的功能模块在脑海中构建出来，并且以驾轻就熟的手绘功底，通过平面、立体、俯视、剖面、节点等视图绘制出来。对于这些工作，在当下已经可以轻松地在三维软件中完成了。而当我们转动三维模型时，难以想象从事产品设计的前辈们是如何通过二维的平面来想象复杂的三维空间中的结构关系的。

此外，在目前这些风靡全球的设计工具还未诞生的时代，产品设计中的另一个难点就在于制造的过程，因为产品的制造工艺、产品结构与产品设计是息息相关的。在进行产品设计的过程中，就需要设计师对产品制造和实现的可行性进行深思熟虑，如何让制造和工艺之间能够合理衔接，如何选择是使用铸造工艺还是CNC的加工方式来完成金属部分的内容，以及如何能够合理地配置塑料材质与金属材质的组装等。过去，这些都需要设计师运用双手和画笔在一张张超大的长方形绘图桌或空白画板上完成。而在这个过程的背后，是设计师对设计工艺的推敲和打磨，他们的内心犹如配置了"设计工具库"，大脑中启动了"设计程序"一般，才能通过双手表现出如此精益的设计成果。

然而在当下，得益于数字化和智能化的发展，设计师似乎已经处于一个"工具通胀"的时代。各式各样设计工具的横空出世，无疑给设计师带来了很多帮助，也使设计效率得到了显著提升。与此同时，设计工具的不断迭代让使用门槛和操作体验变得越来越友好的同时，设计师获取各种使用教程也变得易如反掌。不仅如此，海量的设计模板能够帮助设计师快速产出，众多的网上素材库也为设计师提供了前所未有的丰富资源。因此，设计工具带来的价值体现是显而易见的，不仅提升了设计师的幸福感，还让设计的精度和丰富度都变得日新月异。

然而对于设计创新而言，首先要明白使用设计工具在设计创新过程中的价值导向是"将粗略的手稿内容转化为具有落地性依据的设计原型"，就是把手稿所体现的内容，通过设计工具的运用，由模糊的设计概念逐步转换成具有精确尺度的产品设计，如图5-6所示。让每一个设计内容都呈现出具体且精确的设计表现。比如进行UI设计时，需要通过设计工具的使用让设计内容精确到每一个ICON的样式、每一条线条的像素单位，甚至需要细化每一个像素的色彩数量、色值等，而这些都是无法通过手稿体现的。在实体产品设计中，具有落地性的要求就更加明显了。我们在设计手稿的绘制中更注重创新想法的体现，但需要把手绘的设计内容转化为符合产品规范的设计形态时，每一个线条所需要的参数都显得尤为重要。产品的高度、弧度是多少，和人体尺寸的臂展、座高的关系又是如何？这些都需要进行合理的参数配置来作为符合落地性依据的支撑，这也是让设计创新概念成为设计创新原型的重要过程。所以，设计工具在设计创新中的价值导向就是"精细化与可实现性"的双向契合。

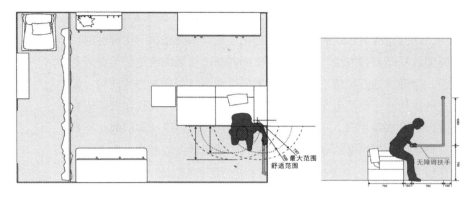

单位：mm（毫米）

图 5-6　人机关系设计视图

　　在这场双向契合的过程中，设计工具为"精细化与可实现性"所带来的优势和特性是显而易见的。随着材料学的高速发展，材料的多元化运用让形形色色的产品体现出前所未有的缤纷绚烂。比如当下手机外观的设计就离不开数字材料工具库的加持。手机的背面、正面已经开始运用多种材料进行组合，其中皮革、纺织品、玻璃、竹材料等以往出现于消费电子产品中的材料也已经出现在手机外观的设计运用中。数字材料工具库的使用，不仅拓展了设计的实施途径，还增加了产品表现的丰富程度。同时，人机交互行为工具库的使用也为产品的"精细化与可实现性"提供了智能化的解决方式。通过人机交互行为工具库的使用可以让计算机仿真矫正产品和用户间的尺度数据、行为数据，从而避免因数据偏差带来的实现障碍，同时也代替了以往通过人工来进行人机数据测量的低效方式。在软件设计中也是如此，通过对软件产品设计中交互控件工具库的使用，可以精准地体现各个组件之间的配合关系、转换关系和组合关系，甚至工具的智能化还能够对产品设计的易用性和可用性进行系统性的配置。当下，这些丰富且便捷的设计工具，无疑对"精细化与可实现性"的设计要求提供了全方面多维度的价值表现。因此，我们不仅需要熟练掌握不同工具的操作方式，还需要时刻关注相关设计资源素材库的更新和变化。

　　在"设计创新三部曲"中，工具实现这一环节的重点在于，用设计工具赋予手绘设计概念更大的说服性价值，用手绘设计概念增强对设计工具使用的确定性演变和创新深度。二者"各尽其职"，缺一不可，这样才能将粗略的手稿概念转化为具有精细化和可实现性的设计原型，从而将有方法、有步骤的设计创新过程系统性地呈现在大众眼前，为设计创新实施工作画上完美句号的同时得到各方的认可。如今，科技和设计都是生产力，但对于设计而言，人的大脑和双手依然是设计的根基和主因，而设计工具的产生则是推进设计实现的必要条件。虽然在当下能够熟练掌握设计工具的使用越来越重要，但人对于设计成果而言才是主要的。重要和主要之间俨然存在着本质上的差异，就如在一部电影里，主角无疑是故事情节主要体现的内容，整部电影的剧本撰写、人物刻画、场景布置等都会以主角为创意原点而展开。但其中配角的重要性也是不言而喻的，如果没有配角的出演为主角进行加持和烘托，这部电影就不完整。所以对于设计工具和设计者而言，二者在进行设计创新的实施中有着泾渭分明作用的同时，又能相互支撑，才能在设计领域竞争陡增的当下，撬动设计创新的杠杆。

5.4　方法不是魔法

以上就是创新概念具象表达步骤中"设计创新三部曲"实施方法的具体内容。设计，一项看似被主观淹没，被感性认知的工作，也可以通过有效方法的运用，将看似模糊且常常被忽视的设计过程，有条不紊地呈现出来。让方法背后的每一个环节都成为设计创新成果的阶梯和依据，打破对以往设计主观评价的局限性。但是"方法不是魔法"，方法自身的价值是运用对应的框架提供解决问题的路径和突破边界的行为方式。其中我们需要经历"知其表、理其意、用其行"的过程，从知道方法的产生到理解方法的外延和内涵，再到运用方法达到融会贯通的境界。所以，方法不可能像魔法那样，念一句咒语或挥舞一下手中的器具就能在弹指一挥间让你脱胎换骨成为解决问题的大师。虽然在以往的很长一段时间里，琳琅满目的"方法"像餐厅里的菜谱一样五花八门，但运用到解决某个特定问题时却常常出现行之无效、水土不服的现象。其背后的原因在于我们对方法的运用太过于敷衍，以及对方法本身的理解太过于片面。

不可否认，在经济与科技高速发展的进程中，不合逻辑的意外比比皆是，但这"树欲静而风不止"的环境终将被逆转，善文能武的才干之士终将被时代所眷顾。过去的十几年，无疑是大多数行业高速增长的十几年。其间，有些行业趁着时代的发展和机遇的降临成为人们阶层跃升的"电梯"。然而对于很多普通人而言，只要你走进电梯，哪怕你在里面疯狂躁动，只要你不离开电梯，你都会比走楼梯的人更快速地到达目的地。只要你抓住这样的窗口期并且在时代红利的普照下努力奋斗，时代就会给你回报。

所以，我们需要有准确判断方法有效性的能力，以及对方法使用得游刃有余的底气。因此，如果对方法的掌握不能做到"知其表、理其意、用其行"，就无法真正让自己在这并驱争先的当下构建起区别于普罗大众的战斗力，也无法打破自我消耗的状态，挣脱环境因素所带来的捆绑。所以如果你希望成为设计创新领域的奔跑者，那么对"设计创新三部曲"方法的掌握深度会成为你向上攀升的高度。设计或许已经不是我们肉眼所见的具象化产品，而是一种无形的能力，一种具有创造力和开拓性的能力，这种能力将引领你进入任何富有创造性的领域。而一个真正能够帮助你在设计创新中收获成果的方法，并不是一个看似美好却无法实践的噱头，而是以设计创新工具为主要抓手，一步步构建起自身设计创新能力的有效武器。

5.5　属于创新的"机会点"

通过依托于对第一步骤"论证"中所获得的价值产出"产品定位"，并围绕"产品定位"所衍生出的两项关键实施环节"围绕定位精准实施"与"创新概念具象表达"进行了详细的解读，相信大家对第二阶段"产品创新设计"的内容从理论认知层面到实施方法层面都已经有了深入的了解和认识。但是，或许当你面对真实的设计创新任务时，实施方法的运用会让你显得不那么游刃有余，甚至会觉得当身处于设计创新的逆境中时，"设计创新三部曲"依然让你觉得举步维艰，无法找到创新的出路。其实此刻需要意识到，创新力的构建是一个学习与训练双闭环的过程，特别是在当下的互联网时代中，在创新形势层出不穷的背景下，"技多不压身"的理念没有过时，但"要学惊人艺，须下苦功夫"的道理也仍然适用，所以除了理解设计创新方法，还需要进行一次又一次的训练和尝试才能将方法转化为自身能力的一部分。唯有如此，才能避免我们掉入市面上"零基础速成班"的陷阱中，从而树立"一分耕耘，一分收获"这一具有科学化的学习态度。

在步骤二"产品定位"中，通过对"围绕定位精准实施"与"创新概念具象表达"两项实施内容的开展，最终在此步骤中所获得的价值产出就是"机会点"。在企业内部或各个职业领域中，"机会点"一词被广泛提及和使用，比如在销售领域，大家会把"机会点"认定为销售人员促成销售成功概率最大化的统称。在商业战略中，大家会把"机会点"认定为一次变革或跨领域转型的方向。在传统的产品设计领域中，很多时候大家会把"机会点"视为具备爆品潜力的商品。但是在产品创新路径模型中，所谓"机会点"，是通过第一阶段"产品创新策略"到第二阶段"产品创新设计"的实施下所衍生出来的产品创新概念。此"机会点"是产品创新路径模型实施到当下阶段的产物，并且它以过程性和依据性为支撑，而不是凭空出现或臆想出来的结果。因此在产品创新路径模型中，"机会点"是每一个步骤和每个实施过程所凝结出来的价值产出，就如一朵沙漠玫瑰之所以会有死而复生的奇迹出现，一定是因为历经了雨水润泽和向上而生的艰辛过程一样。所以大家在"机会点"这一被广泛运用的词语背后，一定要去理解它所构成的过程，区分它所要体现的价值含义，而并非用词一样就对其进行一概而论的认定。

在此步骤中，我们所获得的"机会点"并非一个完整的产品创新成果，也不是单一的产品设计体现，而是通过设计创新方法将设计原型以多样化的形式表现出来。在此过程中，从手绘下的粗略表达到设计工具的精细化加持，其最终目的是把"产品定位"到"设计创新"的过程融入想要创新的产品形态中，将抽象的想法用具象的设计形态体现出来即可。也就是说，在"机会点"中所呈现出的产品设计程度不需要具备上生产线的条件，也不需要符合立马能够投入研发的精细化标准，它只需要表达清楚产品创新路径走到当下所要体现的价值产出即可。

同时，"机会点"一定要满足多个设计呈现的需求。这就意味着，我们不能仅仅输出1个相关产品设计就称之为"机会点"，而是至少3个相关产品设计才能被称为"机会点"。因为一切的过程和行为都是以产品创新成果作为终极目标来进行实施的，每个实施环节的价值产出作为小目标都是以提高最终产品创新成果的成功概率建立的。因此在步骤三"机会点"的构成中，我们所能输出的相关设计原型越多越好，这样在这一阶段就能捕获更广泛的创新形态，开拓创新格局，同时为下一步骤做好更充分的准备。就如有一句民间俗语称："广撒网，多敛鱼，择优而从之。"意思就是，通过广泛地撒网，就能多网点鱼，然后才能选取其中最好的鱼收下。就如在生活中投递简历寻找工作一样，看到合适的职位就进行投递，这叫"广撒网"，然后会陆续收到面试邀请，无论是哪家公司都尽可能地去参与面试，这叫"多敛鱼"，最后"货比三家"，哪家待遇高、前景好就入职哪家，这就叫"择优而从之"。这也正是在"机会点"中所要体现的核心宗旨。

第6章
"机会点"——可感知的创新

> **"** 创新不能只是出现在大脑里的一个想法,而是要转化为切实的产品并创造出更多元化的需求才能发挥出巨大的价值。**"**

"创新评估矩阵"方法的运用解决了两大问题,第一是"事"的问题,第二就是"人"的问题。

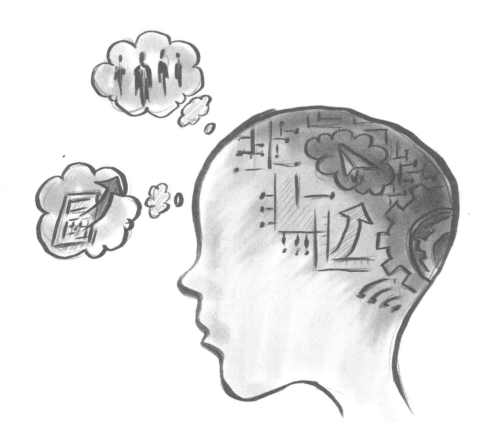

通过步骤一到步骤二的实施与开展，我们已从产品创新之初的毫无头绪、彷徨无依到目前收获了创新的"机会点"，如图6-1所示。经历了路径中的两个步骤后，看到了一个个产品创新雏形的设计稿时，对创新的预期也逐渐变得更加清晰，并且在产品创新路径模型的运用下，让我们对创新成果所抱有的不再是幻想的目标，而是切实可行的创新收获。但是在创新的"机会点"产出后，不能就此认为产品创新的实施进程可以直接跨越到最后，更不能就此成为标榜自身创新能力

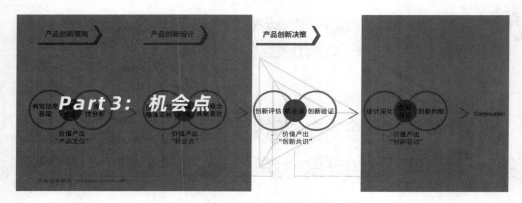

图 6-1　产品创新路径中的"机会点"

高低的结果。创新"机会点"的收获仅仅是"产品创新路径"运用步骤下的一项价值产出而已，在系统性的创新方式中单点的收获是为了全局的运转，最终达到符合企业发展的创新目标。并且一切有价值的东西都是有门槛的，或许是时间，又或许是价格。通过运用产品创新路径模型来构建自身创新能力并收获创新成果也是有门槛的。毕竟在充斥着"伪效率"的当下，看电影我们有"3分钟说电影"，读书我们有"300字拆书"。我们往往希望可以用粗暴剪辑和压缩简化的速成方式来吸收知识打磨能力，但是从另一个角度来看，这无疑是对当下"能力焦虑"的另一种应对方式。就像"刻舟求剑"的寓言故事一样，剑已经沉入水底，但是你并不愿意在当下就花力气下去捞，于是就在船上刻了一个印记，仿佛自己已经掌握了剑的行踪一样。所以在一个已告别产品创新野蛮生长的时代里，企业创新发展的变化折射出的是时代创新前行的足迹，而个人创新能力的提升，反映出的是企业创

新终极的命运。因此，不要把能力看成机器，能够让你只充电2分钟就可以通话5小时，也不要被"伪效率"所蒙蔽，认为速成才能体现实力。产品创新路径模型之所以能成为创新能力进步的阶梯和到达创新成果彼岸的途径，是因为它的每一个实施步骤都是对产品创新行为进行解构后的重构，并且能够弥合创新思想与创新实践的鸿沟。毕竟创新不能只是出现在大脑里的一个想法，而是要转化为切实的产品并创造出更多元化的需求才能发挥出巨大的价值。所以只有愿意付出成本去跨越创新门槛，才能够在产品创新的领域中收获更多的反馈。因此，读者需要按照产品创新路径模型的指引继续前行。

图6-2所示为"创新评估矩阵"方法的图示表达。

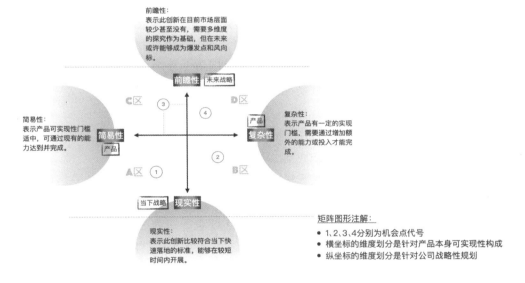

图 6-2 创新评估矩阵

6.1 传统评估与创新评估

在步骤二中收获了"机会点"的价值产出后，就可以顺利地进入步骤三了。在步骤三中依然涉及了两项关键的实施环节，分别是"创新评估"和"创新验证"。承接于上一步骤，在"机会点"中已经输出了3个或3个以上的设计创新概念，此时当我们面对这些创新概念方案时，该如何对它们进行创新评估，从而筛选出符合当下企业发展的创新概念并进入下一步骤——这就是本步骤最为核心的内容。在组织中进行产品创新不是个人行为，也不是一个部门的小范围举措，创新能否获得最终的成果检验，在于公司决策者的认可和各相关部门的协作。因此在"机会点"进入评选会议之前，需要通过符合产品创新维度的评估方式来对每个"机会点"进行清晰的界定。

首先在告知大家创新评估方法之前，一定要让大家先摒弃一些对以往产品评估的传统视角。因为在很多时候，当一个新的产品形态或一次颠覆于以往的迭代出现在企业的评审会议上时，无论是决策者还是各部门的协作者，都会先入为主地以成本投入的大小、可实现性的难易程度来作为此次评估的标尺。但是对于创新而言，如果依然以成本投入和可实现性的难易程度等传统方式来作为标尺对创新进行丈量，那么你所做的创新在此时此刻就即将被打入冷宫了。因为真正有效的产品创新评估方式与传统的评估视角本就是两条不可相交的平行线，它们两者之间所存在的矛盾犹如一边高喊着要保护环境，而另一边却在奋力地砍伐树木一样相互悖逆。因此创新的不同之处恰恰在于投入和产出在创新初期是无法成正比地去进行计算的。因为它既可能带来以一敌百的可能性——即使投入是过往成本的数倍，也依然可获得百倍的收益。它也可能是一场只付出而没有回报的结局，尽管在人员、研发等方面都加大了投入成本，但最后却颗粒无收，只剩下惨淡收场的局面。所以在产品创新路径模型中向大家传递的"创新评估"方法一定是在尊重创新本身的基础上，通过构建较为合理的评估维度，并且以符合当下企业实际运营情况为原则来开展的。

6.2 "创新评估矩阵"模型

接下来，将详细介绍"创新评估"的具体方法，这个方法称为"创新评估矩阵"。"创新评估矩阵"的运用解决了我们在企业开展产品创新工作时面对的两大问题。第一是"事"的问题，就是可以通过对"创新评估矩阵"的运用，让多个创新设计雏形能够合理清晰地分布于矩阵之中，同时结合企业在不同时期所倾向的战略方向，筛选出符合进入设计深化阶段的设计创新原型，从而能够为最终的产品创新成果达到事半功倍的效果。第二就是"人"的问题，以产品创新这一行为来说，既可以把它归结于一次功能或者局部的调整和迭代，也可以把它视为一次追求新型增长机会的举措或突破现有产品局限的投入。但是无论产品创新的初衷是哪一种，都需要在组织内部与参与者和决策者在产品创新这件事情上保持思维模式的趋同。特别是在对未来创新成果有着至关重要影响的评审和筛选中，在此局面下，最关键的一点就在于参与的各个角色之间能够"降低沟通成本，减少交流障碍"。所以需要一种最有效、最简明、最易懂的方式能够在群体决议的讨论声中做到"统一语言"，让多种声音通过围绕"创新评估矩阵"的运用而凝聚成一种态度，从而能够快速聚焦于下一阶段的执行目标，获得"上下一心，其利断金"的力量。

在产品创新行为的开展中，产品创新的发起者时常会抱怨推动一次创新所付出的精神成本太高了，在通往创新成果的路径中，尽管有着一厢情愿的付出，但也时常被质疑声包围，导致内心精疲力尽。其实有人的地方就会有是非之争，但是所有的是非之争本质上都是因为对解决问题缺乏行之有效的手段而产生的，在产品创新路径模型的每个步骤和环节的构成中，都充分对产品创新实施过程中所面临的具有普遍性的横向或纵向问题进行了提炼和总结，然后凝结在每个方法的运用中，从而成为能够击碎问题的有效途径。所以唯有让自己提高解决问题的手段，才能避免让自己陷入争论的泥潭中，同时也能够避免精神内耗阻碍创新前进的步伐。

通过"创新评估矩阵"图示，可以看到它主要是由一条横坐标和纵坐标构成的4个象限。横坐标主要用于对"机会点"下所产出的设计创新原型的产品构成进行评估，所以坐标的两端分别是以产品的可实现性和组织内部对于产品构成的现有能力和资源来进行相对维度的划分。因此，左边的坐标点为"简易性"，如果将某个设计创新原型放置于偏向此坐标点时，则表示此创新原型的可实现性门槛是较为适中的，并且现有的组织能力和资源是基本能够胜任的。而相对来说，右边的坐标点即"复杂性"，如果将某个设计创新原型放置于偏向此坐标点时，则表示此创新原型在可实现性上有一定的门槛和难度，并且现有的组织能力和资源是不足以满足的，需要增加额外的能力补充和投入才能够胜任。在产品创新路径模型的整体布局下，"创新评估"这一环节起到了承上启下的重要作用，而承上启下的焦点离不开"产品"二字，所以在"创新评估矩阵"的设置中，横坐标主要是聚焦于对产品本身的评估来进行设定的。而在横坐标中作为对产品维度评估的"可实现性和组织能力"这两点而言，主要是出于对创新基本面的考量和下一步"设计深化"所要涉及的执行方针来建立的。横坐标的设置在"创新评估"中扮演了产品创新在战术上的打法，它也是让产品创新的进程能够被持续推进的动脉，所以必须以合理、高效的方式对两大关键点进行评估后，选择放置在横坐标的两侧。这样我们就能通过"创新评估矩阵"的可视化图形更直观地认识到每个设计创新原型在当下所处的位置，从而也能够让参与评估的所有人员更清晰地意识到产品本身在创新方向上的倾向性。

接下来介绍纵坐标的构成，纵坐标主要是围绕当下所产出的"机会点"对企业发展的战略规划而设定的，所以坐标的两端分别是以"机会点"在当下相关产品类型中所呈现出的创新形式对于企业战略发展的选择来进行相对维度划分的。因此，上方的坐标点为"前瞻性"，如果将某个设计创新原型放置于偏向此坐标点，则表示此创新原型的创新形式在目前市场层面拥有较为新颖的理念，甚至对于消费者而言还处于闻所未闻、见所未见的阶段。但该创新原型在未来或许具有成为创新爆发点的潜质，所以此创新原型比较符合当下对未来产品创新方向进行布局的企业发展战略。下方的坐标点为"现实性"，如果将某个设计创新原型放置于偏向此坐标点，则表示此创新原型的创新程度符合当下快速落地的发展战略，并且能够直接进入实施规划中，通过快速的创新落地来检验其市场价值。纵坐标的设定之所以围绕企业战略规划来展开，是因为产品在创新层面的发展和企业本身的战略规划是密不可分的，二者是双向齐驱的状态而不是背道而驰的行为。因为创新可以成为驱动企业战略发展的必要条件，而企业的战略发展也将成为创新可延续性的有利因素。所以需要在企业战略和产品创新之间找到一个合适的平衡点，从而在"创新评估"中达到双向奔赴的合理体现。同时，不同的企业在资源上的能力体现及在发展意识中所期望的侧重点都具有很大的差异性，所以不能忽略不同企业对创新价值的不同追求。因此在进行"创新评估"的环节时，应该尊重企业在创新决策中的自主意识，这样才能在决策层、中高层、执行层等不同角色都参与的评审会议中做到思想统一。

"创新评估矩阵"的构成是根据创新本身具有的特殊属性，以及结合不同企业的实际情况所进行的象限分布。通过横向与纵向象限的内容指引，对上一步骤中所产出的多个机会点进行合理的评估后，将每个机会点放置于象限内的四大板块中。这四大板块分别为满足简易性与现实性的A区、现实性与复杂性的B区、简易性与前瞻性的C区、前瞻性与复杂性的D区。以大家最为熟知的手机产品为例，通过对产品创新路径模型的运用，创新工作已经推动到了创新评估的阶段。在上一步骤中，已经产出了多个设计创新原型作为机会点。在这些设计创新原型中，有手机1号、手机2号、手机3号、手机4号等甚至更多的机会点，其中有通过色彩元素和独特材料来作为设计创新点的，也有通过特殊工艺和对未来的想象来进行产品形态塑造的。在每个手机产品的设计创新概念中，都注入了不同的创新内涵。

此时，需要将每个创新概念通过评估后放置于象限的四大板块中。所以，将手机1号放置于满足简易性与现实性的A区，因为手机1号的创新举措是属于CMF（色彩、材料、工艺）方面的创新范畴。在此创新范畴中，虽然新颖的背壳材料和透明的机身材质将手机的机械内置展现在外，这种富有朋克般的金属感在某种程度上会带来眼前一亮的吸睛效应，但是对于产品本身的可实现性来说门槛是相对较低的，并且对于一家成熟的硬件公司而言，CMF方面的替换和迭代也是比较容易改变的。因此，手机1号毋庸置疑归属于满足简易性与现实性的A区。

相比于手机1号的创新范畴，手机2号的创新集中点在于工艺和功能方面的创新整合。在手机2号中主要运用了折叠屏的工艺创新，使手机能够满足大屏幕带来体验感的同时，折叠后又能体现出极佳的便捷性。虽然看似创新的核心部分只是工艺上的变化，但是对于整个手机系统来说也同样要经历一系列的改良，就如手机屏幕被折叠后，手机的交互方式、界面设计、产品结构等都会发生相应的变化。所以，要重新为此创新做出适应性的调整。虽然手机2号在产品本身看来比手机1号复杂性更高，并且可能需要在组织内部增加相关的专业人员才能进行此创新举措的实施和开展。但是，折叠屏的工艺和功能上的适配在市场上已经有比较成熟的解决方案和先例了，所以对于企业来说，只要符合企业的战略发展，就可以快速投入实施规划中。因此，对两个维度进行交叉评估后，将手机2号放置于满足现实性与复杂性的B区。

手机3号的创新点主要集中于对卷轴屏幕使用的未来想象。可想而知，如果卷轴屏幕的手机横空出世，除了会给当下的手机行业带来一定的轰动，还能够为消费者带来屏幕变换的极致享受。届时，手机和平板电脑等智能产品可以被合二为一，根据不同的需求进行屏幕的扩张和收缩，就此满足多个场景下的使用需求。虽然卷轴屏幕的手机目前还处于概念阶段，没有可对标的落地产品，并且对于当下的手机市场来说也属于比较有前瞻性的方向。但是，相关的核心技术已经做好了从实验室迈向市场化的准备，卷轴屏幕所需应用到的底层技术已经满足了可量产化的相关条件。所以对于附有前瞻性的手机3号来说，在产品本身的可实现性方面还需要付出一定的努力，但是对可实现性的综合门槛来说还是比较适中的。因此，将手机3号放在了满足简易性与前瞻性的C区。

最后，手机4号的创新视角更让我们叹为观止，其具有科幻色彩的全息影像技术与手机相结合，透露出了科技带来的震撼力，同时在满足传统手机使用功能的基础上，将裸眼3D所带来的沉浸感赋能于手机的视频聊天、办公处理及游戏操作中。这种虚拟与现实相结合的奇妙体验，在手机的发展进程中增添了巨大的想象空间。虽然手机4号所体现出的设计创新令人感到兴奋不已，这样具有前瞻性的未来手机形态让我们看到了市场的爆点、全新的卖点和营收的增长点。但是，对于产品本身的可实现性而言，是有着巨大挑战的。除了在人力和资源上的投入，作为这项创新举措的开创者，还需要投入漫长的时间和无数次的实验过程。因此，手机4号毋庸置疑进入了满足前瞻性与复杂性的D区。

以上通过手机的例子来为大家更直观地体现"创新评估矩阵"中符合四大板块区域的设计创新概念。但在此期间，无论将创新概念评估后放置于哪个板块，都只代表所有机会点的归属方向，目的是获取更直观、更统一的评估结论。有了统一的评估结论后，就可以根据企业自身的资源优势、发展策略、组织能力来筛选出进入下一环节的机会点。所以在筛选的过程中，可以根据企业的自身现状和业务发展进行相应的选择，这个选择可以是一个方向，也可以同时并行多个方向，可以选择"简易性和现实性"的A区进行快速落地，也可以选择"前瞻性与复杂性"的D区进行前置化的未来布局。因此，此环节的最终目的是通过合理的创新评估，筛选出符合进入下一环节"创新验证"中的机会点。

在产品创新的实施过程中，最痛苦的不是人才缺失和资源不足，也不是执行力缺乏和创新想法单一，因为这些都是可以根据具体情况进行调整的具体事宜，就如我们可以通过招兵买马来补充人才缺口，可以根据自身资源的长板和短处来进行资源整合。当然，也可以通过加强组织激励和管理制度来提升执行效率。同样在创新想法方面，也可以采取内部头脑风暴或外部寻求合作等方式进行创新思维的激发。这些无疑是在产品创新过程中，根据具体问题所采取的具体处理方式。然而从产品创新启动到创新成果产出的过程中，最痛苦的莫过于"半路夭折"和"视而不见"。

在开展一项创新举措时，从某种意义上来说确实令人兴奋，你会把自己演绎成寂静黑暗中的追光者，暗下决心只为获得最终的创新成果而埋头苦干。但是，当"创新的小船"行驶于浩瀚的大海中时，大海的呼啸，狂风的怒吼，不断地掀起一排排巨浪朝你奔涌而来。此时，创新成果的彼岸忽隐忽现，然而，"创新的小船"不经意间就会在奔赴成果彼岸的过程中被巨浪吞噬，沉入海底。在产品创新的过程中遭遇"半路夭折",对创新发起者来说无疑是一个令人感到非常痛苦的结果。因为"憧憬后的失去,远比躺平后的失去"打击得更为猛烈。所以产品创新路径模型的系统性方法和对创新本质问题上的诠释,都是尝试在最大程度上避免创新"半路夭折"的现象发生。

当我们能够很好地规避创新"半路夭折"的现象后,摆在我们面前的另一个痛苦也即将浮出水面,即产品创新的实施进程走到最后却被用户和市场"视而不见",只剩下"孤勇者"的落魄。其实在绝大多数开展产品创新工作的实施过程中,对于最后的创新成果,大家都更愿意去想象,想象着当创新成果进入市场后,被用户喜爱,被市场接受,甚至成为某个领域的爆品进而登上热搜话题。我们之所以习惯于一厢情愿地去想象,是因为产品创新是一个从无到有的过程,这个过程要经历无数的挑战,付出很大的努力,才可能收获相应的成果。就如同孕育一个生命一样,孕育的过程越辛苦越复杂,当婴儿出生后,我们越会对这个婴儿的未来抱有极大的想象。我们会想象,他可能具有数学天赋,可能拥有艺术细胞,甚至可能是一个天才儿童。所以当付出越多,我们就越愿意把想象当作事实去撩拨自己的情绪,甚至驱动自己的行为。

另一方面,我们需要为科学决策提供有力依据。因为在组织内部开展一项创新工作时,往往是负责人或决策者为最终的创新成果进行"言判"。这样就直接决定了创新产品是"打入冷宫"还是"投入量产"。没错,这里所用的"言判"不是"研究"的"研",而是"言语"的"言"。所以导致这种决策本身就存在着非常严重的不确定性。其原因是,决策者的主要工作是管理,而管理工作的主要内容是建立制度、搭建班子、制定考核等。所以决策者自身的一线业务水平和在产品创新具体的实施细节认知上是有局限性的。而且决策者在对创新产品行使决策权时个人喜好会成为决策的干扰项。就如一款针对海外市场的电子烟产品在创新成果产出后,金光闪闪的产品配色加上镶嵌着玻璃碴一般的装饰物,粗犷的外形和被放大的抓握体验都让这款产品显得极度另类。所以给决策者留下的第一印象是,"这样的东西,谁会买?"当即就决定打入"冷宫"。然而,就是这样的一个产品,在海外市场一经上市就创造出了丰厚的利润神话。

其实，决策者也经历过残酷的市场厮杀，见识过商业环境中的风云变幻，难道是他们当下的眼光不行了？并非如此，只是很多东西你在幕后看到的和在幕前看到的是不一样的，所以这不是个人的问题，而是随着职务的变化和侧重点的偏移对某些方面产生的局限性，这种局限性的产生注定无法让一个人做到面面俱到。但是用局限的认知去预测一个附有不确定因素的创新产品，这样的行为本身就有问题，也是一种不科学的做法。所以在产品创新的实施过程中，不能仅靠想象来获得情绪上的满足感，也不能被个人喜好所干扰，而是要对具体的创新成果进行合理的价值判断。因为只有通过合理的价值判断，才能规避创新在不确定性中所潜伏的风险因素。只有通过合理的价值判断，才能缝合创新与用户和市场之间的缝隙，从而加大创新的成功概率。甚至只有通过合理的价值判断，才能以审视的心态，正确面对用户和市场带来的"视而不见"。既然要作判断，就需要为判断积累有价值且符合产品创新本身的判断依据，因此需要通过验证作为获取判断依据的手段。所以，在"创新评估"这一环节完成后，就要进入"创新验证"的实施环节了。

6.3　创新下的验证定义

在"机会点"这一步骤中，"创新验证"作为两项关键实施环节之一必定有其独特意义。随着科学思维的发展，"验证"一词在很多领域已经成为不可缺少的环节。为了体现验证工作的专业度，通常会将"客观证据对已知规定的要求，并进行满足程度认定的过程"作为验证的普遍定义。但是在产品创新路径模型中所提及的"创新验证"是有其特殊含义的，这是由于它隶属于创新的范畴。既然隶属于创新的范畴，就应该遵循创新的规律，符合创新行为的初衷。并且"创新验证"位于"产品创新决策"阶段，它的核心作用就在于对"创新开始时所指向的既定方向进行复盘"，并为"创新成果的市场表现获取价值反馈"。这就是"创新验证"在产品创新路径模型中所担负的价值使命。

在区分传统意义上的验证和产品创新路径模型中的"创新验证"

之间的不同含义后，大家可能容易混淆于产品验证和产品创新验证二者之间的差异。在此举一个简单的例子来说明这一点，就以使用非常普遍的眼镜产品为例，在眼镜被设计完成后但还没有投入生产前，我们就会输出眼镜设计相对应的设计图纸和生产要求，其中包括眼镜框架材料的选用及其延展性和刚性特征，眼镜框架的比例与视线舒适度的契合范围，以及鼻托和人体结构的关系等。待眼镜被生产后，我们会根据之前确定的设计图纸和生产规范进行一一比对，这个一一比对的行为就是"产品验证"行为。其目的是确保一副眼镜被生产出来后能够达到成为眼镜产品的标准。在这里也可以把它理解为"设计创新三部曲"中所定义的"规范"。不同类型的产品有不同的规范要求，而这些规范要求对于相关从业者而言就如同熟知常识一般，按这些规范进行验证是产品验证在普遍意义上的实施方式。但对于产品创新验证而言，以上已经明确表示它的核心目的是对"创新开始时所指向的既定方向进行复盘"，以及为"创新成果的市场表现获取价值反馈"。前者围绕的是产品本身的可行性，而后者关注的是创新的可能性。

以上针对验证、产品验证及在本书中谈论的创新验证分别给出了三者不同的理解和定义。当我们面对一个容易混淆的概念时，只有对概念从定义维度上达到统一的理解和认识后，才能在之后的内容中避免出现"鸡同鸭讲"的现象。换而言之，就是对本书内容的理解需要我们都在同一频率上，才能获得创新思维上的共振。同时还需要走出传统的定义格局，投身于创新的境地中，才能对个人创新力的提升起到实质性的作用。所以在此，需要向大家再次强调本书中概念和定义的重要性。或许你会认为定义的重要性是一件不言自明的事实，但是不可否的是，在实践中主动意识到定义重要性的人是罕见的。特别是在我们所接触的知识信息中充斥着太多完全相同的文字和符号，但对于这些相同的文字和符号而言，其各自所表达的内在含义是完全不同的。虽然在信息冗余的当下，对产品创新方法论的宣导多到不计其数，甚至各种言论五花八门，但是敢于真正去定义创新概念并且落实到创新方法中去的却寥寥无几，因为"搬运者"都只是在为别人做嫁衣，信息残渣对创新力的提升毫无意义。

6.4 创新验证的实操行为

言归正传，当大家对"创新验证"的定义有了一定的理解后，接下来介绍"创新验证"的具体形式。在此我将"创新验证"的具体形式分为两个方面，一是创新验证的实操行为，二是创新验证的维度锚点。在创新验证的实操行为中，需要重点突出的是实操方式的运用和验证场景的选择。在具体的实操过程中，可以把设计深化后的产品或者软件研发的测试版本投放到具体的验证场景中，与用户进行零距离的接触。而在此需要重点突出的是对验证场景的选择和具体触达用户的方式。就好比我创新了一款旅游软件类产品，然后筛选了某个契合产品属性的景区作为此产品验证的具体场景，随后将此产品的测试版本植入景区场景中与用户进行接触，通过这样的方式来获取相应的验证信息。同样，对于一款硬件的咖啡机产品来说，可以选取符合产品调性的线下空间搭建一个小范围的验证场景，然后把小规模试产的产品或者产品的手板模型放到验证场景中去。其目的是通过线下空间的自然客户来进行随机的产品曝光，从而获取不同类型用户对产品创新的反馈。或者也可以直接携带产品原型或手板模型到用户家中，在用户熟悉的场景中与用户进行一种常态化的接触，从中观察用户与产品的交互过程，并记录验证过程中的真实反馈。

当然，还可以根据自身的实际情况，以问卷的形式来开展创新验证的实操行为。以往我接触过很多把问卷形式作为用户需求挖掘或创新启动的手段之一，这样使用问卷的初衷可以说对，也可以说不完全对。就对的方面来说，问卷的确可以在某种程度上进行相关信息的获取，但之所以说不完全对，是因为这种获取信息内容的手段对于用户需求挖掘和创新策略的引导来说，其有效价值是极低的。因为在创新初期，对于创新方向是毫无头绪的，然后通过毫无头绪的设问得到了一堆毫无头绪的回答，这样的信息对创新之初而言能有何意义？但是在"创新验证"环节中，已经有了对创新的具象化产出而不只是脑袋里抽象的想法，更不像起初那种懵懵懂懂开展创新的状态。就好比你现在要为一家食品品牌做产品创新，问卷上问了一堆关于"喜欢什么口味"的问题，消费者也相应地选了一堆关于口味的答案，你以为按照这些内容就可以射出创新的第一箭了吗？后来才发现，他们最想要的是养生，最大的市场趋势是"续命"。所以问卷的形式如果出现在创新初期是需要根据产品类型并结合"递进式的执行方针"来进行合理设定的。（递进式的执行方针将在10.5章节中具体阐述）而在创新验证的实操行为中我们可通过问卷本身所附有的简便性和规模优势来获取验证数据。

其实对于创新验证的实操行为而言，还有很多具体方式都能够帮助我们行之有效地获取到验证反馈信息。其中的关键点就在于找到创新产品与验证场景之间的契合度。因为创新产品的具体类型决定了验证场景的选择方向，就好比一款耳机产品，你不可能选择线下KTV来作为验证场景。虽然他们都拥有音乐相关的属性，但场景赋予的特殊性就区隔了使用人群的价值取向。这就好比不可能选择在干旱的沙漠里验证游泳产品，这样的场景匹配显得格格不入。所以，根据产品类型来选择适合的验证场景才能接触到匹配的验证人群，这样所付出的实操行为才能得到有质量的验证反馈。就此，在创新验证的实操行为中，在具体工作的实施和开展上就不需要再做过多的阐述了。虽然其中的产品因素、场景因素、具体实施因素及希望达到在验证数据上的规模因素都会成为获取验证数据的变量因子，但是在这项工作的开展过程中最关键的就在于避免矛盾，避免验证产品与场景选择的矛盾，避免验证场景与覆盖人群的矛盾。只要在创新验证的实操行为中秉持这一点，就一定能达到所预期的实施目标。

其实在企业环境中，应始终鼓励大家打破部门墙，积极地与跨部门的同事进行有针对性的协作。以创新为终极目标激活创新潜能，在相关部门的强强联手下释放能力边界。在产品创新路径模型的三大阶段和四大步骤中，统一语言、精准传达是推动创新进程的关键要素，也是促进协作、释放各方专业力量的必要条件。所以在产品创新路径模型的具体实施方法中都蕴含了相关的经验指导和具体的方法使用说明。其目的都是围绕产品创新这一件被赋予开拓使命的工作，能够在实施的过程中加大多元化的能力协作和相关资源下的信息共享。因此在创新验证的实操行为方面，完全可以与市场部、营销部等有相关经验和工作职能的部门进行协作，群策群力，共同为验证场景的选择与

具体规划上的实际想法进行碰撞，达到获取验证信息为目的的最优
举措。

6.5 复盘创新过程

接下来介绍"创新验证"具体形式中的第二个方面，即创新验证
开展的维度锚点。在阐述"创新验证"与其他验证的区分描述中，我
已明确表示它的核心目的是对"创新的实施过程进行复盘"，以及为
"创新成果的市场表现获取价值反馈"。在运用产品创新路径模型进行
产品创新的实施工作已经一步步接近创新成果的产出。通过"创新
论证"在第一阶段产品创新策略中收获了"产品定位"，然后经过对
"产品定位"的严格把持，将文字表述转化为具体的设计创新形态，
并在产品创新设计阶段收获了多个"机会点"。同时从多个机会点中，
运用创新评估矩阵模型筛选出了符合企业战略发展的创新概念。

当回顾对产品创新这一路走来的实施过程时，或许作为创新的发
起者、参与者及旁观者都会发出同样的疑问："我们为创新成果所付出
的努力和时间到底值不值？这样做对创新真的有用吗？"在简单粗暴
的创新行为已经失效的当下，我们并不想去评价"短平快"的创新行
为好与不好，因为低成本、高效益的机制其实更符合人性的需要。但
是时代变了，市场的大环境也变了，企业在市场中的生存法则及个人
在职场中的竞争环境都受到了不同程度的辐射。在这个辐射圈内，我
们只能坦然地接受和积极地迎合。就如达尔文在《物种起源》中说的
一段话，"能够长期存在的物种，既不是最强大的，也不是最聪明的，
而是最能适应环境变化的"。

在产品创新的实施过程中，相比于早期，或许你只需要对国内外
的标杆产品进行借鉴或在已有的产品形态上通过对附加值的提升，就
可以用"短平快"的方式为市场输入具有竞争力的产品。但如今，上
个版本的"创新秘籍"在当下如果还继续沿用的话，就会变成"死
亡宝典"。所以在当下，人们的确为了最终的创新成果在不断做"加
法"，在孵化出创新成果之前也确实付出了很多的人力、物力甚至财
力。所以在当下这个阶段，作为创新发起者的你，内心有所顾虑和疑

惑也是非常正常的。但在这一阶段中，只要通过"创新验证"获得对创新成果客观的真实反馈后，除了对创新成果本身进行分析评估，还可以对创新实施的过程进行复盘。在这样的复盘行为中，可以对投入和产出的因果关系进行回溯，发现实施过程对创新成果所带来的帮助和所反映出的问题。这样就可以清晰地认识到在产品创新中所做的"加法"是否有效。其实无论是在产品创新的行为中做"加法"，还是在其他方面做"加法"，都需要通过"创新验证"所获得的客观结果来对"加法"的实施过程进行复盘。只有复盘后，才能回答自己"值不值得"的问题；只有复盘后，才能正视"加法"行为的有效性，避免出现自欺欺人的现象。

就好比一个厨师，为了提升自己在行业的竞争力开始对菜品不断地做"加法"。所以在一道菜中，各种配料拼命加，一坨郫县豆瓣搭配老干妈撒进去，煎、炒、蒸、炸全用上。这一操作让餐厅老板看得眼花缭乱，端上餐桌客人也照样吃。但是在做菜形式复杂程度提升后，客人的回头率却越来越低，最终在每况愈下的生意中客户口碑也被打碎了。其实导致这种结果的最主要原因就是只对菜品做"加法"，而不通过验证对所做的"加法"进行复盘，所以无法客观地判断过程对结果产生的影响，才会被这种伪丰富感所蒙蔽。因此，在当下饱和的市场情形中做"加法"是必然的，但是一定要避免为了做加法而做加法的行为，这样是愚蠢的。因此要对创新的实施过程进行复盘，而"创新验证"就是进行有效复盘的最佳手段，也是打消大家对以上顾虑的最好方式。

6.6 创新验证的维度锚点

在"创新验证"中，还有一个最核心的目的就是为"创新成果的市场表现获取价值反馈"。在此先将创新成果区分为两大类，其中一类是他们所产出的创新成果不需要再通过验证来获取价值反馈。这是因为这类品牌的产品在消费者的心目中已经刻下了独一无二的"品牌烙印"。无论是他们做的创新举措还是推出的创新产品都不需要再经过验证的环节就可以直接问世，并且一经问世就会得到消费者的关注和追捧。面对这一类产品所做的创新，用户不会首先在意性价比的高低，不会在意个别性能上的差异，更不会在意创新是否标新立异、别出心裁。华为手机就是这样一类产品，它是为数不多的能和国外高端手机抗衡并且不需要做出任何价格解释，一经问世就出现全面断货的火爆场面的手机。当然，作为消费者，决定购买一部手机的因素有很多，外观和造型因素是考虑的范畴，配置和价格因素更是考虑的重点。但对于华为手机，"品牌烙印"已经成为那个唯一影响购买决策的因子。如果要为长辈们挑选一部手机，华为手机一定是不二的选择，因为无论长辈们的年龄跨度有多大，他们都会认为华为手机就是品质生活的象征，是他们夕阳圈的典范。如果你为他们选择了华为手机，就会被贴上孝顺和贴心的标签。然而对华为手机有"品牌烙印"的不限于夕阳圈的长辈，年轻人也有。尽管华为推新的手机在5G横行的当下还是选用了4G的配置，虽然在使用上来说并没有带来什么致命的障碍，但无论配置是4G还是5G，年轻人并不在意，甚至在华为主营业务的大背景下，把华为手机不用5G的行为当成了一件值得荣耀的事情。所以这就是"品牌烙印"的威力，当这个"烙印"刻在了消费者的心里，无论做了什么样的创新举措，推出什么样的创新产品，都将是可圈可点的。

在生活中，有"品牌烙印"的产品不多，但一定是说出来都会令人印象深刻的，也是所有品牌梦寐以求的。比如茅台酒，如果你请客吃饭，不知道该选择什么酒，那么准备茅台酒一定是不会出错的，因为茅台酒的"品牌烙印"已经刻在了消费者的心里。再比如你要为小朋友挑选一份生日礼物，当你身处于琳琅满目的玩具店中一筹莫展时，就可以选择乐高，因为乐高在全球范围内构建出的积木文化已经刻在了小朋友们的心里。之所以给大家提出"品牌烙印"的概念，是因为想告诉大家，像这一类产品开展创新是不需要进行"创新验证"的。但只有少数产品拥有"品牌烙印"，并且这类产品只能敬畏无法学习，因为它们对于普通类型的产品而言，没有借鉴意义。所谓大厂思维是小公司的毒药，有"品牌烙印"威力的产品只是普通产品的神话。所以对于绝大多数的产品在进行产品创新时，获得创新成果在真实市场表现上的价值反馈是非常有必要的，这样不仅能够降低创新的试错成本，最重要的是能客观认知到创新价值，只有客观认知到了创新价值才能在后期做出正确的创新决策，才会对所做的创新产品在问世后的响应充满信心。

因此，"创新验证"是为没有"品牌烙印"的产品在创新举措上所量身定制的有效方法。通过"创新验证"的实施与开展，可以获得创新成果在真实市场上的价值反馈，在此，"真实市场"是指产品与消费者进行交换的场所，这也表示我们所创新的产品将跳脱出抽象的想象空间，跳脱出内部小范围的组织评价，从而进入真实市场的汪洋中去。同时"价值反馈"是指对创新验证的方向进行维度锚定后，获得精准的创新反馈数据，这样的反馈数据不仅是对创新特性进行检索的方式，也是对创新成果进行判定的依据。

在对以上"创新验证"两大核心目的的阐述后，接下来将目光聚焦回"创新验证"具体形式中的第二个方面"创新验证开展的维度锚点"上。下面将要介绍的内容，是产品创新路径模型中"创新验证"环节内的价值高地，也是我们需要重点学习和掌握的内容。

在开展"创新验证"的工作中，对创新验证的实操行为进行有效的执行是很重要的，但并不是主要的。在"创新验证"实施环节中，最主要的核心在于将创新产品放置到真实的市场场景中与用户进行交互时，应该把验证目标锚定在哪些维度上。换句话说，就是应该获取哪些有效数据才能达到此次创新验证的目的。这才是决定实操方向的潜在基础，如果在"创新验证"中没有正确的维度锚点作为实操行为的指引和获取范围的边界，创新验证的意义将会被大打折扣。其实对创新验证维度锚点的定格就如同一个在戈壁沙漠中或在一望无际的草原上行路的领路人一样。所有人都清楚，跟着走很容易，但领路人则需要在未知和不确定性的环境中找到准确的方向，这是保障所有人能够活着并顺利走出困境的基本要求。所以，验证维度的锚点就如同这个领路人的角色一样，只有找到准确的方向才能获得想要的结果。

如今，实施产品创新这一项举措已经成为企业或组织中日常工作的一部分，创新工作的开展就如同家常便饭一样普遍。无论是以线上业务为核心的互联网企业，还是以线下业务为主导的服务型企业，对主营产品的创新都会抱有一种持之以恒的态度。同时，随着国内外产品创新的热潮不断持续，你会感受到周边充斥着层出不穷的创新方法，其中对于"创新验证"的方式及验证维度的设定也显得五花八门。当然，大家都知道时代变了，现在做创新要谨慎，而验证则是体现谨慎的最好途径。但是，在将谨慎理念作为创新基础的同时，对"创新验证"的有效性却轻描淡写。甚至在对一项创新产品开展验证时，由于所设定的验证维度并不符合创新本质，验证所收获的结果最终对创新产品并没有可参考的实质性价值。

我曾经发现在很多时候，大家会把"产品的使用体验"设定为验证的重要维度之一，这于情于理都看似没有什么问题。所谓体验，从另一个角度来说就是感受，是一种主观的心理活动，而用户对产品使用后所产生的主观感受的确可以用于判断它对此产品的接受程度或喜爱程度。但在此，设定这一维度作为"创新验证"的最大问题在于，我们不是在给一个成熟的产品做满意度的验证，而是在为一个创新的产品做"创新验证"！很多时候大家在为一个创新产品做验证时，都混淆了这两者的概念，所以导致验证结果对创新产品而言百无一用。同样，在以往对创新产品进行验证时，我还发现大家习惯把"创新形态的接受度"设定为验证的重要维度锚点。因为大家希望获得消费者在创新形态上的反馈作为对创新本身的评价标准，这样的反馈无论是正面的还是负面的，只要是消费者给予的，都是值得参考和借鉴的。大家之所以会产生这样的执念，是因为人们认为只要细化了消费者对创新形态上的接受程度，并获取了接受程度高低背后的原因，就能事后对创新产品进行有针对性的优化和改进，这样做就能最终打动消费者。殊不知消费者对创新形态所给予的反馈本身就是有杂音的，你按照杂音去判断产品，然后成为讨好消费者的稻草，就能让产品在市场占有一席之地了吗？所以，设定这样的验证维度对"创新验证"本身来说是一种自欺欺人的表现。消费者给予的反馈有没有用？有用，不过是在与消费者进行产品设计共创的时候有用，而不是在进行"创新验证"的时候有用，所以大家要厘清维度锚点与验证目的之间的关系，才能判断出"创新验证"维度锚点设定的有效性。

所以验证维度的锚点直接决定了验证结果的有效性及可参考价值，然而在创新产品需要做验证这一概念已经很成熟的当下，依然避免不了在验证行为中的伪思考、伪投入和伪执行所造成的无用功。所以在此，要重新理解产品创新路径模型中"创新验证"的价值使命，重新认知验证维度对验证结果所带来的影响力。因此接下来，将介绍在开展创新验证时，验证维度应该如何设定才能真正达到对创新产品进行有效验证的目的。

"商业的本质是交易"，"创新的本质是杠杆"，而"创新验证的本质是付费"。

"商业的本质是交易"，这是整个商业世界最底层的逻辑。就像我们通过产品、服务等与市场、用户发生交易关系，才构建起了所谓的商业体系。比如你家是种大米的，一年平均能产300斤大米，正好够一家6口人吃。自己吃自己种的大米，这显然不能被称为商业，只能叫自给自足的小农生活。后来，你家里的4口人都去了外地生活，只剩下2口人需要解决吃饭问题。每年300斤大米的产量对于满足2口人的口粮而言绰绰有余，所以你决定把剩余的大米制作成米糕、米线等产品拿到市场上卖给有需要的人，这一行为就发生了交易关系，有了这种交易关系，就可以称为商业。所以在过去，我们都称商业为"做买卖"，因为通过买卖的行为产生了交易关系。因此无论是过去还是现在，"商业的本质是交易"的理念一直都没有被动摇过。那么，为什么说"创新的本质是杠杆呢"？其实任何创新的开展都不是异想天开的行为，而是一种通过资源投入后所产生的变量结果。当你投入了1000元去做创新后，可能通过所投入的此次创新能够获得10倍的收益。但也有可能你投入了1亿元去做创新，收获却寥寥无几。

延续以上大米的例子，你把剩下的大米制作成米制产品进行售卖后得到了买方的一致好评，你也不再满足于300斤大米能带来的那点收益。所以决定想办法增加大米的产量，这样就可以制作出更多的米制品进行销售，然后获取更高的收益。通过在人力、物力、财力及时间上的不断投入，终于通过创新的手段打造出了一台"种植增量机"。有了这台神奇的小机器，就可以将大米产量持续提升到800斤，同时对米制品的产量也有了指数级的提升，最终你所获得的收益与之前相比也高出了十几倍。因此，你通过在创新上的资源投入产出了"种植增量机"，也因为这台"种植增量机"的出现，帮助你获得了比以往更高的收益。与此相反，如果你只在创新上不断投入，而产出的不是"种植增量机"或没有产出，那么你所投入的资源将会付之东流。所以在其中已经隐含了杠杆原理，表明一旦撬动杠杆，所获收益将会出现巨大的浮动，所产生的也将是一个变量的结果。有一位领袖曾讲道："创新，就像撬动地球的杠杆，总能创造令人意想不到的奇迹。"换句话说，除了创新作为杠杆，还有什么能够带来如此大的威力呢？因此"创新的本质是杠杆"，有效创新方法的运用是为了对杠杆进行风险的降级。

最后，来看本节的重点"创新验证的本质是付费"。如果要我们对吃饭这件事进行验证的话，从中可以提炼出两个维度锚点，分别是：是否把胃吃饱了和是否把心吃满足了。但对于创新验证这件事来说，只有一个维度锚点，那就是消费者对创新产品的付费意愿。为什么付费意愿是"创新验证"中唯一有效的维度锚点呢？或许你已经有过验证的亲身经历，如果没有就请试想一下。此时，你需要对你所创新的产品进行验证，然而在验证维度锚点的设定中，你并没有把"付费意愿"设定为创新验证的维度锚点，虽然在匹配的验证场景和吸睛的招揽方式的加持下，你收集到了很多真实的市场反馈作为验证的数据。但当你对这些数据进行整理后会发现，数据反馈的倾向性只有两个方面，90%的数据反馈会倾向于对产品的认可，还有10%是对产品所提出的意见。为什么我会说在一定程度上会形为这样的比例分布和只有两个方面的倾向性呢？是因为提出建议是需要消耗用户脑力的，而点头说好是不需要付出什么额外精力的，所以用户会以自身最简易的方式去应付你。除此之外，更重要的是，这样的反馈数据对创新验证真的有价值吗？毕竟夸奖是不需要付费的，喜欢也并不代表就会买单，就像我们非常欣赏艺术却不常为艺术去付费一样。更何况是同一个用户，对于产品的态度，他在微博上的发言和在朋友圈里的发声，以及在私下的评价，往往会出现不同的态度和内容。而唯一能够证明用户对创新产品是真实反馈的方式就是用钱包来支持，这才是对产品的真正认可。所以"创新验证的本质是付费"，只有消费者愿意为你的创新产品付费，才能称之为一次真正有效的"创新验证"。

在产品创新路径模型的方法体系构建中，我们发现如果不对原有的产品创新认知进行重塑和洗礼，那一切细枝末节上的变化对创新成果来说都将显得无济于事，而产品创新路径模型中的四大步骤就是产品创新从始至终的关键节点。所以，每一个关键节点中都表现出了对创新过程的重新诠释，这些新的诠释要求每一位产品创新发起者都能够从认知上去重塑它，并且摒弃以往固有且无效的产品创新理念。在此，我相信将"消费者的付费意愿"作为"创新验证"中唯一的维度锚点，在一定程度上会颠覆大家以往对验证的认知，也会增加验证具体执行上的难度。但是大家不得不承认这剂"良药"虽然苦口，但它确实是对"创新验证"价值衡量的唯一解药。

6.7 创新验证"摩天轮"

在"创新验证"维度锚点的定格方向上统一了思想之后，就要对"消费者的付费意愿"这一维度锚点进行具体展开。在确定了维度锚点和开展验证行为的底层逻辑下，需要挖掘消费者付费意愿背后的构成因素来作为对此次创新举措的成果评价。在此需要强调的是，这里只会围绕创新举措的成果去获取具有针对性的信息反馈，从而只对"创新"进行有效的价值判断，并且拒绝一切与创新举措无关的内容掺杂其中。换言之，就是为了确保"创新验证"其目的的纯粹性，在实施过程中以聚焦验证的主体"创新"作为实施理念的主要方针。在此，需要强调的是，在验证实施的行为中拥有聚焦的思想是非常重要的，这是因为在这一环节所要实施的关键内容是"创新验证"，同时产品创新路径模型的终极使命是输出创新成果，并且本书的核心价值是帮助个人构建富有竞争优势的创新能力。所以聚焦于创新不仅是创新验证环节中的首要体现，更是本书内容所要传达的核心价值。因此，在挖掘消费者付费意愿的构成因素中，我们会聚焦创新本身并演绎出3个维度来作为获取反馈数据的指导方向。

图6-3为创新验证"摩天轮"，其中包含了构成有效验证的关键内容。

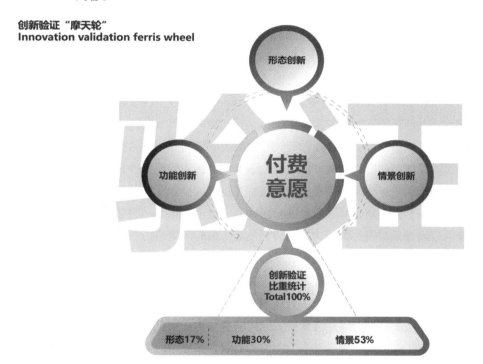

图 6-3 创新验证"摩天轮"

在对创新验证"摩天轮"进行具体阐述之前，要先明确一件事情，就是当我们想挖掘用户付费意愿下受到创新因素的影响时，首先要建立起一种"边界观"。这里的"边界观"是指：第一，以"始于创新终于创新"为主旨，这就意味着被提炼出的边界内容一定是从创新本体中被滋生出来的，而不能脱离创新本体，将创新本体以外的因素内容掺杂其中。第二，除了以创新本体为主旨，还需要通过对创新本体所构成的因素内容进行划分，筛选出对产品创新评价覆盖范围最广的因素，作为定格边界的"标志"。所以对"边界观"的理解和确立将直接影响"创新验证"时所获取的信息的有效性。

因此在为创新验证建立"边界范围"的维度选择上，我们除了要确保所选择的维度是从产品创新本体中所提炼出来的，并且这几个维度的覆盖范围需要较为广泛、可适用于不同产品类型而非单一的产品属性，还需要对"边界范围"中所确立的每个维度进行权重划分，从中筛选出对用户、消费者影响最大的核心维度作为构成创新验证"边界范围"的设立标准。所以我们需要先提炼出产品创新本身覆盖面最广的条件，然后进行边界的设立。也就是说，需要明确哪些因素才适合从创新中被滋生出来，并进行准确地划分，从而确立边界范围。试想一下，如果在创新验证的过程中不对验证内容建立合理的"边界观"，那就好比一个人突然中了彩票，但他脑子里所能想到的花钱方式决定了这笔钱的去向，而这很大程度取决于他所能接触到的生活方式。所以他可能把这笔钱花在名车和豪宅上，也可能花在旅游、学习和孝敬父母上。这种不同的现象取决于其所在层级的认知范围。因此，不要去考验用户对创新的认知和见解，也不要对他们愿意付费的背后原因进行毫无边界的询问，因为每个用户对创新所给予的反馈都取决于他们自身的眼界和经历，而恰恰眼界和经历对于进行创新验证而言是最难被统一和收集的。所以要避免创新评价下毫无"边界观"的盲从，而要在验证过程中能看到"边界底牌"下的那份坚定。最终明确边界指向，然后去精准地获取你想要的信息，才是对你最有效的回馈。

因此在创新验证"摩天轮"的图示中，我们提炼出了以下3个方面，作为获取创新反馈信息的边界。它们分别是：形态创新、功能创新和情景创新。

首先，选择这3个方向作为挖掘创新对付费意愿构成因素的原因是，它们既是在产品进行创新这一行为中对产品创新本身可诠释范围最广的3个方面，又是在用户视角下对创新能够理解的认知范畴内。也就是说，"形态、功能和情景"这3个方面已经足以编织成一张产品与创新关系的"蛛网"。有时在创新过程中会因为产品或行业的不同而出现产品与创新关系上的特殊性,比如对于染织工艺产品的创新而言,此类产品的创新发起者大多属于手工匠人,而他们对产品的创作都有非常强的主观性,并且在产品的构成中更多呈现出的是纯粹的个人情感和艺术思想,而且染织工艺产品本身属于比较具有艺术个性化的领域,用户对产品创新的诠释范围会凌驾于功能、情景和形态因素之上,从而出现超出以上3种诠释范围的现象。但是在产品与创新关系的普遍情况下,这3个方向对产品创新本身而言已经能够非常全面且充分地进行诠释了。所以这3个方面对产品创新本身适用的同时,在用户的视角下对创新的理解也同样适用。因为我们所提炼出的形态、功能和情景是用户在日常购买或使用产品时对产品进行评价的最直接表述,而这里的"最直接表述"是指用户对产品评价的内容基本都包含在形态、功能和情景之中。

比如用户购买了猫王收音机,而他会告诉你之所以愿意为猫王收音机付费,是因为"很喜欢这种复古的造型",用户对猫王收音机所表述的这一句评价,我们就会将其收录到"形态创新"的范畴内。同样反观产品,也可以看到猫王收音机复古中带有文艺风格的造型的确是吸引用户为之付费的有力创新点。其实对于一些在生活中极度普遍的产品而言,看上去在基本功能或基础造型上已经很难再挖掘创新元素了。就如手机产品发展到今天,大部分产品除了A、B两个光滑的玻璃面板,想要找到创新的方向就只能从CMF下手了。所以近几年很多手机品牌开始趋向于使用不同的工艺和材料作为产品创新的突破口。就如某知名手机品牌,他们运用了玻璃纤维的材质,在电池盖上首创出了超轻中空微珠工艺,其中上下两层采用了超轻玻璃纤维,中间一层采用了中空玻璃微珠的方式,最终实现了电池盖重量下降50%的优化结果。通过对CMF的创新举措让用户在使用时感受到了独特工艺带来的轻薄体验。所以在CMF方向上所进行的产品创新,用户一般对此的直接表述会是与自身感受相关的言语,比如"感觉很轻薄""感觉摸起来很有质感"等。对于在CMF中探索创新突破口的产品,用户对工艺和材料上的自身感受会成为购买意愿下的主要原因。因此,产品在CMF方向上的创新,也会将其归结于"形态创新"的范畴中。

接下来介绍"功能创新"。当用户对产品在"功能创新"上表现出肯定时，他会说"某产品用起来真方便或某产品用起来真流畅"或者"某产品真好用"等这样的直接表述。对于"功能创新"这里主要说明的是，我们没有用"技术创新"作为创新验证"摩天轮"的构成因素之一，而是用了"功能创新"的原因是产品才是与用户产生交互的终端，而技术不是。技术本身只是构成产品的"幕后推手"。"幕后推手"重不重要？当然很重要，但对用户而言他是无法接触到的，如果你想对用户进行解释的话，那么用户的学习成本未免太高了。所以需要把技术转化为功能，然后再运用到产品中才能实现商业价值。就如一家在柔性显示屏上实现了多项技术突破的企业，它将柔性屏做到了可弯曲、可折叠的技术实现，然后将这一技术转化为手机使用的屏幕功能，推出了一款以折叠屏功能为创新焦点的智能手机产品。虽然此企业在柔性屏领域内已成为技术突破上的佼佼者，但可惜的是，当这款产品投入真实市场后消费者却不为所动，再加上企业对自身技术所转化出的功能形成了盲目的自信，而没有在量产之前进行有效的"创新验证"，从而导致企业出现了"成也技术败也技术"的尴尬局面。

随后，我们对这项失败的产品创新案例进行了研究，当回溯"创新验证"的过程时我们发现，尽管在柔性屏技术上已呈现出绝对优势，但在围绕创新验证"摩天轮"中的3个方面所收集的信息反馈显示，最让我们引以为傲的"功能创新"方面用户的关注占比并不高，更别说隐藏在功能背后的技术了。所以，技术只是产品构成的幕后推手，而功能才是与用户直接产生交互的具体表现。所以无论在技术创新上显得多么出类拔萃，用户也只会在功能的角度下对创新进行评价，因为对于普通的用户而言，他们只会关心功能适不适用，而不会理会技术出不出彩。因此站在用户的视角及产品本身的角度来看，"功能创新"更适合成为三大构成因素之一。

其实，有很多优秀的产品都可以归结于"功能创新"上的成功。就如当下在生活中必不可少的移动支付产品，它可谓是软件产品中"功能创新"的典范。首先要抛开移动支付所涵盖的金融属性，移动支付目前所覆盖的生态领域，将移动支付看成一个独立的产品，把它从社交或线上服务中抽离出来，你就会发现，人们从以前用现金支付到后期用刷卡的方式支付，再到现在用手机进行移动支付，虽然人们支付的行为和需求是始终存在的，但支付的方式随着技术的进步在不断发生变化。单从支付行为所衍生出的创新举措来看，移动支付在当下极大地提高了人们的支付效率。当你在街道上随便问一位陌生人"移动支付用起来感觉怎么样"？他的回答肯定是"很方便"或"很实用"等类似的表述。虽然移动支付生长于互联网的虚拟沃土中，并且在当下移动支付已经涉及人们生活的方方面面，如购物、出行及与生活缴费相关的一切，大家会觉得它无处不在，以至于很难再把它看成一个创新的个体。但如果回归到移动支付刚刚诞生的时期，再将其看成一个创新孵化中的产品，然后放置于人群中进行"创新验证"的话，我相信我们向用户所收集到的验证信息占比会出现往"功能创新"方面一边倒的局面，并且当下的移动支付之所以能有如此高的普及度，一方面是因为它本身属于软件类产品并牢牢抓住了智能手机的红利期和支付行为的刚需，另一方面是因为归属于"功能创新"的产品往往具有向外延展的可能性。

所以同理，换个角度来回溯那些我们耳熟能详的产品时，也同样可以通过"创新验证"的方式来探究创新对用户付费意愿下的构成因素。这不仅能成为我们在做产品创新时的价值输入，也能帮助大家对创新构成进行归纳和指引。在智能硬件产品创新中，"功能创新"也起着重要作用。比如"智能门锁"产品，它让用户在开门这件事情上提升了便捷性的同时，也避免了用户因忘带钥匙或钥匙丢了而无法进家的尴尬景象。像"智能门锁"产品在进行"创新验证"时，会发现关乎用户愿意付费的创新原因也会直接指向"功能创新"的方向，而关于"形态创新"和"情景创新"的占比却非常少。所以，纵观上面提及的几个"功能创新"的例子会发现，折叠屏技术是技术创新而非有效的功能创新，移动支付、智能门锁是有效的功能创新。有效和无效不在于我们通俗意义上理解的"功能"——实现一项技术性能，而在于能解决用户核心的瓶颈问题。没有解决用户的瓶颈问题的技术性能其实是无用的。就如前面提到的折叠屏技术，虽然是一个技术壁垒非常高的核心科技，但在产品中它并没有转化为解决用户瓶颈问题的产品功能。因此，用户为什么要为这一技术创新而付费？就如前面提到的那家最早实现柔性屏技术的企业，在柔性屏产品大行其道的今天已经濒临破产。但柔性屏技术已经在大量产品创新中应用，而市场上的竞争对手利用这一技术解决了用户在同一产品中小屏、中屏、大屏的转变瓶颈问题，最终撬动了市场——这就是"功能创新"。

最后来看"情景创新"方面。所谓"情景创新"，主要是填补用户在传统场景中的需求差而进行的产品创新行为。比如在当下，"送货机器人"这样的产品已经成为酒店领域的标配。因为有了它，就能很好地填补住客在酒店的封闭式管理要求下，无须亲自走出房间下楼进行第三方物品的拿取，而是通过智能"送货机器人"对住客所购买的外卖、快递进行上门配送，从而让住客在房间内就能直接收到从第三方购买的物品。所以在酒店场景中加入了这样的智能"送货机器人"后，就可以实现酒店减少第三方人员频繁进出、对酒店进行封闭式管理的理念，同时也可以满足住客不需要亲自跑下楼拿物品而在房间就能即时收到物品的需求。因此，酒店场景本身属于较为传统的场景，因为从古至今它都是以提供住宿为核心服务的场所。虽然现在对酒店有了不同类型的划分（如商务型、便捷型、度假型等），但用户对住宿的这一核心诉求是不会变的。在对酒店内智能"送货机器人"产品进行"创新验证"的过程中，我们发现所获取的验证信息反映出了十分一致的现象，就是绝大多数用户都会把"送货机器人"产品的创新因素归结于"情景创新"的范畴中。这也和当初我们明确"产品创新策略"时的初衷是相吻合的。所以在酒店这种传统的场景内，智能"送货机器人"产品的创新就属于典型的"情景创新"，因为用户对此产品所体现出的创新评价没有表现在形态上，也不会关注它有什么额外的功能，而只是聚焦于是否填补了酒店情景中的服务需求。

那么在进行"创新验证"的过程中，用户的哪些表述能归结为"情景创新"的范畴呢？其实用户如果认定你的产品是"情景创新"的话，他就能够较详细地表述出这个产品解决了他的什么问题，甚至用户对"情景创新"的表述内容要比"形态创新"和"功能创新"更详细。比如现在遍布商场或景区各个角落的"共享充电宝"产品。虽然手机的使用频率急剧增加，然而现在的手机产品已不再支持更换电池，同时续航表现也极其不稳定。但手机作为重要的数字化"人体器官"之一，人们已经不能接受它因没电而导致被迫关机的情况出现。如果你对"共享充电宝"产品进行"创新验证"的话，你所收获的用户反馈大多会是"还好有它，不然我的手机就关机了，那可就麻烦了"或者"我再也不用担心忘记带充电宝出门了，因为有了它随时随地都可以租用了"。所以如果在进行"创新验证"后，通过对用户反馈信息的统计发现占比最高的是"情景创新"的话，就表示所创新的产品的确填补了传统场景中的用户需求差。

因此，在实施"创新验证"的过程中，"形态创新""功能创新"和"情景创新"不仅是对评价创新本身较为合理的诠释范畴，同时也是站在用户能够认知的视角下进行可沟通的创新话题。

6.8 进化的数据

其实在过去，对创新产品进行验证行为之前的不安和对产品验证结果会感到不满的情况，时常会贯穿在实施验证的整个过程中。这种不安和不满都是源于对"创新验证"理论认知和方法运用上的失衡。而在失衡的状态下对具体事态的把控就如同驾驶失控的汽车在高速公路上狂飙突进，对整个验证过程和验证结果也就无法做到张弛有度、胸有成竹。所以，以往出现了很多对创新产品进行验证的问题和质疑，这些都是由于对"创新验证"理论认知和方法运用上的长期失衡所造成的。但相信大家通过学习以上内容，对"创新验证"的理论认知和方法运用都已经有了全新的认识和一定的理解。当然，思想上的转变和洗礼是一种对行动上的指挥。虽然常用"相由心生"来形容一个人可以通过面相就能了解其个性，然而对于知识和方法的学习也可以用"行由思发"来诠释，只有思想得到了正确的发展才能做出有效的行为。

在以上内容中，我们主要围绕验证信息获取的边界范畴对挖掘创新付费意愿构成因素的3个方面进行了详细阐述。其实，只要确定了验证信息获取的边界范畴，就能明确验证信息所需获取的方向。因为只有明确了信息获取的方向，才能在实施过程中的团队协作上构成统一的行动准则，并且在实施过程的诸多细节上才能做到精准、精确。就如只有明确了验证信息获取的方向，才能以更合理和准确的方式制定与用户的沟通脚本或选择与产品属性相匹配的执行场景等。其中还有一个关乎产品创新最后成果呈现及产品创新路径模型使用成效能否最大化的因素，就是有了验证信息获取的方向才能对下一步骤中的"设计深化"进行有效指引。换句话说，就是只有上一步与下一步做到环环相扣才能体系化。而产品创新路径模型的核心之一就是以体系化的打法来狙击最后希望收获的创新成果。因此，这也是为什么在产品创新路径模型中，将"创新验证"环节设定在"设计深化"环节之前的主要原因。

除此之外，需要强调的是，从获取到的反馈信息到能够统计成为验证数据的整个过程是需要被"进化"的。从反馈信息转化为有效验证数据的核心，就在于能够通过表面的信息来看穿用户内在的动机，然后将其归类于所提炼出的定义语句中。就如当我们需要去获取关乎用户或者经销商等与我们产生直接商业关系的这些人的反馈或想法时，一般情况下，几乎都会通过运用一些比较成熟的调研方式来作为信息收集的手段，通过这些方式的运用的确能够收集到非常丰富的反馈信息内容，我相信这一点对于我们来说都是比较容易做到的。但是，我们会发现所收集到的这些反馈信息内容在信息呈现上几乎都是零散的、是毫无统一性的，甚至这些内容还会出现五花八门的现象，毕竟每个被收集者是一个独立的个体，并且独立个体之间本身就存在着很大的差异，以致所给予的反馈信息内容都呈现出无序的形式。然而，如果我们不将所收集到的这些反馈信息内容转化为有序的数据形式，然后通过清晰明了的数据可视化方式进行呈现，我们很难甚至无法从所收集到的这些反馈信息中获取到想要的分析价值，并且还会容易被混乱的信息内容所误导。所以从获取到的反馈信息到成为验证数据的过程，是需要被"进化"的。然而在实施过程中，往往难以将所收集到的信息反馈内容转化为有序的数据呈现形式，其问题就在于，在实施信息收集的举措之前没有建立起对"边界观"的认知，以致在进行信息收集时没有明确的指引方向，最后导致将信息转化为数据形式的复杂度和困难度陡增。因此,将无序的信息转化为有序的数据呈现是分析价值的根本。而对于挖掘用户对创新的付费意愿时,秉持着"边界观"的认知思想,制订出合理的反馈信息收集范围,然后将边界范围下所提炼出的核心要素作为指引方向(核心要素即:"创新验证摩天轮"中的形态创新、功能创新、情景创新),围绕核心要素设置出与获取用户信息反馈相匹配的沟通话术,最后通过将所收集到的用户反馈信息内容与边界范围中所制定的核心要素进行一一比对,就能够顺利地将信息反馈内容转化为数据呈现形式了。

6.9 千万不可偷懒

在创新验证"摩天轮"中对挖掘创新付费意愿构成因素的3个方面所体现出最终的用户反馈数据是成比例关系的,这就意味着在实施过程中,需要对"创新验证摩天轮"中的3个方面都进行同步验证,而不是只凭个人意愿从3个方面中选择一个方面来进行信息获取的实施工作。如果只选择3个方面中的一个方面来进行的话,那就会对"创新验证"的实施有效性大打折扣,毕竟"创新验证"的目的就是避免产品创新的问题出现后置化的透支性发展。

为了保证"创新验证"实施结果的有效性,以及避免因实施行为缺失而导致验证结果无效的情况发生,一定要对其3个方面都进行同步开展,因为首先验证本身就是具有双重属性的,一个是可证实性,另一个是可证伪性,如果你只选择一个方面来实施开展的话,那么验证本身所具有的双重含义就无法被完整表现出来。并且,除了希望通过验证获取用户对创新评价的反馈,还需要通过验证比对出用户对创新的反馈与产品创新策略设定之初的定位方向是否一致,如果出现不一致的现象,那么我们需要通过用户对3个方面所给予的反馈信息洞察出用户对此类产品创新的意向点更趋向于哪个方面上。如果进行验证后却得不到对产品在创新上具有针对性的信息价值的话,那么此次"创新验证"的有效性是有待商榷的。其次,或许在你开展产品创新时,就已经对创新的产品赋予了既有"形态创新"又有"功能创新"2项以上的综合性创新元素,但用户对综合性创新元素的关注点侧重于哪一个方面对于我们来说是未知的，并且作为产品创新发起者的你，和用户是站在两个完全不同的视角下来看待产品具有的创新元素的，你可能认为此产品在"形态创新"上是重点投入的方面，但用户可能觉得此产品在"功能创新"方面才是带给他们较强感知的内容。所以只有对"形态创新""功能创新"和"情景创新"都进行同步的开展，才能获取和构建出较为完善的验证数据来作为创新策略和创新设计阶段的校准，以及对最后创新决策的支撑。

如果企业只选择3个方面中的一个方面来实施开展的话，那就会导致所获取的用户反馈信息太单一，并且反馈数据的构成中无法体现出比例关系，从而出现了自相矛盾的现象却找不到任何原因，最终使此次"创新验证"陷入了无效的局面。就如下面的户外产品案例在"创新验证"过程中所遭遇的问题一样。如今，每年的黄金周假期到来时，"周边游"的出游方式成为大众的首选，而在"周边游"的出游方式中所衍生出来的"微度假"观念更是被人们所追捧。是所谓的"微度假"呢，就是在自驾路程2~3个小时以内，以"户外露营"为家庭出游主题的度假方式。在当下无论你是否称得上是"资深驴友"，但在"户外露营"这件事情上你一定注意到了一些微妙的变化。那就是"户外""露营"这样的字眼，已经不再是对那些穿着专业户外装备，背着高出头顶的背包，攀登于崇山峻岭之间，享受着挑战极限所带来的成就感的人们的专属定位了。而如今当我们提及"户外""露营"这样的字眼时，脑海里浮现出的是爸爸拿出各种工具，准备搭起烧烤炉为全家准备晚餐，妈妈坐在垫子上，沐浴着温暖的阳光，而孩子们正在草地上自由奔跑、相互追赶地玩耍着。所以，这就是当下在"户外露营"这件事情所体现出的两种截然不同的需求表现。

于是，一家原本做运动服饰产品的企业也发现了这个商机。随后他们就想借此东风，将业务吹向"户外露营"这个新的领域。首先他们发现从户外占比的销售数据中，鞋子与服饰类占到了70%左右，而帐篷、睡袋等只占了20%左右。所以他们首选鞋子与服饰品类作为打入新赛道的切口。既然靶子已经瞄准了，接下来要考虑的就是如何通过产品创新来成为区隔于国际成熟品牌的目标。通过一系列的工作他们发现，传统意义上用于户外的鞋子或服饰都是将功能性放在第一位的。因为在过去使用者们所涉足的户外环境是非常多变和恶劣的，所以鞋子与服饰必须达到应对多变和恶劣环境的功能属性。但这一类产品往往过于强调功能性，而在造型和款式上完全被忽略的。但对于当下以家庭主题为"户外露营"需求的人们，并不仅在意产品在功能性上的可靠，而更在意家人在露营过程中拍照打卡的时尚感和美观性。所以这家企业决定在产品构成上完全削弱功能属性，将产品创新的方向定格在了款式和造型上。他们希望通过这种方式，打动更多以家庭户外露营为主题的消费者，这样的创新战略看上去似乎非常合情合理，但是当产品进展到验证环节时，他们认为在开展产品创新之初就是瞄准款式和造型作为创新发力点的，所以在进行"创新验证"时，就只对"形态创新"进行了用户反馈信息的收集，而在"功能创新"和"情景创新"上并没有做任何实施举措。但是，他们从所收集到的用户反馈信息中发现，用户对户外鞋子和服饰在"颜值"提升的方面表示出了很高的呼声，但并不愿意为之付费。

这一现象使此次"创新验证"陷入了自相矛盾的境地，虽然与产品创新策略之初的定位方向看似一致，虽然用户对"形态创新"表示出了肯定，但是这种只有吆喝没有成交的局面让企业找不到更多的信息来构成对创新策略反思的有效内容。并且由于只针对"形态创新"进行了用户反馈信息的收集，而没有对"功能创新"和"情景创新"进行同步开展，他们所收集的反馈信息内容不够完善，因而构建出的用户反馈数据缺失了可对比性。在"创新验证"中数据一旦失去了可对比性，也就是失去了数据所具有的客观性，而数据的客观性呈现能够让我们更直观地看到创新中存在的问题并且通过对3个方面的可对比性进行参考，能够让我们更全面地审视用户视角下的创新诉求。所以此次只对一个方面进行验证的行为让"创新验证"丧失了核心价值，因此，该企业对此次"创新验证"的实施举措所得到的验证结果最终也以无效收场。

除了要确保"创新验证"过程及结果的有效性，还需要对"形态创新""功能创新""情景创新"进行同步开展，其目的就是要确保验证数据构建的完整性。因为只有通过对以上3个方面进行同步开展，才能站在用户的视角对创新的构成元素获取全面的价值评价。只有获取到用户对创新元素全面的价值评价，才能避免创新决策遭受到管中窥豹似的片面影响，避免决策依据出现失衡的情况。所以，无论在产品创新之初希望对创新元素的焦点定格在哪个方面，又或者主观的意愿认为创新元素应该在某个方面加大投入会更有潜力，无论是出于哪种考虑，都应该明确认识到，在进行"创新验证"时3个方面都是需要进行同步开展的。

因为其一，以目前产品普遍所需构成的创新元素来看，通过以单一创新元素作为发力点并能进行量产后投向市场化的创新产品是极少的。在普遍的品类中，产品在进行创新时都会出现"连锁反应"，这里的"连锁反应"指的是，如果你对产品进行了"形态创新"，那必然会对"功能创新"方面进行具有关联性的改进。如果你的产品主要是通过"情景创新"而产生的，必然会对"形态创新"或"功能创新"方面有所要求。因此，在产品进行创新的过程中，一般情况下都会以2个方面或3个方面作为创新元素的构成内容，而对于创新而言无论是涉及两个方面还是3个方面，在进行"创新验证"时都需要通过"形态、情景、功能"3个方面同步验证，不可疏忽。

其二，要摒弃对创新成果的主观遐想和一意孤行的观念。因为作为产品创新团队或创新的发起者，当创新成果从无到有、从抽象到具象地慢慢呈现在你眼前时，你对创新成果是会有预期的，而这种预期主要来源于你为之付出的时间和投入的精力所积累起来的一种渴望。然而这种渴望在"创新验证"的过程中会出现与创新之初所预想的契合，也会出现与创新之初所预想的完全违背。之所以会出现违背的情况，是因为在"创新验证"环节中你把对创新评价的话语权交给了用户，既然把话语权交给了用户，那么在创新感知上产品创新团队或创新发起者与用户在看待产品创新的视角上难免会存在不同的解读。

就如我们曾参与过的抽油烟机产品在"创新验证"的过程中就出现了这样的状况。众所周知，当代人们的生活形态越来越趋向于多元化，为了满足不同生活类型下人们对居住环境的追求，现代家居开间的格局和尺度也变得更有包容性。从迷你户型的一开间到大户型的复式单元，从以往大家庭的主流生活模式到当下个人至上的独身主义生活状态，空间格局和尺度的改变呈现出了现实社会中生活形态的多样化。随着在观念上对主流生活模式的改变，家居空间也从以往对大面积的单一追求转向了对空间精致感的打造。在精致空间的构建中，生活家电无疑是体现空间精致化表现的重要组成部分。尤其是在小户型中的单一开间式生活模式下，相较于大户型多空间的生活形态，所体现出的明显差异就在于厨房、客厅，客厅就是厨房的一体化格局。虽然空间上的紧凑感让生活家电无法进行格局上的划分，但是通过对生活家电的妥善安置也可以让有限的空间在不失实用性的前提下打造出精致的享受，让生活品质不会被空间的大小所制约。

秉持这样的理念，此次我们就主要围绕单一开间的"迷你"户型进行了生活家电中抽油烟机产品的创新工作。作为本属于传统厨房的抽油烟机产品，在单一开间的户型中已经不能再隐蔽于传统厨房的角落里，并且单一开间户型的居住人群更趋向于年轻的独身人士，他们工作繁忙经常加班，每天从家到公司两点一线的行为成了生活标配。在这样的情况下，便捷的外卖、丰富的公司餐成了他们解决一日三餐的首选。所以在家亲自下厨做饭对他们而言已经变成了一种较为低频的日常行为。而且，为了满足此类人群在单一开间生活模式下的品质追求，我们在抽油烟机产品的"形态创新"上尝试采用了新的不锈钢和特种玻璃材料进行组合。透明材质的运用成为小空间环境下最好的调和剂，不仅减少了空间的存在感，又不必牺牲产品本身的功能性，并且通透的视觉感受减少了抽油烟机悬挂在单一开间墙面上所带来的压迫感。

此外，在抽油烟机产品创新实施的过程中，为了在小空间的情景中加大生活电器与其他家具之间的融合度，我们在"情景创新"方面对抽油烟机产品进行了模块化创新，让抽油烟机产品尝试与家居风格、橱柜样式进行融合，并根据空间的需求对各个模块进行有机适配。在模块化的创新形式下，一方面用户可以根据生活习惯进行自主配置，而另一方面也让抽油烟机产品在单一开间的空间内体现出了整体性的形象特征，从而规避了因空间小而不能做空间切割的短板。在以上对"形态创新"和"情景创新"实施的同时，也不能忽略"功能创新"对抽油烟机产品所带来的价值提升。在此章节前面的内容中，已经明确表述过"形态创新""情景创新""功能创新"3个创新元素之间是会出现"连锁反应"的。在抽油烟机产品的创新过程中既是如此，通过对"形态创新"和"情景创新"两个方面的创新实施，必然会关联产品在功能上的变化，因为抽油烟机这样的品类是因具有特定的功能使命而存在的，它的功能使命就是去解决炒菜所造成的油烟问题，如果它不能解决这一问题，那么它的存在就将变得毫无意义。

所以为了满足抽油烟机处理油烟的基本功能，还需要考虑到，"爆炒"的烹饪形式已经成为中国人烹饪习惯中一种必不可少的方式。而在单一开间的有限空间内，处理因爆炒而导致的油烟问题就成为"功能创新"上的刚需。因此在"功能创新"方面采用了低空近吸技术，将烟机高度降至15厘米的极限，贴近油烟产生的源头，再依靠烟机机头的多种造型大范围辅助拢烟，实现对油烟的强效速排。就此在抽油烟机产品"功能创新"的体现上，将"爆炒"的按钮放置于用户使用范围的最佳关注点，并运用"爆炒"二字作为按钮上的直接提示。

至此，关于"创新摩天轮"中3个方面所涉及的创新内容已基本完成了。最后将通过"创新验证"的实施开展，收集用户对这3个方面的创新评价。通过用户对这3个方面的创新评价，就能更直观地看到用户对抽油烟机产品在创新元素上的关注点会更趋向于哪个方面，并且将用户感知最强的创新元素与付费意愿进行匹配，从而为创新产品在未来市场走向获取最有力的发力点。在进行"创新验证"之前，产品创新团队一致认为"形态创新"和"情景创新"将成为用户评价的焦点，并且期待着"形态创新"和"情景创新"能成为用户愿意为之付费的理由。毕竟在创新之初就针对这两个方面进行了大量投入，并以需求、场景和人群作为产品创新元素的构建基础，在其中洞察出这3点之间的关联价值，以此作为驱动产品创新投入的支点。就这样，我们信心满满地怀揣着预期并依照"创新验证"的实施准则，对"形态创新""情景创新""功能创新"同步进行了用户反馈信息的获取工作。此外，为了让用户对3个方面的创新元素能够更自然、更沉浸地进行体验。我们将真实的一开间户型打造成为验证场景，并将目标人群真实的生活环境融入其中，让用户能够在沉浸式的场景感知中，以最自然的状态为产品创新做出最直观的评价。但当验证工作完成后，用户的反馈信息内容还没有转化为客观数据呈现在我们眼前时，就已经预示到用户对抽油烟机产品在创新元素构成的焦点上与我们的预期出现了背道而驰的现象。通过对反馈信息内容的查阅，我们发现用户对抽油烟机产品在创新元素中感知最为强烈的既不在"形态创新"方面也不在"情景创新"方面，而是在"功能创新"方面。没错，就是在那个表述直白、位置显眼的"爆炒"按钮上，它成为用户愿意为之付费的最大动力。就在刹那间，我们的预期仿佛被一个显示着"爆炒"字样的按钮横刀截断了。因为在此之前，我们一致认为对抽油烟机产品在"形态创新"上的完美打磨，以及在"情景创新"中的颠覆式重构都足以让用户为之动容。但在验证之后，仿佛一切基于对过往创新投入的成本决策都将被重新计算，甚至对创新开展之初所抱有的期望进行重新定义。

随后，我们将"形态创新""情景创新""功能创新"3个方面的数据进行了统计，从3个方面的数据占比显示，用户对"功能创新"上的认可度的确高于前面两者，虽然数据没有呈现出压倒性的态势，但按照对创新投入的占比来看，在"形态创新"和"情景创新"方面的投入对用户购买意愿所带来的动力是不成正比的，而"功能创新"却成了以低投入博得用户高关注的放大镜。所以通过验证之后，对产品在创新定位的方向上与创新成本投入的力度上都应该进行迭代和改进。确保产品在问世以后能够将用户对创新最强感知的元素作为市场竞争的突破口，并且在用户愿意为之付费的驱动下以对创新构成的真实诉求作为成本投入的锚定器，让在创新上的每一份投入都能够转化为用户购买的理由。

虽然在此案例中"爆炒"按钮成为抽油烟机产品在用户创新视角下的焦点，虽然用户对此产品在"功能创新"上的偏爱与我们的预期并不匹配，但是通过对创新验证"摩天轮"中的3个方面进行同步的实施和开展，我们既获取到了较为完善的用户反馈信息，又构建出了有关于3个方面的验证反馈数据。通过将无序的用户反馈信息转化为有序的客观数据，并且在数据转化的过程中，我们就已经对产品特性与创新构想就在不断进行着反思。当围绕创新验证"摩天轮"的架构对一条条用户反馈信息进行梳理和提炼，最终谱写出的是用户对产品使用中真实意向下的"创新剧本",而不是产品创新发起者以自我意象所勾勒出来的创新蓝图并以此强加于用户。最终在此抽油烟机的案例中,完善的用户验证数据成了创新决策中的有力支撑。我们也通过用户对抽油烟机产品的真实诉求,在产品进入量产之前进行了创新重构和改进。虽然"创新验证"所收获的最终结论与我们的预期有所不同,但这次"创新验证"的实施开展工作可谓是非常有效的。因此,必须对不同视角下的创新感知差异抱有谨慎的态度,这样才能让产品经历过创新的洗礼后开拓出属于自己的市场空间。

6.10 创新验证是一把"安全锁"

对于以上的各种案例阐述,或许会让你对产品创新的整个进程产生一些疑惑。你会认为我们在产品创新前期的创新策略阶段就进行了严密的创新论证工作,并且结合合情推理的方式得到了清晰的产品定位方向,之后通过围绕产品定位进行了设计创新的实施和开展。在这一系列的创新操作下,你会认为创新成果一定会得到用户的青睐,但为什么还会出现与用户在创新解读上错位的情况呢?虽然我们在产品创新的过程中,看似一切创新的内核都源于需求,一切创新的指引都产生于用户,但是依然不能确保创新成果就必然能获得用户的肯定。

首先,每个人在创新力的程度高低上是存在明显差异的,虽然方法得当、实施合理的过程对最终结果的产出是成正比的,但是并不能确保每一个创新发起者都能将方法用得游刃有余,让每个实施环节都达到优质的状态。就如张三对产品创新路径模型的掌握和理解与李四对产品创新路径模型的掌握和理解就会存在的高低之分,所以他们所产出的创新成果是否能够达到预期是会出现波动的。虽然产品创新路径模型的整体理论并不复杂,这项工具理解起来也相对比较容易,但是想深刻认知并应用到位却并不是一件简单的事。因此,在第一章的内容中就强调过"创新力是需要被训练的"。一个新兵和一个身经百战的老兵在使用同样的武器和工具后所收获的结果是完全不同的。从事产品创新工作即如此,需要我们对创新在理解和实践上进行双向打磨，才能达到"人一具合一"，最终内化为属于自己的创新能力。

其次，我们需要意识到产品创新本身的不确定性所带来的威慑力是巨大的。对于一家基本盘足够大的企业来说，往往会因历史的包袱太重、利益和生态的绑定太深，让改变的成本变得巨大。创新无疑不是一次改变，它可谓是一次对原有产品的自我革命和对未来产品趋势的对赌。所以对于基本盘足够大的企业而言，创新就是一次冒险，他们需要的是终其一切来提高冒险的存活概率。而对于一家中型或初创型的企业而言，能创新、敢创新就成了"后来者"们独有的优势。毕竟在别人制定的规则领域里，如果不通过创新，自己就很难有实现野心的那一天。但是创新的不确定性所带来的威慑力足以击毁"后来者"们的铠甲，这种片甲不留的残酷景象不得不让"后来者"们重视创新过程，谨慎面对创新成果。所以为了降低创新本身不确定性的风险入侵，除了要对前期的实施环节做到层层把关外，还需要通过"创新验证"作为对创新成果决策的最后一道"安全锁"。这样才能在最大限度上稳住创新不确定性所带来的风险波动，并确保创新成果、用户预期及市场环境三者之间达到紧密连接的稳固"三角"形式。

以上就是对"创新验证"从理念到方法上的具体阐述。"创新验证"这一环节所处的位置就好像一个城市中的"交通枢纽"一样，是产品创新路径模型中非常重要的组成部分，同时也是产品创新策略和产品创新设计这两大阶段与最后一个阶段产品创新决策的"交会点"。"创新验证"这一环节一方面需要发挥出对前面两大阶段在实施成效方面的检验功能，让创新发起者跳脱出对创新蓝图的描绘，把发言权全权交付给用户。以用户的付费意愿和真实的行动来佐证创新实施过程的有效性，更准确地勾勒出创新实施过程中的价值痕迹。而另一方面需要承担起对产品创新决策在创新成果方面的"生死"裁定。在当下开展产品创新的环境中，仅凭"经验"和"感觉"就对创新成果做出"生死"判断的方式只能用作参考。因为无论企业本身的基本盘有多大，无论决策者有过多么成功的产品创新经历，在当下对任何无依据的创新判断所带来的风险成本都是巨大的。巨大到会因错失一个具有爆品潜力的创新成果而断送了自己在某产品赛道上的增长机会，同时也巨大到将不该问世的创新成果推向了量产的境地，从而让风险覆水难收。所以通过"创新验证"构建起与真实市场的沟通桥梁，并打通与精准用户的连接关系，从而让消费者的付费意愿和对创新产品本身的评价反馈来作为创新成果走向"生"或"死"的理由，这是最合理也是最实用的判断方式。

6.11 何为创新共识

在步骤三中，通过对"创新评估"和"创新验证"的有效开展所收获的价值产出就是"创新共识"。所谓"创新共识"，就是对创新团队内部以及决策层在进行"设计深化"之前的创新产出达成某种上下统一的认识。并且在这种认识之下，无论是客观层面中对创新表述上的字面含义和具体信息，还是在主观层面上每个人对创新成果的预期和担忧，团队内部及决策层之间都应该袒露出一种心照不宣的状态。毕竟在企业内部所开展的产品创新工作不是一个人的表演，也不是一个团队的狂欢，而是需要得到决策层的支持，以及凝结其他部门人员专业力量下的一场战役。所以"创新共识"相比于之前的价值产出"产品定位"和"机会点"而言，更偏向于在战略导向上对创新进行进一步的推进。而战略导向上的推进是让整个创新实施的进程进入了一个新的里程碑，并且从根本上建立起参与者对创新从始至终的认知半径。在进入验证所需的"设计深化"之前，只有团队上下建立起对创新的共识，才能对"设计深化"进行准确指导，并对创新成果最终的"创新判断"做足准备。

当然，"创新共识"并不只是嘴上的答应和心里的认可，它需要我们用明确且具体的形式表现出来。所以运用图片加文字的形式输出一份完整的方案就是最好的表达方式。相信各位对于用PPT呈现方案的工作方式并不感到陌生。但在此，我不会去阐述PPT的使用方法，也不会对PPT办公软件在使用场合中的利弊进行评价。

运用PPT的方式来作为第三步骤价值产出（即"创新共识"）的最佳表现形式的原因是，其一：PPT作为使用最广泛的演示软件，它不仅可以将图片和文字充分结合在一起，还能够在页面中整合数据图表、流程图示等。然而在"创新共识"中除了需要体现"创新评估"和"创新验证"两个环节中的内容，还需要对第一阶段的"产品创新策略"和第二阶段的"产品创新设计"内容进行提炼后融入"创新共识"的整体方案当中。因为"创新共识"的价值产出就等同于需要为产品创新进程从起始到当下的实施环节做一个完整的产品创新小结。这个产品创新小结不仅需要体现出产品创新过程中每个环节下的关键内容和价值产出结果，还需要体现每一个环节在内部推进过程中的流程确认和结论记录。因此，PPT演示软件的功能广度正好符合我们在"创新共识"方案中需要体现出的多样性内容。并且通过图片、文字及表格所构成的完整方案，有利于更直观地进行信息传递，以及对创新过程进行留档和查阅。

其二，在"创新共识"中使用PPT来作为完整方案的呈现形式，一定要避免在版式上进行过度包装。这里的过度包装是指不需要花太多的时间投入在PPT的版面设计和动画植入上，而只需要将关键内容和相关图示在排版上做到清晰明了即可。在此，一定要认识到对于"创新共识"方案，最重要的就是要将产品创新的实施过程从思想上梳理出脉络，从结构上建立起逻辑框架，从呈现上精练地体现出关键内容和最终结论。在这一点上就非常考验PPT撰写者能将信息丰富、内容繁多的产品创新实施过程转化为文字和图片的能力，以及从PPT的每一页内容中都能够有条不紊地地体现出逻辑关系的功底。这在"创新共识"的方案呈现中才是最至关重要的。作为办公软件的PPT工具本身只是一个载体，用于承载你在产品创新实施过程中的经历，用于承载你对产品创新的思考，以及用于承载达成对"创新共识"下的统一决定。因此，在"机会点"这一步骤中产出一份完整的"创新共识"方案是本步骤与下一步骤的价值纽带。而且所产出的这份"创新共识"方案将指引"设计深化"的实施开展，同时成为"创新决策"的导航灯塔。

第7章
创新共识——吹响创新成果的号角

愿意推动创新举措的人既需要拥有那么一点"理想主义者"的味道，又要符合"现实主义者"的标准。

下面介绍产品创新路径模型的最后一个步骤——"创新共识"，如图7-1所示。在此，我们应该给自己一些掌声。因为众所周知，开展产品创新工作与在日常实施一项自己熟悉的项目相比难度会更高，并且创新发起者还需要将一种独具一格的"创新基因"导入自己体内。毕竟愿意推动创新举措的人既需要拥有"理想主义者"的味道，同时又要符合"现实主义者"的标准。如果没有对创新抱有信念上的

图 7-1　产品创新路径中的"创新共识"步骤

追求，就会缺乏投身于创新工作的热情。如果只有理想主义者在信念上的追求，而没有现实主义者的行动范式，就无法摒弃理想化的想象并切实地输出每一个节点下的价值产出。同时，在整个产品创新的推进过程中，除了需要对奔赴最终创新成果有着不易动摇的坚持，还需要为创新的推进和实施具备调动相关可利用资源的能力。毕竟对于产品创新本身而言，它不是一场速战速决的短跑比赛，只需要自己屏住呼吸、咬紧牙关，相信靠自己的努力就能冲向创新终点。更不是一部传扬个人英雄主义题材的电影，畅想自己拥有着不可一世的超能力，能所向披靡地面对创新中的所有问题。而是需要积极调动身边可企及的资源（人、财、物）并将创新思想上的定势赋予它们，同时为产品创新进程的每一个关键节点凝结各方资源的专业优势，最终通过对资源的有利调动共同把创新成果推向一个更加高质、高效的结果导向。

在产品创新路径模型的最后一个步骤中，当这份"创新共识"方案得到了决策者们的认同和创新参与人员的理解后，就要根据"创新

共识"方案的指引方针开展具体实施工作了。

7.1　设计深化的定义与宗旨

从图7-1可见，在"创新共识"这一步骤中，依然涉及两项关键的实施环节，分别为"设计深化"和"决策评估"。秉承在"创新验证"中对验证锚点的确立和对验证"摩天轮"的理解与认同，在"设计深化"环节中将重点围绕"创新验证"中所达成的共识进行具体的实施规划。在设计深化环节中，将区分软件、硬件和软硬一体化这3种产品类型，为大家介绍"设计深化"过程中不同深化程度的具体表现形式。同时，大家需要重点考量每个程度的设计深化表现与"创新验证"在具体实施过程中的匹配关系，从而将"设计深化"后更真实的产品形态在验证过程中与用户产生交集。

所谓"设计深化"，顾名思义就是通过设计的方式把产品向更纵深的程度进行推进。但是在本章中所谈及的"设计深化"并不是针对产品本体如何从草图的设计概念，再到进入三维建模、CMF打磨，以及最后制造工艺的完善，最终为了适应生产线的所需配置而完成生产工艺和结构功能的过程。本章所谈及的"设计深化"是以创新为初始原点，并围绕"创新验证"中不同的执行方式和投入预期，从而对产品的表现形式进行再次进阶和深化的过程。

在"设计深化"的实施开展中要秉承两个宗旨，一是确保产品在验证过程中能够给用户带来真实的体验感受。因为产品不同的呈现方式会对用户心理的评价方向带来直接影响。就如对于一个硬件产品来说，将产品效果图中的样式风格展现在用户面前时，用户心理的评价方向会投射在效果图的绘制风格、三维模型的渲染效果及是否为自己喜欢的颜色等角度的评价中。他们会因为这种平面化的呈现方式，把创新的产品当成画作来欣赏和评价。所以单纯运用效果图的呈现方式来向用户展示产品的创新理念，无法让用户感受到产品材质所带来的触感、产品巧妙的结构设计所带来的便捷感，以及用户融入真实场景中对产品体验后表现出的那份购买冲动。因此，这种产品呈现方式是不能给用户带来真实的体验感受的，所以如果用这样的产品呈现方式并且希望获得用户的真实反馈信息，那简直就是在敲冰求火。同样，软件产品也是如此，过去，为了获取用户对产品使用体验的真实评价，会运用"纸面原型"的呈现方式为用户进行产品展示。首先把所有软件界面打印出来并且按照界面的交互逻辑排列好页面之间的前后顺序。然后，邀请用户坐到测试桌前，让他们对打印出来的一张张产品界面稿进行模拟操作。虽然用户会模仿真实的软件对纸质界面中的按钮进行点击，并且在一旁的测试人员会根据用户的操作行为进行界面稿件的替换，但是由于纸质版的界面和真实的屏幕之间存在使用质感、屏幕亮度及信息交互反馈等诸多差异，用户在纸面原型的呈现方式中很难获得与真实软件产品相同的体验感受。同时，这种以人工进行界面替换的行为会对用户的使用带来极大的干扰，让用户容易跳脱出使用场景。所以，如果用这样的产品呈现方式进行验证，则用户都无法沉浸其中去体验和感受产品，又怎么能给出真实的评价反馈呢？因此，在"设计深化"的实施开展中，所需秉承的第一个宗旨就是一定要确保产品在验证过程中能够给用户带来真实的体验和感受。因为只有保证产品进行深化后的呈现能够激发出用户对产品创新的内在想法和心理感受，才能获取用户对产品在创新层面上的真实反馈。

与此同时，所要秉承的第二个宗旨是以匹配"创新验证"实施规划为前提，合理控制产品在设计深化中的成本投入。作为产品创新的发起者，你肯定希望在设计深化的过程中以最完备的深化方式来提高产品的实现程度。或许你希望产品创新成果在设计深化的环节中就能开发出较为齐全的功能并且制造出特定的模具样式让产品的外观显得更加逼真。但是，不得不承认，对于只用于验证的产品创新成果就投入高昂的成本去进行制作和开发的话，是会存在一定的投入风险的。所谓投入风险就是指，当下对产品在验证环节进行的深化投入对未来产品创新成果进入量产后能否延续使用是存在不确定性的。因为如果用量产的标准去对还在验证中的产品进行深化，一方面将付出很高的成本代价，而另一方面也并不知道验证环节中所投入的一切是否能够被复用到量产中。毕竟在创新的产品形态下对产品外观和结构模具上的成本投入是非常高的，不仅需要考虑从零开始的设计到出模，再到对模具的反复调整上的费用投入，还需要考虑整个过程中所花费的时间成本。此外，如果产品创新在功能开发中需要涉及PCB板的开发和测试等，也将需要一笔不菲的费用。同样在软件产品中，由于产品的复杂程度不一样，并且软件存在着多系统、多平台的使用端口，人工成本会成为整个产品在开发过程中比较大的支出项。除了人工成本，还有如服务器、域名及支付功能等开发资源也需要进行购买。然而如果在验证环节就对标正式上线的产品要求去进行投入的话，那么验证后的产品能否一比一地提交正式上线申请是完全不确定的。

所以在此希望大家明白，不是要让你们成为一名"省钱标兵"，就算盯着橱窗里的美食，而自己饿得饥肠辘辘，也坚决贯彻不会购买的决心。这样压榨自己的投入极限必定会造成适得其反的效果。但也不倡导大家不计成本地去消费，仿佛自己的口袋和钱绝缘了一样，只要一有钱不管多少就想立马清空。消费本身没有原罪，而将其赋予原罪的原因就是走极端。就如在"设计深化"中所秉承的第二个宗旨一样，为了避免进入深化成本投入的极端境地当中，我们一定要明确当下所进行的"设计深化"都是以能够完成创新验证目标为前提的。既然是以围绕创新验证目标为前提，那么对设计深化在过程中的成本投入程度就应该得到合理的控制和管理。这样才能犹如在消费中保护好自己钱袋子的同时，在设计深化中降低无效投入给创新带来的负面枷锁。

当然，如果创新的产品迈向市场化成为可量产的商品，的确需要我们对产品外观、结构、功能，以及产品的耐用性、可用性等进行测试和规划。但是，在产品创新路径模型中的设计深化环节只需要聚焦在"创新验证"的实施情况中，需要从验证的情况中检索产品在创新表现上的可行性，并且明确设计深化后的产品与迈向市场化的商品之间可能存在的优化方向。

7.2 不同深化程度的构成

理解了"设计深化"的定义及两个关键宗旨后，接下来为大家详细阐述在设计深化过程中普遍涉及的产品类型，以及不同深化程度下的构成方法。通过对标当下市场中的产品形态及根据产品属性的明确划分，将"设计深化"中所涉及的产品类型分为三大类，分别为软件产品、硬件产品和软硬一体化产品。在分别对这三大类型的产品进行不同深化程度的详细阐述之前，需要先来了解深化程度的划分。首先，会将不同的产品类型在设计深化的过程中划分为不同的深化层级，比如，对软件类产品的深化程度会划分为两个层级，并且依次对这两个层级的构成方法进行详细介绍。再比如，对硬件类产品的深化程度会划分为3个层级，并分别对构成方法进行详细地讲解。不同类型的产品会根据产品形态上的差异和产品属性上的区别而划分出不同数量的层级表现。在层级数量的表现中，虽然是通过由低到高进行排序，表示第一个层级的深化程度比第二个层级的深化程度更简易且更易实现。但是无论是选择运用第一层级还是第二层级甚至第三层级，都需要确保能够凸显出产品的创新特性及在创新验证过程中验证效果的最大化。因此，深化层级的深浅表现并不是你选择运用在"设计深化"中的缘由，而是通过在设计深化中对深化层级的合理运用将创新形式表达完整，并且能够成为创新验证效果最大化的有力推手，这才是对深化层级在选择运用上的关键。

7.3 设计深化启发：软件产品

对深化层级的含义有了相应的理解后，下面来对三大产品类型的不同深化层级进行具体学习。首先，我们来看软件类产品。对于软件产品而言，其本身没有产品的物理属性，所以这类产品在"设计深化"的过程中具有更大的灵活空间。在设计深化的实施过程中，只需要关心与用户相关的产品视觉界面、交互跳转、提示动画及在软件中需要被重点突出的创新功能等部分。而对于用户无法感知的数据库、服务器端的软件开发及后台的管理平台等都不需要在"设计深化"的环节中进行过多考虑。因此，对软件类型的产品进行设计深化时，在深化程度的构成中会将其划分为两个层级。第一层级是"软件产品的交互原型"，第二层级是"软件产品的功能原型"。

在第一层级"软件产品的交互原型"深化过程中，只需要完成两个实施步骤。首先需要完成向用户进行展示的高保真视觉界面设计，并在高保真的界面设计中需要深化到每个功能、版面及文字描述等都与开发后的产品相一致。也就是说，软件产品中的每个关键界面都需要做到完全视觉化，并且将其放置于手机或者相对应的设备屏幕中的逼真感能与真实产品相比拟。然后运用市面上比较成熟的原型设计软件，能够在手机或相对应的设备中实现点击可跳转的交互行为和提示信息的控件传达。最后确保用户能够在该设备上模拟使用软件的整个行为流程，从而对软件类的产品在"创新验证"中做出行之有效的判断和反馈。第一层级在软件产品的设计深化程度中是最简易和轻便的。但是，在运用过程中所体现出的弊端也很明显。可以想象一下，在"创新验证"中用户正在对产品进行使用，呈现在用户面前的产品主要的深化构成是高保真界面的设计与交互原型软件的实现，并不能对用户的使用数据进行自动记录，所以用户对产品的使用点击和交互路径是我们无法在验证后进行有效获取的。并且在一些产品中，如果需要嵌入人脸识别等功能作为验证过程中的关键任务，那么只用图片对此功能进行单纯模拟的话，用户在使用过程中很容易出现"跳脱感"，以致在验证过程中所收集到的用户信息反馈缺乏可信度。所以在第一层级"软件产品交互原型"的设计深化构成方式中，有操作简易化、实现扁平化的可取之处，但也有使用数据无法存留、对适用的产品类型比较挑剔等局限性。

接下来，来看第二层级"软件产品的功能原型"。在第二层级的设计深化中，除了对验证所需的关键界面进行高保真的设计深化，还需要对用户展示的核心功能进行前端代码的开发，并确保能够让用户的点击数据进行留存和简易的统计，但依然不需要考虑对后台、数据库和服务器等进行开发和实现。通过进行第二层级的"设计深化"，不仅能够使用户在使用过程中更加比拟真实产品的使用过程，而且可以将有较强功能特质的人脸识别或需要获取用户对界面中多形式内容的选择意向时，都可以通过前端代码的方式实现出来，就此以更沉浸的方式提高用户在验证过程中的使用体验。

就如曾经我的一位毕业生自主创业的项目就是一款线上的电商产品，他对创新的电商平台构想与当下的主流电商平台有着很大的差异化，这也是他能够在红海泛滥的电商赛道中杀出一条血路的原因。他从创新启动到成果产出的整个过程中，都抱有谨慎的态度和论证性的思维，以及对创新的敬畏。毕竟创业道路深似海，一旦沉入海底必将尸骨全无。就此，他对产品进入"创新验证"的环节尤为重视，所以在"设计深化"过程中，他很明确地知道自己需要获取在界面中用户对不同分类模式下线上购买方式的意向选择，以此来匹配产品需要凸显的创新要素是否能够受到用户的青睐。因此，他选择了第二层级的"设计深化"方式来作为"创新验证"中获取用户真实反馈信息的手段。他将线上商品按照传统品类划分、场景品类划分及人群痛点品类划分方式分成了3类，并依次呈现在页面的首页中。他希望以用户对这3类商品划分方式的点击意愿及点击进入后的购买路径作为"创新验证"的核心目的。所以他只对产品进行了前端和后台数据留存及统计功能的开发，对于其他的数据库服务器端等都没有进行过多投入，但已经足以满足对用户真实信息反馈的获取和对"创新验证"的前期规划。并且对于用户而言，在使用中的流畅体验并没有让他们对此产生怀疑，因为虽然第二层级中的产品功能原型并不能真正实现支付购买，但是在界面中运用了可爱的动画和"敬请期待"的字样作为信息提示，以此让用户不会为之产生反感。然而只要用户点击过"支付按钮"，就能够留存他的点击数据，并作为他愿意为之付费的最佳佐证。通过第二层级的设计深化方式，他顺利且有效达到了"创新验证"的最终目的，也为具有创新性的电商产品顺利上线且走向商业化提供了有力支撑。

就拿软件产品的第二层级深化方式与第一层级的设计深化方式相比，人力和时间的成本投入是更高的，这也是显而易见的。但是在"设计深化"环节，对于软件产品是选择第一层级还是选择第二层级的深化方式，并不是取决于实现的难易程度或成本投入的高低，而是取决于产品属性和验证目的。所以在设计深化的层级选择上就如俗话说，"适合的才是最好的"。

7.4 设计深化启发：硬件产品

接下来，我们来看硬件产品。相较于软件产品而言，硬件产品的整体表现更为复杂一些，因为其本身有了更多的物理特征，所以为用户打造出丰富且真实的产品感知的难度会变得更大。所以在硬件产品的"设计深化"层级划分中，也会将其分为两个层级，并且这两个层级之间的深化程度呈现出的是彼此进阶的关系。

第一个层级就是"手板模型"，"手板模型"的设计深化程度完全可以让产品外观达到真实的呈现效果。设计师可以通过模型制作的方式，对产品的造型、材质及重量达到1:1的还原度，因此可以较为真实地反映出产品的整体形态。随着数字加工技术的进步，手板模型的制作主要分为两种比较主流的形式，分别为"数控手板"和"手工手板"。这两种制作形式之间存在着一定的差异。数控手板是使用数控机床的快速成型技术加工的手板模型，如激光切割（CNC）、3D堆积成形技术等，只要设计师在计算机上完成产品的工程模型就能够快速的在数控机床上实现出来。而手工手板虽然在模型的仿真度、完整度、美观度和精细度上都更胜一筹，但是需要花费大量的时间对其进行制作打磨才能制作出精致的手板模型。当然，第一层级的手板模型实现方式需要根据不同的产品属性来进行相应的选择。

比如，我们曾经针对一款在家居环境中使用的"书桌椅"产品进行"创新验证"时，为了满足对3个筛选出来的创新机会点同步进行"设计深化"后能够快速投入验证环节中，决定采用数控手板的加工方式对产品进行快速切割和拼接等操作，直至体现出创新后"书桌椅"的整体形态。虽然运用"数控手板"进行加工的产品模型肯定不如投入大规模量产时运用机械方式进行加工的市场化产品那么坚固、耐用，但是我们要时刻提醒自己，"设计深化"的宗旨是确保在合理的成本投入下，满足验证过程中收集用户对创新产品的真实反馈为主要目的。并且我们不会让用户将"创新验证"中的产品带回家里坐上个一年半载。所以，基于木质材料的"书桌椅"在数字加工技术中是能够达到产品外观的还原效果和满足用户在验证中的使用体验的。并且通过数字加工技术所制作出来的手办模型在质量方面完全能够满足用户在验证场景中的试坐需求。在"书桌椅"产品的"创新验证"中，为了让用户能够对筛选出来并进入深化阶段中的创新机会点同步进行体验和观摩，运用数控手板的方式进行快速制作和产品呈现也是一个很好的选择。这样不仅能够对多个创新产品的物理化实现节省时间周期，还能验证用户在多种产品创新形式中的喜好和关注点，并同步收集用户的反馈信息，用于验证后的分析和对比。所以在第一层级中"数控手板"的实现方式对家居类产品或侧重于形态创新的小家电类产品是比较适用的。那么在什么情况下，会通过"手工手板"的制作方式来实现产品模型呢？

前不久，我与我的团队被一个家居品牌再次邀约，希望合作一款专为高端人群打造的红酒柜产品。同样，产品创新的过程经历了每一个步骤后终于来到了"设计深化"环节。我们与品牌方在针对"高端红酒柜"设计深化的层级选择上，一致同意选用第一层级"手板模型"的方式对"高端红酒柜"进行物理化实现，但是在对"手板模型"制作方式的选择上产生了分歧。品牌方认为，运用"数控手板"的制作方式能够更高效地实现"高端红酒柜"的物理形态，并且"效率就是生命"这样的价值观是企业一直所倡导的，所以他们希望用最快速的方式收获验证结果。但我与我的团队却认为，像"高端红酒柜"这样的产品所面对的消费群体本身对生活就有着高奢追求，所以他们更为重视产品的品质，以及细节和工艺水平。虽然我们是"手板模型"，但是"手板模型"所体现出的质量层次也同样决定了他们是否会在验证场景中在"高端红酒柜"产品面前做出停留或关注的举动。所以如果运用"数控手板"的制作方式去进行设计深化，就必定逃不过产品在工艺和细节上会体现出的粗糙感，也因此让目标群体把"高端红酒柜"当作廉价的低端产品来看待。所以，为了避免这种情况发生，选择运用"手工手板"的模型制作方式是更为可靠的。最终，品牌方也同意了我们的建议。毕竟人群定位决定了品牌调性。所以，对于硬件产品而言，除了对层级要做出相应的选择，还要根据产品属性和人群的定位对层级中的制作方式进行合理的选择，这样才能避免在验证中出现适得其反的效果。

在硬件产品的"设计深化"中，除了有对第一层级手板模型的两种可选择的深化方式外，接下来，将为大家阐述比第一层级手板模型在深化程度上更进阶的第二层级。第二层级的深化方式与手板模型的深化方式相比，更适用于希望凸显出功能特性的创新产品，也就是说，创新产品需要加入功能的直观体现才能在"创新验证"中得以完整表达。但是，如果在设计深化环节中就将产品所需要的技术进行开发，甚至为了能够实现某种功能而从零开始搭建技术能力的话，就违背了在开篇前所阐述的第二个设计深化宗旨。因为我们都知道，就算已经有了完整的底层技术能力作为产品在功能实现上的支撑，但是将一项底层技术转化为产品功能也是需要一定的投入成本的，毕竟我们所做的是产品创新，而不是一个成熟产品的再组装。如果在产品形态和功能需求上没有任何改进和优化，就根本谈不上是一次创新了。更何况还要知道，产品在进行创新后的改变所牵涉的不是一针一线的局部，而是从技术到功能乃至制造的全局。所以，就算企业已经有了底层的技术能力，但作为仅用于创新验证中的产品，只为实现某个硬件功能而进行大费周章的成本投入是绝对不划算的。更何况对于一些企业而言，他们对所创新的产品是没有任何技术储备的。即便在创新中所运用的技术在市面上已经有比较成熟的解决方案，但将现有的技术进行搬运并重新适配，整个操作过程和所需投入的时间周期也是不可小觑的。因此，无论是企业本身已经具备了底层的技术能力，还是企业对所开展的产品创新行为没有任何技术储备，都应该认识到，就算创新的产品需要在验证的过程中凸显出功能特性，而从零开始的功能构建和开发在设计深化中一定不是一个最优的选择。

但是，为了满足设计深化所提倡的宗旨二（就是以匹配"创新验证"实施规划为前提，合理控制产品在设计深化中的成本投入），就因此忽略宗旨一（确保产品在验证过程中能够给用户带来真实的体验感受）吗？当然不是。如果验证的过程中不能给用户带来真实的体验感受并获取用户对创新的信息反馈，就犹如一场自导自演的戏剧，仅仅感动了自己，实则毫无意义。因此，在硬件产品设计深化的第二层级中，既能满足宗旨一又能契合宗旨二的最佳方式就是运用"感知功能模型"。而感知功能模型的核心就在于"感知"二字，它所体现的含义是一方面不需要大费周章地进行技术向功能的真实转换，而另一方面又不会削弱验证中用户对产品在功能特性上的感知力。所以在设计深化中，如果你的产品需要凸显功能特性才能达到整体创新的体现，就可以考虑使用第二层级感知功能模型的方式进行开展。

比如我们曾经针对一款空气净化产品在进行创新验证的过程中就运用了感知功能模型的深化手段。众所周知，从2015年开始，我国的空气净化器产品就出现了快速增长的趋势。特别是在北方地区的特定季节雾霾天气给人们的工作生活带来了极大的健康影响。随着空气净化器产品在技术实现方面变得越来越成熟，价格也由以往的高位变得越来越亲民，空气净化产品成为家庭或办公区域常备的电器之一。当然，越大的需求空间就会激起越激烈的市场竞争。为了能区隔于其他的竞品，我们重新对用户与空气净化产品之间的使用痛点进行了挖掘。对标于当时其他品牌的空气净化产品，我们发现众多空气净化器都没有把空气的具体净化过程和净化前后的对比情况通过数据可视化的方式表现出来。然而，对空气的改良程度和空气质量的变化又是用户购买空气净化器的主要原因，所以如果空气净化产品在室内的工作过程、净化效果及空气质量的改善情况都无法让用户直接感受到的话，无疑会动摇用户的购买意愿。所以，我们就此问题对空气净化产品进行了创新和优化。

首先，我们把空气净化器的风扇置于产品的最顶端，使得空气净化产品被启动后旋转的风扇成为核心功能的"可视化"表达。这样就可以让用户以最直观的方式看到产品的真实"工作"状态。在旋转风扇外置的可视化下，不仅能够让用户感受到空气流入后被活性炭稀释后释放的过程，还能够放大空气净化产品给用户带来的价值体现。同时，搭配上简洁时尚的造型设计和比例适中的液晶显示屏，让产品无论被放置在室内空间的哪个角落都能够与其他物件和家具相搭配，并且通过液晶显示屏对空气改善前后的质量变化以曲线的方式进行实时的提示和呈现。就这样，对空气净化产品的整个创新构想已经接近尾声，完成了前面所有的创新步骤后，就进入"设计深化"的阶段。对于此产品在设计深化层级的选择上，如果选择第一层级的手板模型来作为对空气净化产品的深化方式的话，手板模型在功能表现上的局限性会使空气净化产品无法体现出功能特性在整个产品创新过程中的优化价值。旋转风扇外置的可视化创新方式是解决用户与空气净化产品之间"信息差"的核心体现，也是验证过程中希望用户能够重点关注的内容版块。所以，基于空气净化产品的创新属性和验证目的，选择运用第二层级感知功能模型的方式对空气净化产品进行设计深化。虽然我们不能在此对产品的技术和功能进行切实地投入研发，但是为了确保用户对空气净化产品的创新感知及达到最佳的模拟效果，首要任务就是要将安置于产品顶端的风扇实现转动效果，让用户走到空气净化产品模型旁时，就能直观地感知到空气正在被空气净化器中的旋转扇叶所"过滤和清洗"。于是，在第二层级的设计深化过程中，我们运用了一把普通的工业用的静音风扇，将其拆掉扇叶后与空气净化器模型的内部电源进行连接。并且通过三维打印的方式将风扇的叶面打印出来，确保叶面的尺寸符合产品造型设计的整体要求，最后将改装后的整体风扇装配到空气净化器产品的模型当中。

同样，在空气净化产品模型中，体现空气曲线变化的显示屏也是产品创新的重要部分，所以我们选取了一款可编程的黑白显示屏，然后运用开发板把所需要显示的模拟数据和内容直接写入显示屏的 IC 中，并将显示屏封装到空气净化器的产品模型中。就这样，液晶屏上的空气曲线数据会模拟出空气质量在不断变化的过程。最后连接上电路，一个既能达到验证目的，又能给用户带来真实感知的空气净化器产品模型就基本完成了。这就是我们运用第二层级感知功能模型的方式对空气净化产品进行设计深化的过程。随后，我们顺利地将产品投放到了为之专门打造的验证场景中。通过设计深化后的空气净化产品模型按照规格和容量的大小被分别放置在温暖的居家卧室场景、集体的办公室场景等。用户在特意营造的室内验证场景中穿梭，看着空气净化器产品模型顶部扇叶的转动和液晶显示屏上的数据变化，就仿佛自己身处于一个充满着健康空气的室内环境中。

虽然设计深化后的产品模型与成为市场化商品之间还有一段距

离，但是通过运用感知功能模型的实现方式达到验证的目的才是设计深化环节的使命。在空气净化器产品的创新验证中，不仅对空气净化产品模型在制作投入上做到了低成本、高效率，而且还凸显出了产品的创新功能特性，并给用户带来了真实的体验感受。当然，运用感知功能模型的设计深化方式在验证中收获了很多有价值的用户反馈，这些对创新有直接针对性的用户反馈成为对创新成果进行决策判断时的有效依据，并且增加了我们对这款创新后的空气净化产品成为市场化商品的信心。

7.5　明确设计深化的角色

在产品创新工作不断地被推进的过程中，我们时常会对创新成果产生一种很矛盾的状态，就是被一种既兴奋又不安的心理波动所困扰。之所以会出现这种矛盾的心理波动，最大的原因是我们对创新成果的最终"归宿"不可预测。这种未知感会带来期待也会带来恐惧。就好比你面前放着一个黑箱子，当你不知道黑箱子里装的是什么的时候，你会对它产生无数种遐想。你既希望黑箱子里是珠宝、是鲜花、是一切美好的结果。然而你又会害怕，你害怕里面是毒蛇、是尖刺、是会伤害到你的东西。这种矛盾的心理活动会伴随着你，直至黑箱子被打开的那一刻。然而，无论里面装的是什么，你都需要先找到打开黑箱子的方法，才能让未知的黑箱子在你面前变得清晰明了。当你知晓了黑箱子里的东西时，你才能松一口气。对于产品创新而言也是如此，如果你想知道创新成果在此创新进程中的真实表现，验证就是最直接的方式，而设计深化就是最有效的手段。通过创新验证，在设计深化的加持下将创新成果慢慢从未知推向已知，就如一个黑箱子在逐渐地被打开。然而无论已知的结果如何，都能够给予你应对的时间并就此平复你不安的状态。

特别是从互联网兴起到逐渐普及的时期，产品在创新形式上也正在发生巨大的变化。智能产品从单一的硬件设备迈向了软硬一体化的创新发展趋势中。在此时期，很多企业都希望自己能成为第一个"吃螃蟹"的人，也看到了软硬一体化产品相结合下的创新趋势所带来的增长空间。但是在创新这条崎岖的道路上，企业敢为天下先的精神虽然可贵，却也犹如笼罩了一个黑箱子一样让他们感到不安。而这是一种面对未知市场的不安，也是一种面对未知创新结局的不安。

就在 2005 年前后，打印机市场已经成为红海，各大打印机企业都在为寻找新的未来产品市场寻求可能性。对于方兴未艾的互联网入局，各个传统产品制造业都在摩拳擦掌，跃跃欲试。于是，国内一家打印机生产企业找到我们，希望创新一款软硬一体化相结合的打印机产品。为此，围绕该企业的创新诉求，我们将产品方向定格在了家用照片打印设备上。既然这是一款基于家用便携式的打印机，那么它就需要与人们日常使用的手机相关联，所以需要构建一套具有创新性的移动照片打印系统。这一系统需要包括手机端和设备端两部分。用户只需要在拍照之后通过手机的热点网络把照片发送给便携的照片打印机，打印机就能即刻把照片打印出来。这一产品创新，在现在看来当然已经司空见惯了，但是在移动互联网刚刚普及的时期，打印机还是家里、办公室一台硕大而笨重的机器。可以说便携照片打印机的创新是足够新颖而且吸引人的。但面对这一创新举措，企业在兴奋的同时也感到不安。产品的创新度是毋庸置疑的，但如果在用户接受程度都一无所知的情况下，就直接把产品开发出来推向市场，这样的举措会让企业面对不确定性所带来的风险。毕竟和手机联动的打印系统涉及了互联网软件技术、多平台融合技术、硬件产品的机电技术革新和产品结构改良。这么多种类的技术革新可想而知所需要投入的技术团队、费用成本及时间尺度都是很可观的。在未知的黑箱子面前，企业对此次的创新举措显得十分矛盾，因为他们既想仰仗这次产品创新在打印机的红海市场中突出重围，又害怕这种完全未知下的创新举措会成为后来者前行路上的垫脚石。

于是，为了最大程度地将创新的黑箱子从未知推向已知，我们与企业进行商议后决定开展一次投入前先进行创新验证的实施工作。在验证中，为了降低各方面的投入成本及秉持收集用户反馈信息为验证目的，我们采用了第二层级的感知功能模型方式作为设计深化的有效手段。对于便携性产品而言，最难的就是将其微型化。打印机一般具有打印头、传动机构和传感器3个组成部分。如果因为便携性需要重新改良一台打印机的话，打印机中存在的众多技术壁垒都会成为创新验证路上的障碍。先不说传感器和打印头如何做到微型化便携式，仅是打印机上的传动装置中的直流电机和齿轮如何既能与打印头同步，同时又能配合便携的尺寸，就成了横置在创新团队前的一大问题。但是，我们深知感知功能模型的深化方式将成为验证中揭示黑箱子的最佳手段。于是，坚守着对设计深化的价值理念，我们决定以一个小型的热敏打印机为基础进行产品感知功能模型的制作。团队在技术人员的协助下首先拆掉打印机的外壳，保留下机芯的部分并且顺应产品形态特征内嵌到新的产品外壳当中。同时，为了适应便携的特点，我们还在产品中内置了一个大容量的充电宝作为便携打印机的支撑电源。为了在验证中让用户能够体验到打印机的便捷性，我们在热敏打印机控制板上焊接了一个蓝牙接收器，并且以一台手机作为验证模拟机，固定与热敏打印机上的蓝牙装置相连接。在手机上同样设定好固定的操作原型界面，在用户最后点击"打印"按钮时，手机上的信号会启动连接的蓝牙接收器，同时打印机开始打印预设在打印机内存上的照片。一套完整的操作下来，用户遵循我们在手机和打印机上设定好的路径进行操作，所获得的体验是真实的，但我们用于获得用户体验的深化程度和成本也是最低的。

在完成了产品创新的感知功能模型后，团队还为产品创新验证设计改装了一台露营车，在周末开着露营车到各个露营和公园的场地，让不同的人群体验使用，从而获得最终的用户感知反馈。通过在创新验证中所运用的感知功能模型深化方式。我们揭开了一次颠覆性创新的黑匣子，这种已知的感觉给予了企业巨大的信心。因此，被量产后的便携照片打印机系统的创新在后续的市场竞争中呈现出了巨大的市场潜力。可见创新验证过程和设计深化方式让企业避免错失可能的市场增长机会。

阐述完以上案例，这里依然要强调的是"设计深化"并不是为创新产品达到量产或投入市场而设立的环节，其本质是为了达到验证目的而存在的。也就是说，在设计深化启动前，作为创新发起者的你已经对将要进行的创新验证有了比较完善的实施规划，然后再根据产品的不同类型和需要凸显的创新元素对设计深化方式进行选择。换而言之，设计深化的目的并不是实现产品在设计中所体现出的完整性和细节点，而是为了收集用户的反馈信息。如同在拍摄一部电影时所使用的道具，道具的制作需要考虑的是实现效率、镜头前的逼真度及成本控制，而耐用性、完整性及齐全的功能配置则不会纳入对一个道具的主要考量中。所以，在设计深化环节中对创新产品的制作要求与实现程度也是如此。虽然在不同的产品类型中产品所属的细分范畴有很多种，比如软件产品进行细分的话就有属于电商类的产品、有属于功能性的产品，也有属于社交型的产品等。而硬件产品也是如此，有属于小家电类的产品、工业产品、大家电产品，有属于家居类的产品，也有属于生活美学方面的产品等。但是无论你所涉及的创新产品属于哪个类别，只要能在以上设计深化层级的划分和方式中受到启发，并且能够运用巧妙的深化手段来降低对创新不确定性的投入成本，从而在创新验证中达到获取用户真实信息反馈的目的，这就是设计深化环节对你在创新接近尾声的途中带来的最大造诣。

第8章
创新判断——成果不等于成功

> 让创新的经历和对产品创新路径模型的运用都化身为提升自己创新能力的经验值,从而穿透产品创新生命周期的最终目标。

我们要划分清楚"创新成果"与"创新成功"之间的界限, 肯定自己为推动产品创新所付出的一切。

第 8 章
视频导读

　　此时此刻，我们沿着产品创新路径模型的指引终于来到了最后一个环节。在这漫长而充实的创新之路上，我们重新定义了许多创新理念，也掌握了有效的创新方法，同时还滋生出了许多对创新的认知和共识。其实归根结底都是为了让产品创新这件事情既做得对也做得好，并且能将创新工具与创新理念在理论与实践中融合起来。让创新的经历和对产品创新路径模型的运用都化身为提升自己创新能力的经验值，从而穿透产品创新生命周期的最终目标。这便是创新力的一种境界，也是产品创新路径模型的使命。就如士兵上战场既不能没有武器，也要通过不断实践训练自己驾驭武器的能力。同样，如果你的产品创新之路能够走到最后，那就如同你收获了一次磨砺自己创新"武器"的机会，而这次机会也将润物无声般地成为你拓宽创新力边界的潜在塑造过程。

　　作为"创新共识"步骤下的第二个关键要素，相比于之前所经历的每一个环节它会有稍许不同，此环节并不需要我们再执行什么具体的创新工作，或领悟一种新的创新理念，而是只需要将设计深化后的产品模型投入创新验证中，并从中把所获取的用户反馈信息转化为直观有序的反馈数据后，展现在决策者的面前，并对验证过程和验证结果进行清晰的阐述即可。这听起来，好像最后一个环节是整个产品创新过程中最为轻松的，因为它所需要做的似乎类似于我们日常工作中的一次简单汇报。然而，并不是这个环节变轻松了，而且这一环节也不能完全与日常工作汇报的内容一概而论。最后这一环节之所以会显得轻松，是因为你为跨越这条创新之河所需要构建的桥梁在前面的步骤和环节中已经铺设完毕了。而它虽然与日常的工作汇报在形式上趋同，但是在内容上作为创新发起者的你需要对最终的创新成果在汇报之前就赋予一种创新观念。如果你对这种创新观念有清晰的认识，并且能将这一观念在最终的汇报过程中透彻地向决策者阐明，那么无论最终的创新成果是乐观地步入商品化的彼岸还是遗憾地就此沉入河底，都将在抉择的一念之间成为推动产品创新的光荣使者，而并非成为被决策者们诟病的创新无能之辈。所以，推动创新从开始到最后的处境是否能以正面的形象落幕，都取决于你对创新成果与创新成功之间的观念认识及观念传递。

　　因此"创新判断"作为此步骤中的第二个核心要素就犹如开设了一个对创新成果进行审判的"决策法庭"一样，而审判官就是能决定创新成果"生死"的决策者们。虽然对创新成果"生死"的判断依据来源于创新验证中的用户反馈数据，以及企业在创新战略上的布局规划。也就是说，用户对创新产品体现出的购买意愿和对创新元素的倾向性将成为"创新判断"的决策基础，并且企业所处的产品赛道与创新资源的共通性也将成为对"创新判断"的考量依据。但是作为产品创新发起者的我们要意识到，创新验证的开展仅仅是对产品创新本身进行验证，而不是对创新的成功与否进行验证。换句话说就是，如果创新的产品在验证中获得了用户的正面反馈，也并不代表创新的产品推向市场后就一定会成为爆品或者取得傲人的成绩。然而企业的创新战略是否能与创新成果的最终产出相匹配，也取决于企业对未来市场的布局和原有的资源沉淀。所以，虽然在"创新判断"中，我们需要做的看上去仅仅是对决策者们进行验证结论和过程的汇报，但是其中最为关键的是调整决策者们对创新成功的关注视角，将创新举措与创新成功之间的正确观念传递给他们。这样我们就能摘掉"创新巫师"的帽子，将焦点回归到切实的创新实施行为上。所以首先要划分清楚创新成果与创新成功之间的界限，肯定自己为推动产品创新所付出的一切。然后将这一观念有效地传递给决策者，并与他们在创新成果与创新成功之间的认知达成一致。最后，有了共同的创新观念为基础，无论此次创新成果的结局如何，都将让决策者和共事的同仁们看到，为达到创新目的所运用的有效方法和一步步推动具体实施工作所体现出的创新精神，这些都将成为你描绘产品创新画卷的立体演绎。

8.1　宁拙毋巧

　　"创新判断"环节对创新成果的最终决策无非都会围绕下列 3 个判断方向进行展开：第一，创新成果获得认可，为产品走向市场化进行全方位的资源投入；第二，创新成果待定，需要按照用户的反馈价值对创新产品进行优化和调整后再步入第二次验证；第三，创新成果被终止，由于验证表现与预期不成正比或与企业在创新战略上有所出入，该创新需要就此停止。然而我们在组织内部推动产品创新，所期望的无疑是自己的创新成果能够得到相应的资源支持并实现走向市场化的初衷，因为唯有如此才会归结于这是一次成功的产品创新行为，反之就是创新发起者的无能或创新行为的过失。真的是这样吗？你是否也会对产品创新的结局持有非黑即白的态度？之所以会有这样的态度，本质上还是因为对创新抱有的桎梏观念所导致的。而在这桎梏的观念背后其实是对创新成果与创新成功两者之间在本质上存在的认知混淆所造成的，这种混淆会因创新成果被终止而对创新过程全盘否定。只以最终结果进行最终评价的惯性思维是对"结果导向"精神的最大误解。况且，从另一个角度来看，只要创新成果获得认可就可以实现一本万利了吗？答案必然是否定的，因为创新成果并不等于创新成功。因此，无论是始于自己在创新观念上的认知，还是终于对决策者进行创新观念上的传递，首要任务就是要清楚地认识到创新成果与创新成功两者之间的联系。只要我们对此有了清晰的认识和透彻的理解，那么创新成果就不会徘徊在非黑即白的价值判断中，影响我们对产品创新的初心，我们也不会把创新成果的最终结局作为度量创新方法有效性的标尺，以及成为衡量个人创新能力的唯一标准。

因此，在"创新判断"环节中，无论创新成果的最终结局倾向于哪个方向，都应该打消非黑即白的认知谬误。并且打通创新执行者与决策者在创新观念上的认知通路。这才是产品创新路径模型最后一个阶段的价值体现。

接下来跟各位分享一个我的经历，记得我18岁时在学校画室画人生的第一幅人体素描，那时我内心总是想画出令人惊艳的作品，所以很焦虑，迟迟下不了笔。我的素描课老师走到我旁边说：初学者！你如果每一步都按我教你的老老实实去画，结果不会太差。事实证明他是对的，至今那幅代表我最高水平的人体素描还贴在我家卧室的墙壁上。其实很多时候，我们为了能够快速得到某个结果，就会不甘于按部就班，总是想找出一条不一样的捷径，然后让自己不费吹灰之力就有所收获。就如我对绘画会有这样的想法，而你在产品创新的实施过程中也会发生这样的动摇。但在此我要跟你说：如果在产品创新工作中你能够每一步都按照产品创新路径模型的指引而老老实实执行的话，那么你的创新结果一定不会太差。所以无论你想进行创新的产品属于哪个领域或归属于哪种类型，"产品创新路径"的方法体系都将适用于你。因为产品在创新上所涉及的关键节点就那么几个，而产品创新路径模型在所有的创新关键点上都已经完全占据了。所以在"创新判断"环节，首先要确保创新成果是出自有效的创新过程。这一点很重要，因为如果你拿一个脱离产品创新路径的创新成果在此环节进行谈论的话，就犹如你在评头论足一个跟你毫无关系的人，而这种"八卦"的行为对解决实质性问题显得毫无意义。因此，确保了创新成果的"出生"后，接下来将对以上所提及的创新观念进行具体解读。

8.2　过程与结果的共生行为

所谓创新观念，就是指在思维上对创新成果与创新成功之间的关联关系有正确的理解和认识。那么该从什么角度对其进行理解呢？在此通过两个方面向大家进行具体阐述。第一个方面就是要认识到"产品创新是一种实施过程与产出结果共生的行为"。我们常常会听到一些关于结果重要还是过程重要的争论话题，有人会认为结果更重要，因为所有的过程都是为了达到某个结果而存在的，如果没有结果作为终点，过程就会显得毫无意义。而有人则会认为过程更重要，因为只有经历过程才会收获结果，这是一个不可违背的事实。虽然这两种说法从字面理解来看都对，但是其中所反映出的最大问题就是在针对这两个方面进行讨论时容易忽略一个东西，即"前提"。所谓"前提"，就是要站在一件具体的事情或具体的问题上来谈论结果和过程之间的关系才有价值空间，否则无休止的争论也只是口舌上的一时爽快罢了。因为"前提"条件的不同会完全影响你对过程和结果的讨论方向。所以在此，要回到产品创新这件事情本身来看待过程与结果，当我们有了产品创新这一具体的事项作为"前提"条件时，要对此讨论的内容就不会定格在谁更重要这样的话题上，而是创新过程的有效性与创新结果的产出之间互为影响的关联性是什么。所以，在第一个方面上，希望大家认识到"产品创新是一种实施过程与产出结果共生的行为"，即从产品创新的层面而言，实施过程与创新结果没有孰重孰轻之说，因为它们本身就是一种此消彼长、相辅相成的共生关系。那么，该如何去看待这种共生关系呢？

以下案例就会让大家深有感受。孙正义先生曾经提出一个理论，称为"时间机器理论"，他认为所有在发达国家验证过的成功模式都可以在发展中国家"复制粘贴"一遍。应着这句话，很多想在服务产品上进行创新的创业者们开始蠢蠢欲动，他们打算把"时间机器"这一理论的操作范围缩小并进行下沉市场的移植。比如，2019年，被称为"付费自习室"的创新发展元年。据统计，2019年在一线城市中"付费自习室"的开设就已经超出了5000家，就在这一服务创新产品发展的鼎盛时期，很多下沉市场的创业者们似乎看到了一线商机，他们认为只要将一线城市中的"付费自习室"产品移植到自己所在的县级市，那么比一线城市低几倍的租金和人工必将成为县级市开设的独特优势，并且由于产品属性特殊，用户的消费目的明确，无须选址在昂贵的地段，不像奶茶店那样需要商圈提供自然客流。甚至位置越偏越安静，消费者们还越喜欢——毕竟在面积本就不大的小县城里，CBD和郊区可能只有15分钟自行车车程，这样的通勤时长是完全可接受的。因此只要将这一验证成功后的结果进行"复制粘贴"，那么"付费自习室"这样的服务创新产品在自己所在的小县城里也能做成一门"买卖安静空间"的赚钱生意。

在此之所以称"付费自习室"是服务创新的产品，是因为在本书中所谈论的产品创新中的"产品"二字，指的是一种泛化形式上的统称，而不仅仅是传统字面理解的有物理化属性的物体才是"产品"，比如杯子、计算机、手机等。那所谓泛化形式上的统称就是指本书中所提及的"产品"涵盖了3种形式范畴，分别是有物理属性的硬件产品、程序化构建的软件产品及空间打造下的服务类产品。所以在此

"付费自习室"就属于空间打造下的服务类产品。回到以上的例子，县级市的创业者们将在一线城市环境下创新成功的服务产品直接移植到了自己所在的下沉市场就真的成功了吗？答案是否定的，因为将"付费自习室"产品进行下沉市场移植的创业者们根本不知道"付费自习室"这样的创新产品所形成的过程和原因。就如一朵在森林里开得很鲜艳的花，虽然它艳丽夺目，但是你只把它的花朵摘下拿走了，却没有在意它的枝干和土壤，那么无论你将这朵花拿到什么地方，它最终都将枯萎零落。将"付费自习室"产品的成功结果直接进行"复制粘贴"的创业者们，他们不知道"付费自习室"产品在实施过程中切中的是用户对第三空间的使用需求和环境差异化带来的溢价基础，他们也不知道"付费自习室"在创新过程中是对网咖、咖啡厅、私教健身房等对标空间的需求挖掘，并通过对空间服务所产生的共性和差异性进行论证分析后所决策的服务创新再定位。他们更不知道在一线城市创新出"付费自习室"产品的发起者所拥有的这份笃定是来自对考研大军备考需求的验证过程和标准化服务方式下的设计流程。所以，他们不仅误读了孙正义先生的"时光机器理论"，也完全不了解在产品创新中，创新实施过程与产出结果之间的共生关系。

　　如果只被绚丽的创新结果吸引了目光，而忽略了反复推敲、验证评估的创新实施过程，那么你的行为就如同在进行一场赌博一样，把押大还是押小的话语权完全交到了"运气"手里，只能听天由命了。在"创新判断"中，决策者或评判者有时会认为开展一次产品创新工作并不需要经历这么复杂的实施过程。他会告诉你在创新屡见不鲜的成功年代，短平快的创新方式才是抢占市场的有效手段。甚至你为创新所付出的一切还会被认为是一种刻意拉长实施过程的低效表现，使我们有时会陷入一种"吃力不讨好"的局面。那都是因为作为创新成果的信息传递者，在创新实施过程与产出结果这一认知上没有与信息接收者达到创新观念上的同频共振，所以才会出现认知见解错位的现象。其实有很多的创新产品与以上"付费自习室"的案例所存在的失败原因都是极其相似的，而最根本的一点就是对创新实施过程与产出结果在共生关系的理解上出了问题，所以才导致对结果进行盲目的

"复制粘贴"。其中最致命的是，看着"复制"很容易，却不知复制而来的成功结果不是哪都"粘贴"得上的。

最后，还需要强调一点，就是大家一定不要将复制粘贴的结果照搬与有理有据的借鉴方式进行概念上的混淆，因为我们常常被蒙蔽于这两者含义上的表象理解中，而并没有对其底层逻辑进行深入思考，所以才导致我们在开展产品创新时容易出现很多错误跟风行为。

如果说我们就此摒弃了不问过程就对创新结果进行即插即用似的拿来主义思想，并且对产品创新的实施过程进行了充分的准备并拥有得天独厚的资源优势，那么就表示一定能够产出一个完美的创新结果了吗？就如在20世纪60年代好莱坞拍摄的西部电影一样，无论导演在剧本中设置了多么大的困难，播放着多么令人紧张的背景音乐，观众始终都会相信外形俊朗的牛仔所持有的左轮手枪里有打不完的子弹，并且会与志同道合的伙伴们一同击败10倍的来犯之敌，牛仔一定会笑到最后。牛仔有打不完的子弹和志同道合的伙伴，就犹如在产品创新的过程中，我们拥有独特的资源优势和综合的能力基础，就代表我们能够像西部电影里的牛仔一样产出一个让我们笑到最后的创新结果了吗？答案是否定的。因为在进行产品创新项目的开展中常常会出现事与愿违的现象。在此所谈论的"结果"与创新是否成功的结果是两个完全不同的概念，创新成果与创新成功这两者之间的关系将在后面进行讨论。而此处依然在谈论的是创新实施过程与产出结果的共生关系问题。毕竟在创新中提升过程与结果在共生关系上的认知理解，能够帮助你重塑创新观念，并且能够让你从更多的切面来审视产品创新的项目开展，同时也能透过其他的产品创新案例看穿内在的归因。西部电影里的牛仔一次又一次地笑到最后，是被剧本塑造出来的结局，而产品创新不是你有了固定的剧本然后按部就班地演绎，就能拥有让你喜笑颜开的产出结果。甚至在产品创新的项目开展中就算拥有独特的资源优势和优秀的团队配置，但依然无法产出创新结果的情况比比皆是。

就如在2019年前后，中国的小家电市场在经历了爆发性增长后进入发展的瓶颈期。一家在国际ODM市场上占据一线地位的家电企业，在针对微波炉产品的创新上遇到了一个问题。而这个实质性的问题就是，虽然这家企业每年在微波炉产品的出口上已经占据了高达40%的份额，并且拥有微波炉相关的技术专利、供应链能力及渠道资源，可以说该企业如果想开展微波炉产品的创新项目，那么他们拥有我们肉眼所见的所有基础和优势。但该企业的创新业务负责人却一脸愁容地告诉我们："为了微波炉产品的创新工作，他们付出了很多努力，也投入了很多资源，却始终无法产出创新的结果。"这就犹如西西弗斯的神话故事一样，为了推动巨石抵达山顶，却每每未上到山顶巨石就又滚了下来。于是不断地重复，永无止境地推动巨石就成了西西弗斯痛苦的日常，就这样他被一件无效又无望的劳作慢慢消耗殆尽了。

因此，之所以说"产品创新是一种实施过程与产出结果共生的行为"，是因为即便在产品创新的过程中采用了可靠的创新方法，拥有扎实的能力基础和得天独厚的资源优势，但是你始终不能产出结果，那你所践行的创新实施过程将变得一无是处，甚至毫无价值。虽然俗话说"没有功劳也有苦劳"，但对于产品创新而言，没有产出结果的"苦劳"过程就是一种无效劳动，而无效劳动就是一种资源、时间和成本的浪费。其实在很多企业中也经常会出现与"微波炉产品"相似的创新问题，所以对于产品创新发起者来说，如果你正在进行一项产品创新工作，那么请举起双手，让所有人看到你的左手紧握着创新过程，右手展示着产出结果。因为只有我们从创新观念上将这两者捏合在一起，才能将过程与结果相互依赖、紧密缠绕的并进关系传递给决策者和参与产品创新行为的伙伴们。最终从根本上重塑对创新的观念，才是决定推动创新巨石能走多远的一切。

8.3　避免"非黑即白"的判断

下面，将从第二个方面来重塑对创新的认知观念，这也是运用于创新判断环节中最为关键的内容。而这一关键内容能够避免创新成果陷入非黑即白的判断泥潭，并帮助创新发起者脱离外界对自身创新能力的质疑。因此，这就是我们需要去认知的第二个方面就是"创新成果不等于创新成功"。

当我们走完了整个产品创新路径，对创新成果的判断结局可谓是有人欢喜有人忧。因为很多见证产品创新经历的人都会一厢情愿地认为，创新成果的产出就代表了此次创新的成功，他们会不由自主地畅想着创新的产品将成为市场的翘楚和宠儿。然而在这种畅想中其实存在着一个很大的落差，这一落差就是产品创新任务的完成和创新产品能在商业市场中掀起波澜、实现增长是两个完全不同的概念。当收敛起自己内心的渴望并认清这一事实，你将创新成果及验证数据等相关的创新材料整理后呈现在决策者面前时，如果创新成果得到了决策者及相关人员的一致认可，那么就将在内部获得全方位的支持，走向市场化也指日可待。这种皆大欢喜的结局无疑是每个创新发起者可望而不可及的。至此，你只需要按照实施规划将产品创新工作继续往下开展即可。但是，这就表示创新成功了吗？答案必然是否定的。这代表你的创新成果得到了继续往下推进的肯定，仅此而已。

然而，在创新判断中斩获如此顺利的决策结局所发生的概率是非常低的。通常在创新判断的最后一个环节中，一定程度上会发生的决策局面是这样的：当你把创新成果呈现在决策者面前，并向他详细阐述验证的过程、客观的数据及创新产品与用户在交互行为上的细节等时，你发现决策者听完后并没有展现出如你想象般的喜悦，他们会沉默片刻，然后向你抛出一个终局问题："这样的产品创新投入市场后真的能产生收益吗？"我相信，当你在这样的局面下听到这句话时，首先会愣住，然后也会在心里质问自己一句："创新成果推向市场后真的能赚钱吗？"在此时此刻，你有底气做这样的保证吗？

其实，这样的局面是创新发起者在企业或组织中推动产品创新时常见的。之所以常见现象，是因为其一，通常情况下，我们对"创新"二字本身就带有偏见，而这种偏见就犹如"成也萧何败也萧何"的历史典故一样。放在商业环境中，会不由自主地将创新产品在市场中的表现所导致的成王败寇，通通归因为创新所致。所以，这也让产品创新发起者莫名地背负了一种"要么成为英雄，要么沦为失败者"的压力。其二，决策者、创新发起者及相关参与者对创新成果与创新成功在构成的理解上会出现各持己见的现象，这是由于角色不同、专业方向不同和职能要求不同所致，非常正常。当创新成果处于被评判的时刻，既可以在创新的构成上存在不同的见解，也可以从不同的专业角度来评价眼前的创新成果。但是，最为关键的一点就是，进行创新判断的决策者及参与者都必须在创新观念上达成一致。简而言之，在见解上可以存在差异，但创新观念上必须达成统一。因为唯有如此，才能让创新成果体现出合理和善意。这就如同一对伴侣一样，他们可以在饮食上存在差异，也可以在生活习惯上有所不同，但是在三观上必须达成一致，这才是感情能够向好发展的基础。因此，如果不想错过每一次创新所带来的机会，就需要在"创新成果不等于创新成功"这一核心观念上达成一致。毕竟，有了对创新观念的一致，才能在实施行为上达成共识，有了实施行为上的共识，才能切实地激发创新的潜力，迸发出增长的价值。

8.4　驱动创新成功的"三维要素"

为了将"创新成果不等于创新成功"这一观念理解透彻，首先，需要对本书中所阐述的"创新成果"和"创新成功"做一个明确的定义。所谓"创新成果"，是指通过运用"产品创新路径"的方法体系所产出的最终产品（最终产品包含软件、硬件及服务类型的产品），而"创新成功"是指最终产品投入商业市场后所带来的增长表现与企业预期的匹配度。通常在创新判断环节中，向决策者及相关人员展示的仅仅是创新成果，而创新成果与创新成功之间本身就存在着一定的差距，也就是说创新成果的彼岸才是创新成功，而并非创新成果的出现就代表此次创新成功了。所以，要将"创新成果不等于创新成功"在观念上进行缝合，同时构建出通往创新成功的彼岸，才是打造创新增长价值的手段。所以，开展产品创新并不是一个人的"战斗"，并且想要创新成功更不只是单靠一个创新团队的托举就能实现的，而是需要企业或组织至少拥有"三维要素"及以上的组合并进能力，这才是将创新成果推向成功彼岸的基石。因此，运用产品创新路径模型所产出的创新成果只是将创新推向成功的"三维要素"之一，也就是说创新成果只是此次创新成为该领域翘楚的必要条件之一，而并非充分条件。所以在我们耳熟能详的创新成功典范里，我们看到这些创新的产品在消费市场中大放异彩，并受到消费者们的关注和爱戴，我们看到那些通过创新打造出来的极致口碑，使消费者用购买力表达着最真挚的热爱。这些肉眼所见的创新成功背后，其实都是企业对"三维要素"在合力驱动下才能收获的成功果实，而并非只凭单一要素的一己之力所能企及的。因此，对以上观念进行了思想上的对齐后，再来进行什么是"三维要素"，以及"三维要素"对创新成功会带来什么样影响的具体解读。

在驱动创新成功的"三维要素"中（见图8-1）产品创新是首当其冲的核心要素之一。因为产品本身是企业进行一切商业活动的支点，而一家企业如果没有产品，那么它就缺失了与商业市场发生关系的媒介，同时也就失去了商业的本质。对于产品创新而言，产品可谓是整个创新行动中的"领衔主演"。因为在创新行动中，如果产品脱离了创新的实施行为，而只想凭借一个产品就能从过去到未来都实现增长无极限的话，简直是天方夜谭。毕竟在任何产品类型中，都有其

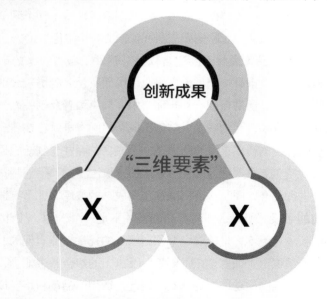

图 8-1 驱动创新成功的"三维要素"

对应的"产品生命周期",不断下滑的产品"生命"曲线终将降落到被淘汰的谷底,并且消费者的需求变化也是推动产品不断创新的主要原因之一。因此,产品创新占据着"三维要素"中最核心的一席之地,它就好比站在最前面的"1",其他两个要素或更多要素都是后面的"0",有了"1","0"才会显得越多越好,如果没有"1",那么后面的"0"都将变得毫无意义。但是,无论产品创新有多么重要和关键,它也只是驱动创新迈向成功的必要条件而已。既然如此,那么在"三维要素"中另外两个要素是什么呢?

如图 8-1 所示:另外两个要素统一用"X"来表示,其含义就是,另外两个要素的构成都来源于不同产品类型下,企业对所需托举的创新使命打造出的具有针对性的能力半径。换句话说,就是由于企业本身的属性、根基以及对创新价值观的差异,所以在创新行动中对另外两个要素在能力上的构建和组成方面也会有所区别。因此,对于不同的企业而言,"三维要素"中所体现出来的内容是存在一定差异的。这也是为何在图 8-1 中,我们没有进行固定的描述,而是用"X"来进行统一表示的原因。

那么,为了推动创新成果走向创新成功,企业所组成的"三维要素"范式会是什么样的呢?接下来,将通过具体的案例让大家更直观地理解"三维要素"对创新成功的作用与影响。

从 2015 年到 2021 年,我国连续 7 年均为全球最大的新能源汽车市场,并且被视为全球第一大新能源汽车的出口国。伴随着蒸蒸日上的新能源汽车发展之际,各车企无疑都在摩拳擦掌、蓄势待发,只为能够在属于新能源汽车的红利期中分得一杯羹。但是,各车企对于新能源汽车在市场分析、政策解读及技术能力等方面的理解和储备上已经非常成熟,所以信息差和技术差已经不再是各汽车品牌能够扎根用户"钱包"的竞争优势。然而,就在各大车企为了让自己能够成为行业新贵并且成功吸引消费者的关注目光,不仅在技术研发上加大投入力度,还在营销上极力传递着品牌故事的同时,一个堪称为新能源汽车新势力的品牌横空出世,它从开启第一辆车的交付,到完成 5 万辆车的交付,仅仅用了不到一年的时间。而这一新面孔所创造出的市场佳绩首先离不开产品在创新上的发力。它以改变出行方式作为产品创新的切入点，并在智能辅助系统的运用上紧密结合了用户的驾驶习惯，从而将创新理念在复杂的道路体系中一点点地实现。然而，这一品牌新秀之所以能够顺利站上新能源市场的主舞台，其聚光灯的背后一定离不开"三维要素"的稳定支撑。其中，产品创新上的突破只是"三维要素"中的重要组成部分之一。此外，它的另外两个"X"要素分别建立在"用户圈"和"组织效率"上。

所谓"用户圈"，就是该车企建立了一个能收集用户即时反馈，并且能对用户反馈展开即时响应的"温室"。在此"温室"里，用户对车企来说不再只是一个订单、一笔购车的交易，而更像是车企为用户打造了一片开放的自由天地，用户可以在里面留下一切与车相关的反馈信息，然后这些用户的反馈信息又反哺成为车企的藏宝库。因为很多创新的思路、体验的改进和重大问题的发现，其实绝大多数都是从车主的反馈藏宝库里诞生出来的。而"用户圈"的关键之处就在于，该车企改变了以往用户反馈信息需要依赖4S店进行层层传达的处境，将3.35万用户装进了自己的"用户圈"，直接向用户收集反馈信息的同时也及时向用户作出反馈。其实，只有让用户知道自己的声音被听见，用户才会不断地提供有价值的反馈信息，这才是达到有效信息交互的核心和关键。

"用户圈"除了成为车主与车企之间的意见反馈和信息获取的渠道，还将售后服务融入其中，给足了用户陪伴左右的踏实感。同时也在用户的心理层面建立起了区别于其他车企只把自己当卖家，觉得企业只在乎单笔买卖，一手交钱一手交货，钱货两清的局面。毕竟买一辆车对于普通消费者来说算得上是一笔较高的支出，况且车辆在驾驶过程中本身就存在着比其他产品更高的风险属性，所以在驾驶中，突发状况下的服务保障能够给消费者带来更多的安全感，从而增加对品牌的信任感。所以该车企在"用户圈"内做了具有针对性的服务布局，搭建了一套驾驶安全保障的服务流程。通过此服务流程实现了车主遇到任何驾驶问题都可以随时随地与相关人员进行联系。避免了车主在遭遇紧急状况下还需要通过拨打400开头的电话，然后按7再按

8才能找到"真人客服"的窘相。之前，就有车主在罗布泊国道315最深处，为了避让对向货车发生了事故，右侧两个轮胎都被石墩撞破了。而由于事故所处的地理位置非常偏僻，如果换了其他品牌的车，车主可能会在一段时间内面临"叫天天不应，叫地地不灵"的现象。但在这位车主联系上了该品牌车的售后服务人员后，售后团队通过服务系统进行信息分发并立刻成立了救援小分队，以最快的速度驱车600公里赶到了车主身边，并在奔向车主的路途中还一直有人与车主保持沟通，安抚其情绪。这次的事件被传开后，不仅在车友内部人人为靠谱的售后服务点赞，还在新能源汽车领域里传递出了一股服务至上的暖流。因此，"用户圈"成为该车企在"三维要素"构建中的其中一个"X"。而这个"X"所带来的影响和价值都成为推动创新成果走向成功彼岸的基石和力量。

"产品创新"和"用户圈"都占据了该车企在"三维要素"构建中的一席之地，而第三个元素就是"组织效率"。或许提及"组织效率"4个字，我们会认为这是极其普遍的管理范畴概念，毕竟每个组织或每家企业都会谈论组织效率的重要性，那么是否可以把它视为"三维要素"构成中的必选项？答案是否定的。在此，该车企之所以能够将组织效率放置于"三维要素"中，是因为他们做到了极致化的组织效率。只有做到极致化的组织效率，才能成为推动创新成果奔赴创新成功的有效驱动力。并且只有在创新的成功之路上贡献出切实的推动力，才能成为"三维要素"其中之一。

通常，有些车企在年销售总量上总是显得平平无奇，其原因并不能单一地指向销售端，而其内部的组织效率低，所导致的车辆交付缓慢、用户等待时间过长也是造成销售量上不去的原因。毕竟，一辆汽车是由上万个零部件组成的，而这背后反映出的是成百上千家供应商需要相互协作才能完成生产、组装、测试及运输等一系列事务。对于全链路周期较长的汽车制造而言，从采购到生产再到销售上的全闭环过程中，只要稍微出现效率上的不足，就会导致一辆车的产能延期，而产能延期在用户端掀起的负面连锁反应，会直接影响品牌诚信。并且，在这样的大型制造产业中有一个很现实的问题，就是车企是一个庞大的组织体,而且员工们一般都会分布于不同的地区。就如该车企的上万名员工分别驻守在杭州、上海及宁波等地办公。所以复杂的生产制造流程再加上多地区的人员协同,无不在管理效率上加大了难度。但是该车企为了避免在各方面效率上造成管理上的疏忽,最终研发出了一套全业务闭环下的"数字化效率矩阵"。他们为了减少异地团队之间的出差频率,将节省下来的路途时间用于投入切实的工作任务中。所以,他们运用了数字化效率矩阵中的"产销云系统"来随时随地开展协同工作,在"产销云系统"中密切对齐销售进度与生产进度,让项目的推进速度有了质的飞跃。不仅如此,无论是该车企的员工还是供应厂商或是销售渠道,都可以通过"产销云系统"实现一站式的关键任务协同。因为对于汽车制造来说,研发、生产、交付及服务都是一个整体。如果只对单点进行效率提升的话,那么对整体而言所存在的价值非常有限。这就像木桶效应一样,如果只提升一块长板,其对整体蓄水量的改变也是影响甚微的。所以该车企构建的"产销云系统"所体现出的最大优势,就是能够全方位且四通八达地进行连接。其实,能够顺利地实现内部连接,只是"产销云系统"整体价值链条上的其中一环。而对该车企而言,在保障了内部效率的基础上,还能与上下游达成紧密的协同关系,才是真正建立起效率壁垒的关键。

同时,为了避免车企管理者以往碎片化的提效方式,"销云系统"实现了一盘棋、一手抓的管理模式,让该车企在打通信息效率的管理上也达到了极致。其实"产销云系统"只是该车企在"数字化效率矩阵"中的一项。被视为巨型组织的制造业,只有让这张庞大的网变得无比灵活,才能真正地将效率提高到极致。所以该车企依然在不断地研发和构建效率的"加速器",而"产销云系统"就是组织效率加速的"发动机"。因此,该车企在极致的组织效率加持下,加快了创新成果奔赴成功彼岸的全过程。所以,"组织效率"也成为该车企建立的"三维要素"中的重要组成部分之一。

如图8-2所示,"创新成果、用户圈和组织效率"成为该车企创新成功的三大支柱。如今,虽然造车新势力之间的竞争已经进入下半场，竞争的主旋律从单纯的拼融资变成了拼规模、拼效率、拼创新、拼管理体系等。但无论怎么拼，"三维要素"的构建对于奔赴创新成功而言，永远都将是最稳健的组合拳。

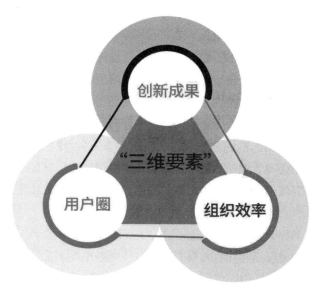

图 8-2　企业驱动创新成功的"三维要素"模型

或许，每家企业所面临的问题都有所不同，又或许每家企业对"三维要素"的构成也存在差异。但是只要对创新观念有正确的认知，那么将创新成果转化为创新成功的概率一定会得到极大提升。并且面对白热化的市场竞争，只要将稳固的"三维要素"一点一点地搭建，就可能为创新带来截然不同的结果。所以，三角形作为最稳定的图形，方可支撑起最稳定的创新。

其实，除了该新能源汽车产品外，还有很多得到市场认可和用户喜爱的创新产品背后，都有着稳定的"三维要素"，一步步将创新成果推进到创新成功的领地。比如咖啡等快消品类在中国的崛起，就离不开某咖啡企业在产品上的一次创新。根据美团发布的报告显示，我国年轻人的人均消费现磨咖啡为 1.6 杯，而日本是 176 杯，美国更是高达 313 杯。相比于宏观的前景概述，对咖啡产品在国内的摸索和创新，更契合当下的主题。对于咖啡赛道的玩家而言，要做产品创新，最关键的就是从咖啡口味上挖掘与国人相匹配的需求点。但是咖啡原本苦中带酸的口感，成为让消费者高度接受的绊脚石。

有一家咖啡企业在本土咖啡市场还不够成熟之际，却看到了年轻消费群体从喝奶茶到喝奶咖的变化趋势。原来中国的消费者喝不惯"美式"，并不是喝不惯咖啡，而是不喜欢苦味。于是就在这个夏天，"生椰拿铁"这一咖啡界的创新产品被推到了消费者的面前。顿时，椰奶与咖啡的融合给消费者打开了全新的味蕾体验，也让"生椰拿铁"这一咖啡创新产品在市场表现中持续大卖，不断售罄。面对小小一杯"生椰拿铁"的成功，很容易会让我们把成功的因素都归结于产品创新这个层面。但在创新成功的归途中，"生椰拿铁"这一创新成果依然只是驱动创新成功中"三维要素"里的一项必要条件。除了实施产品创新这一个要素，拥有其他两个要素的加持，才是最终撑起"生椰拿铁"这一创新成果走向成功。

那么对于"生椰拿铁"这一杯咖啡所构建起来的"三维要素"，除了产品创新，其他两个"X"分别是"生产供应链"和"销售渠道"。对于快消产品而言，评估"生产供应链"是否有优势，一方面要看生产成本的构成，另一方面可以通过出售量进行倒推，反向检验供应链的生产能力。对于"生椰拿铁"这一创新单品，上线仅一年就创造出了1亿杯的销量，在如此庞大的需求环境下，如果让任何普通的生产供应链来承接，都会形成巨大的压力。更何况，在国内外疫情的影响下，对原材料的购置都成为断产断销的阻碍之一。"生椰拿铁"这一创新单品之所以能做到稳定供应，其背后除了拥有对椰浆和咖啡豆等原材料的全世界采购能力范围，还在福建投入建造了第一家咖啡烘焙的自动化工厂来确保稳定的产能供应。作为国内椰浆类产品最大的商业买家及埃塞俄比亚咖啡豆采购的超级大户，在保障原材料的品质择优上还将成本结构优化到了极致。虽然压低原料成本是提升快销产品利润空间的最直接手段，但是销售单价仅在十几元区间内的"生椰拿铁"已经跑在了动辄30元一杯的咖啡品类前面，价格的优势也让消费者在咖啡的选择上再也不会犹豫不决。并且，配合独创的咖啡烘焙自动化生产线让产能输出达到了1.5万吨，完全能够满足年销售

1亿杯的购买需求量。并且自动化生产线的背后所反映出的是稳定的供应能力，而稳定的供应能力才是销量能够常态化增长的基本保障。所以"生椰拿铁"这一创新单品的成功，离不开"生产供应链"这一大构成要素的推波助澜。

与此同时，"三维要素"的最后一个"X"一定非"销售渠道"莫属。对于快销产品而言，销售渠道的重要程度不言而喻。毕竟产品需要通过渠道才能在消费者面前得以呈现，这就好比血液流通一样，心脏负责生产制造，而血液就成了被生产出来的"产品"，然后通过血管这一"渠道"将"血液产品"输送到身体的各个部位，这样整个身体机能才能得以被运转和维持。但是"生椰拿铁"这一创新单品之所以能够如此成功，是因为在"三维要素"的"销售渠道"这一项建立中，超越了普通快销品在销售渠道上的量级和便捷性。

通过自营加联营的门店渠道开设策略，覆盖了一、二线核心城市及多个下沉市场，并且做到了渠道的铺设量高达7000家以上的数量级。如此广阔的渠道触角伸向四面八方，让消费者无论身处何地都能买到一杯心仪的"生椰拿铁"，成为推动此创新单品奔向成功彼岸的桥梁。同时，为了拉近与年轻消费者的距离，通常会选择在年轻人学习、生活和工作的区域进行门店开设，用"5分钟咖啡店"的理念，极力满足年轻人对便捷性的追求。并且此咖啡品牌没有将渠道绝对化进行线上或线下划分，因为你完全可以通过手机进行下单，并将配送还是自提的选择权完全交给消费者自己。所以对线上或线下的渠道定义，对他们来说从来都不是关键，消费者在哪里出现，就应该将渠道的触角伸向哪里，让消费者对产品唾手可得，这才是关键。在同类型快消品中，销售渠道一定是占据绝对优势的竞争力之一，但能做到7000家以上的数量级，再加上购买的便捷性，才是把销售渠道的绝对优势发挥到了极致。因此，对于"生椰拿铁"这一创新单品而言，在"三维要素"中的渠道优势为创新抵达成功彼岸立下了汗马功劳，从而也让咖啡相关的符号和象征的意义不再局限于咖啡豆本身的苦涩口感，而是通过对咖啡口味的创新，让咖啡的魔力在"茶饮大国"中弥漫开来。

该企业通过产品创新，推出"生椰拿铁"后覆盖了咖啡品类中不同人群的"最大公约数"，然后打通全世界采购渠道，建立稳定的生产供应链能力，方可将一杯杯"生椰拿铁"送到上亿的消费者手中。最后蛛网一样的销售渠道在各城市蔓延开来，通过线上融合线下的获客方式将性价比和便捷性推向了极致，就此该咖啡品牌开启了属于自己的规模游戏。所以创新成果、生产供应链及销售渠道不仅成为"三维要素"稳定的构成支点，也成为点燃创新成果飞向"成功星球"的价值燃料。

虽然通过以上案例可以看到不同的企业、不同的产品类型在"三维要素"的构建中都体现出了明显的差异，但是在推动创新迈向成功的终极目标上都是一致的。所以首先要通过产品创新路径模型获得创新成果，有了创新成果作为"三维要素"的顶点后，才能对两个"X"支点进行针对创新的有效构建。然而，在企业对"三维要素"进行建立之前，最关键的还是需要对这一创新观念进行深入理解，而做到深入理解不仅是对创新发起者自身而言，还需要打通决策者和相关创新参与者的思想通路，才能在放大创新成果价值的同时更理性地认识到"创新成果不等于创新成功"的事实。最后，有了对创新观念的深刻认知，再加上对产品创新成果进行完备的内容整理，"创新判断"这个最后环节就将变成属于创新发起者自己的"舞台"，除了需要将创新成果在验证中的表现和客观的数据对决策者进行详细阐述，更需要将创新观念和"三维要素"对创新成功起到的决定性作用向决策者进行传达并在认可度上达成一致。这就是"创新共识"步骤下"创新判断"环节的关键之处，也是对自身创新力打磨和提升的要义所在。

8.5　创新驱动

以上就是围绕"创新共识"展开的所有内容。通过对"创新共识"步骤的实施与开展，得到了最后的价值产出——"创新驱动"。其实，作为产品创新路径模型的最后一项价值产出，只要对"创新判断"环节中的内容进行详读，那么对"创新驱动"的含义也就不言而喻了。所谓"创新驱动"，就是以创新为主轴而启动的一切行为。而启动这一切行为的最终目的就是将产品创新推向成功。所以"三维要素"就是创新驱动方向上的一盏明灯。在"三维要素"中除了有创新成果的构成要素，还可以根据企业自身的基础和资源构建"以产品创新驱动下的渠道策略""以产品创新驱动下的营销策略""以产品创新驱动下的技术保障"等。一切都以产品创新为驱动原点进行展开，又将建立的关键要素反哺回创新本身，这样就能形成最稳固的三角闭环。所以，创新驱动作为最后一项价值产出，除了代表产品创新路径模型在实施链条上的结束，同时也代表创新成果在全新使命下的开始。这一新的开始需要我们充分意识到"创新能否成功"和企业内部的关键角色、核心部门之间都有着密不可分的关系。因为创新成果产出后就不再只涉及创新发起者自己的职责范畴，而是需要凝结各方的独有资源和专业力量并将职责范围圈进行外扩，才能实现在全新的使命阶梯中持续攀登。

如何才符合"创新驱动"的宗旨呢？就是创新成果本身一定要靠谱。所谓靠谱的创新成果，就是运用"产品创新路径"的方法体系，经过一步步推敲后所产出的结果，而不是异想天开下的创新产物和一次运气至上的创新赌注；就是创新发起者在创新实施过程中，始终秉持着对内开放、协作的精神和对外与用户紧密交流的执行方式，而不是闭门造车、一意孤行的行为。毕竟，只有靠谱的创新成果，才能在创新驱动注入资源投入后产生从量变到质变的化学反应。这就像常言所说的："朽木不可雕"，虽然这句话常常用于形容一个人始终无法被改造的现实问题。但是在此，如果你产出的"创新成果"也如朽木一般，根本无法雕琢的话，那么在创新驱动中就算用了洪荒之力也无法改变"创新成果"如朽木般的命运。不仅如此，作为创新驱动之后的全新开始，创新成果就是一个新的起点，在这场"创新接力赛"中，创新成果作为手握第一棒的选手，一定要平稳顺利地将接力棒交到第二棒创新驱动的选手手中，这样才能保有持续领跑的优势及成功到达终点的可能。因此，产品创新成果的可靠程度不仅将对创新驱动的实施与开展带来直接的影响，也将成为"三维要素"能否进行稳定构建的重要因素。

8.6 创新力：当下适用的生存法则

在此，对产品创新路径模型的整体讲述就告一段落了，在完整的"产品创新路径"方法体系中，总共包含三大阶段、四大步骤和八项环节，这些内容不仅向大家传递了独特的创新理念，还向大家介绍了具体的实施方法。毕竟，对于解决产品在创新上的这一棘手问题而言，如果只抱有幻想式的目标，却没有能够抵达的有效路径，那么这种状态就如同停留在室内玻璃上的一只蜜蜂，虽然看似前路无阻，但始终找不到飞出去的路径。最终让自己变得进退失据又焦虑无比。所以任何目标都应该有抵达的路径，任何问题得以解决都必须有行之有效的方法。所谓行之有效的方法，一定是能推而广之的好方法，所以产品创新路径模型这套方法体系对软件类产品、硬件类产品及服务类产品在实施方法和创新思维上都适用。并且产品创新路径模型除了体现出适用范畴的广度优势，每个环节都有独特的创新精粹蕴含其中，在产品创新策略阶段挖掘用户的需求共性，并通过论证的方式得出可靠的创新方向，接着在产品创新设计阶段将抽象的创新概念转化为具象的产品形态，并得到高质量的创新机会点。最后在产品创新决策阶段通过独有的创新评估方法加上高效的深化手段，让用户在创新验证中对创新成果做最客观的评价。所以对于产品创新路径模型而言，它既是有形的创新工具，让大家可以即学即用，同时也是一种无形的创新耳语，当轻柔的声音回荡在耳边时，就能够从此开启大家在创新思维上的境界与升华。

达尔文在《物种起源》中有一段非常经典的话："能够长期存在的物种，既不是最强大的，也不是最聪明的，而是最能适应环境的。"从开展产品创新行为的宏观角度来看，这句话可以视为当下企业的生存法则，毕竟不在时代的浪潮中创新，便会在残酷的竞争中被淘汰。但从个人创新力这一微观角度来看，个人在职场中的起落浮沉，总是与其能够解决多大的问题和能够创造多大的价值息息相关。而如何能够横跨职场经验差给后起之秀们带来的障碍，以及如何能够避免那些被年龄制造出来的焦虑，是每个职场人都将面临的难题之一。然而我现在就要告诉你，它的答案统统藏在创新力里，毕竟人的终极价值就是创造价值。而创新力恰好能够帮助你将创造价值这件事情变为现实，同时跨越经验主义的桎梏想法和摆脱年龄跨度造成的区别对待。

创新力是当下最与时俱进的能力之一，只要能够建立并打磨出属于自己的创新力，相信无论面对什么样的职场环境，都能够很快适应。但是，在这个人力过剩的时代，只会用言语来标榜自己创新能力出众的方式，一定会被有真正"创新功夫"的职场人所碾压。因为创新力既然是一种能力的体现，就一定需要达到一定程度的修炼，才能积累出炉火纯青般的"创新功夫"。所谓功夫，就是必须通过苦练后才能掌握的超高技艺。就如画家、书法家、诗人等都是功夫了得之人，甚至厨师、保洁人员或是干活熟练的工人，也都可以拥有功夫。因为他们都经历过无尽重复的练习过程，直到流干汗水，用尽力气。这就是达到某种功夫境界的唯一修炼方法。所以不要埋怨创新方法不行，创新工具也不够犀利，其实是自己的修炼不够而已。毕竟方法和工具都只是帮助你修炼"创新功夫"的武器。

最后，希望你在实施产品创新的过程中，能够将产品创新路径模型运用得行云流水，刚劲有力！它不仅会成为产品创新的有效路径，也会成为你构建自身创新力的光明路标。

第9章
有效信息获取

" '有效的用户信息'才能推动产品创新在实施过程中的
良性发展, 而并非我们笼统定义的 '用户信息'。"

从信息源的结构层次上去重新认知信息的本质。

在信息时代，无论是在日常生活中还是在工作岗位上，信息俨然已经成为人们做最终决策的重要条件之一。就如当你想购买一件商品时，你会考虑是否值得购买及在哪购买并比较线上线下渠道的价格，会查阅用过此商品的用户评论信息等，这一系列与信息相关的举措，都成为决定你对此商品是买还是不买，以及在哪里买等寻找最终决策的可靠支撑。

其实，从产品在创新方式上的宏观演变来看，都具有不同的创新发展特征。如工业革命开始之初，那时的创新特征主要聚焦于对材料、工艺和产品形态化的统一性探索。而到了工业化中期的消费主义时代，造型和风格的创新方向被推向高潮，多元化和个性化成为那个时代主流的探索路径。最后随着后工业时代的稳定发展，产品类型的颗粒度变得越来越细，市场容量也在不断扩大，产品加服务化的融合性创新形式开始生根发芽。由此可见，每个时代的创新特征都留下了该时代进步与发展的不同足迹。而步入信息时代的当下，除了数字化、虚拟技术等成为先进生产力的核心因素外，信息所包含的内容也不再拘泥于人们通常所认知的范畴，甚至在创新特征逐渐演变的过程中，产品已不再是人们生活中的稀缺品，反而更多地成为激烈市场竞争下的"牺牲品"。所以"以用户需求为中心"的口号得到各行各业的集体响应，同时对用户"心理需求""精神需求"等理念的关注程度也在不断发酵。毕竟在当下的竞争环境中，对产品制造的传统观念及对创新方向的盲目探索已很难获得市场的认可和用户的青睐。因此，传统的生产制造如何从过去的被动需求接收者"反客为主"成为推动加大市场容量的变革者，以及如何撕开隐藏在创新世界背后的未知向往，则是相关从业者需要向时代交付的答卷。

其实谜底就在谜面上，因为围绕产品创新方面的话题发展至今，大家已经潜移默化地塑造出了一个共识，并且也在为此共识进行投入和改变。而这一共识就是在产品创新的实施行为中，认为"用户信息对产品创新的最终成果是起决定性作用的"。毕竟通过对此共识从观念上的认可到具体实施操作后所收获的结果，我们不仅看到了更多创新成功的可能性，甚至看到了在部分领域中已经出现的成功案例。既然在产品创新的实施中能够形成这样的共识，一方面表明各行各业在产品创新上看到的问题具有共通性，另一方面表明大家对"用户信息"在解决此产品创新问题上的重要价值具有一致性。

　　然而经过时间的洗礼，在商业社会的创新局势中，"败者无言，胜者通吃"的马太效应无处不在。在这个马太效应的旋涡中，此共识正在被慢慢瓦解，以致很多时候大家宁愿将创新成功归结于极小概率事件和运气的叠加，从而认为创新之路和蜀道一样坎坷，甚至和"天上掉馅饼"一样离谱。所以这种对共识的短期迷茫和长期困扰让"用户信息"对创新产生的价值不断波动。毕竟实践是检验真理的唯一标准，实践也是探究共识的唯一途径。在秉持"用户信息对产品创新的最终成果是起到决定性作用的"这一共识基础上，在实践的过程中也频繁出现创新无果的现象，甚至还被认为对"用户信息"的重视及具体的实施操作是一种拉低执行效率的行为。事实上，正因为有用户信息对创新价值影响程度的不同观念相碰撞，才能真正认识到用户信息赋予创新成果的独特价值。毕竟没有"不同"，就意味着"唯一"，而"唯一"也并不一定就经得起推敲。所以对于此共识下的不同创新遭遇，我们不应该给予一种固化且不假思索的巴甫洛夫反射，而应该从切实的创新路径中，从共识的概念构成中去探究端倪，解决问题。

9.1　信息与有效信息的差异

　　其实单从"用户信息对产品创新的最终成果是起到决定性作用的"这一内容表层来看，我们就会发现其中或许有一个重要的前提被忽略了，就是"有效的用户信息"才能推动产品创新在实施过程中的良性发展，而并非我们笼统定义的"用户信息"。就好比曾经有人在社交平台私信我说："刘老师，我快本科毕业了，我是应该考研还是出国呢？"很显然，对方的问题是一个无效问题。因为我既不知道对方是男是女、来自什么学校，也不知道对方的英语能力如何以及对方对考研和出国有什么样的理解，在对对方的背景信息一无所知的情况下，就让我给出如此重要的人生建议，就算我敢说对方也未必敢信吧！所以以上的这个问题和用户信息是一样的，都需要评估有效和无效为前提条件。虽然在具体行为上看不出任何差异，就好比无效问题也能收获答案，无效的用户信息也可以照常使用。但无效和有效的前提条件对问题和信息最终所产生的结果会带来天壤之别的影响。因此，只有做到有效提问才能够借助对方的经验帮助自己做准确的判断。同样只有有效的用户信息才能成为瞄准创新方向的那一束红色激光。

所以，有效的用户信息才能对产品创新的最终成果起到决定性的作用。那么，为了满足用户信息有效性这一宗旨，从用户信息的源头就应该确保有效性的延续。因此只有获取到有效的信息，才是确保用户信息具有有效性的关键举措。

所谓"有效信息获取"，就是以围绕创新为基点，通过具有针对性的方法从广泛的信息渠道获取到与产品构成相关的高质量内容。换言之，就是如果希望达到"有效信息获取"这一目的，需要掌握两个方面：其一，深入理解信息的本质；其二，运用有效的获取方法。只有对信息本质有了全面且深刻的认识，方法才能发挥出应有的价值。这一点很关键，因为二者本末倒置的结果就如有很多兵器却不知道如何使用这些兵器一样，显得无能为力。

9.2　创新中对信息的甄别

人们认识世界的方式一直在转变，人类不断采集信息，又将信息转变为知识，再将知识转变为认识和改造世界的方法，或者把信息转变为思想，凝聚成实体的产品，并通过产品改变着人们的生活方式。

前不久，有一位从事创新工作的朋友写信问我是如何找到高质量信息的。当时虽然匆匆回复了一封邮件，但事后并未进行相关的总结。就在前不久，主持一项产品创新的咨询项目时也有同行询问获取信息的方法是什么，这让我突然发现虽然在日常工作中我们所接触到获取信息的概念和方法层出不穷，但是在有效信息如何获取方面并没有系统性的资料能够帮助大家进行参考和学习，而通常人们所能接触到的内容都是零散的，甚至概念与具体方法是被分割的。所以才会在"有效信息获取"的具体实施上出现前期迷茫、后期困扰的局面。

其实"有效信息获取"就是当你在创新实施的开展之初,通过系统性的行为对所需要的信息进行获取和整理的过程。如果缺失了系统性这一行为,那么就必然会削弱信息获取渠道、获取对象及获取方法的有效性。因为有效信息获取与一般情况下的信息收集存在很大差异。以往在开展产品创新工作时,会通过不同的渠道对市场信息、用户需求信息及用户行为信息进行收集,然而通常情况下呈现在我们眼前的是杂乱无章、毫无结构性的信息内容。面对这样的信息内容,我们依然会对其进行费时耗力的"归纳"工作,然后以"拍脑袋"的形式摘取一些"看起来还不错"的信息片段作为支撑自己创新工作的元素。很明显,以上的信息获取和整理的过程是无法达到有效性结果的。由于缺失对信息系统性的理解,对信息的实施行为只停留在收集层面,而非获取层面。因为获取的实施行为应该具有明确的针对性和目的性,应该在实施之前就对信息类型、渠道层次进行适用度的甄别。况且具有系统性的信息获取和整理应该在一个层次分明的整体框架下开展,这样就能够避免信息出现杂乱无章的现象,反而呈现出的是井然有序的内容。所以只有在信息获取源头上进行合理的安排,才能从信息获取到整理再到最后的合情推理上做到良性闭环,最终发挥出有效用户信息对创新成果所贡献出的非凡力量。

9.3　创新中信息的本质

虽然信息收集和有效信息获取从思想到行为上就已经体现出对信息价值的最终影响,但是对二者在概念到行动上的偏差普遍来自我们对"信息本质"的理解。其实用于产品在创新方面的有效用户信息,需要从信息源的结构层次上对其进行认知。

通常,我们可以轻而易举地接触到网络上丰富的开放信息,也可以对用户进行邀约后得到用户的访谈信息,以及通过用户行为所能观察到的行为信息和行业内研究报告、文献等信息内容。这些信息内容无疑都可以成为开展产品创新工作之初的"创新种子"。但是在这些不同的信息渠道中,信息源的结构层次所放射出的是迥然不同的价值因子。以往,人们习惯将不同渠道的信息看成相似的内容单元,并习惯把所有的信息内容都装进一个"瓶子"里,然后加以运用。恰恰是这种潜移默化的惯性思维造成了大家对信息本质理解的偏差,甚至还认为装在"瓶子"里的信息越多越好,这样才能更快地获得创新资格的"入场券"。但是对于信息而言,它们可能只是一个单体元素,而这些来自不同渠道的单体元素未必能组成有价值的信息集合。所以需要深入观察信息的每个切面,根据信息渠道本身所存在的差异性,以及信息源之间的构成关系,合理地对其进行划分和定义,从而对信息进行解剖,最终推动创新发展的"洪波"。

因此在本书中,将信息合理地切割成了4个层次,并从小到大对其进行了排序,分别为元素信息、点状信息、线状信息集和数状信息。在对每个信息层次进行详细解读之前,希望大家先了解的是对"单体信息"而言,就算信息内容之间有着1:1的相似性,但是不同的信息来源渠道决定了"单体信息"的层次归属。就好比一句用户对某项服务的抱怨,如果这句抱怨的信息来源是公共网络,那么它就只能被归属为元素信息的范畴并进行参考。但是如果这句抱怨信息的来源是我们通过观察的方法对用户行为片段上的捕捉,那么就可以将其列入点状信息的行列中。虽然同是一句用户的抱怨信息,但是在公共网络中对这句"抱怨"的背景信息、用户角色、场景描述等信息都是被抽离的。所以其实从公共网络渠道所获取到的只是用户"抱怨"的话语本身罢了,而为什么会出现这样的抱怨是难以对其进行追溯的。但对于在观察情景渠道下所获取的"抱怨"信息相比于公共网络所获取的"抱怨"信息是存在本质差异的。因为完整的用户场景是实施用户行为观察的充分条件,只有在一个完整的场景中,才可以通过观察捕捉到全面的用户行为链条。所以在全面的整体链条上,哪个点上如果出现了"抱怨"信息,就可以围绕"抱怨"信息的原点对上下的关联性内容进行比对,从而有效分析出用户在使用场景中对产品或需求可能存在的"问题"。由此可见,4个信息层次之间对信息深度挖掘的可延展性是完全不同的。这一方面体现在信息的来源渠道不同,所以导致信息本身就存在着深浅程度不一致的状况，而另一方面则取决于不同渠道的信息来源与信息运用目的之间的匹配关系。

9.4　源信息层级划分

元素信息

"元素"是组成生活中每一个事物的最小要素单位。"元素"很重要，但它本身并不具备构成一个"物"或者完成一件"事"的能力。所以单从"元素"来看，它所能发挥的价值本身就是有限的。同样"元素信息"也是 4 个信息划分层次中的最小单位，对于创新而言它本身所能体现出的价值也是相对有限的。虽然人们常常习惯于从公共互联网平台中去获取相关信息，并且互联网平台上的信息内容也非常丰富，但是在丰富的信息内容背后是不同的展现目的。就如通过搜索获取到的信息，通过资讯平台阅读到的信息，以及通过不同的自媒体账号所了解到的信息等。这些缤纷多彩的信息内容，让人们不费吹灰之力就能够轻易触达的背后蕴含着信息内容发出者们的目的取向。或许这些展现在大家眼前的信息内容，有些是对某领域的专业化体现，让大家感受到信息发出者强大的业务能力。而有些则是针对某产品或服务的营销推荐，让大家在不同的内容形式下感受产品或服务的价值内涵。

虽然不可否认的是，这些信息内容无论有着怎样的目的取向，一定有其在互联网上本身留存及传播的意义。但是对于产品创新所需的用户需求信息而言，公共互联网平台所能提供的信息内容都会将其归纳为"元素信息"的范畴。因为互联网上这些零散的、具有复杂目的性的信息内容会让我们不经意间陷入海量的信息泥潭之中。或许在这样的信息泥潭中，可以获取到一些"微量元素"，成为奔赴创新之路上微薄能量的补充。但前提是应该清晰地意识到"元素信息"在创新实施过程中为"有效信息获取"所能贡献的价值是有限的，这也反映出在进行"有效信息获取"的实施行为时对"元素信息"所付出的时间成本应该有所控制，同时对所获取到的"元素信息"内容也应该有所斟酌。

因此，公共互联网平台作为"元素信息"的最大渠道来源，虽然它本身打破了原本受限于传输效率和空间之间的距离，扩大了信息传播的应用半径，但是也不能成为撼动"元素信息"作为信息层次对创新发展效用最小单位的事实。毕竟互联网渠道中的信息内容对有效信息获取想要达到的创新目的，就如牛郎与织女一样看似近在咫尺，但中间却隔着看不见也无法逾越的银河系。

点状信息

不同于"元素信息"的分散和无序，"点状信息"是"有效信息获取"中发挥价值效用的起步层次。因为一方面"点状信息"本身就具备了基本信息的有效性特征，而另一方面则来自获取方式本身的价值体现。所以获取"点状信息"的方式及所斩获的信息内容在以往的创新工作实施中备受青睐。并且"点状信息"内容相比于"元素信息"内容在有效信息概念的运用中，会更具有支撑性和说服力。

虽然"用户访谈"行为作为"点状信息"获取的最佳方式，并且常常让我们认为所有信息来源都是出自用户的亲口所言，因此就可以将其定义为用户对产品需求或痛点的见解，而这些需求或痛点就可以顺理成章地演变成为产品迭代或创新的缘由。就如你收到了一所学校希望对小学段课桌进行迭代的需求，然后通过对老师们进行访谈后发现低年级学生喜欢在课间玩耍、追逐，而课桌的尖锐直角设计往往成为伤害学生们的"罪魁祸首"。所以通过对老师进行访谈所获取到的这一信息内容就可以被称为"点状信息"。当然，根据这一"点状信息"可以说收获了对目前课桌需要迭代的最直接原因，并且可以根据这一原因马上把课桌从直角设计改成圆角设计，这样就可以减少同学们在课间玩耍时课桌的尖锐直角所带来的伤害。对于小学段课桌进行迭代的这一需求，以上做法看上去似乎有理有据、无可指摘。但是信息含义越浮于表面，信息价值就越显得低廉。

如果信息不需要进行洞察和推理就能得出直接结论的话，那么就不是我们所定义的有效信息。毕竟有效信息是需要有一定量和质的信息综合体，并且在产品创新的实施中需要对信息进行推导和分析的处理方式才能为创新实施带来行之有效的用处。虽然"点状信息"的可取之处在于获取方法（访谈）本身带来的可靠性成分，而不足之处则在于"点状信息"本身只是用户对产品看法的局部说明，既然只是局部，就表示它所体现的信息有效浓度本身是不够的。况且只因收到直白的信息内容就忽略了信息与信息之间关联度的重要性，又何尝不是一种以偏概全的行为呢？

通过访谈、观察等方式所获得的信息，之所以被称为"点状信息"，并不是说这些信息本身毫无用处，而是因为这些信息还处于"原始"阶段，它们需要被"开发"后才能成为筑建创新大厦的"材料"。并且通过观察、访谈等渠道所获取的信息只是被访谈者或被观察者的主观认知或行为表现，每个人的个人观点和行为也只能代表他自己所处的角度和立场，而不能就此成为驱动产品创新方向的最终路径。

因此，将通过访谈、观察等方式所获取的信息纳入"点状信息"的层次中。这样既能明确知道"点状信息"的信息层次高于"元素信息"，同时也能清晰地认识到"点状信息"还处于"原始"阶段，不能因某一用户的信息引导就轻易决定朝某一创新方向奔赴。

线状信息集

众所周知，线是由点形成的，再短的线也是由无数个点所形成的。所以通过字面理解就可以得知，"线状信息集"也是由无数个相关联的"点状信息"连接而成的。通常，我们习惯于将所收集到的用户信息进行分类，然后展开分析并得出观点或结论，最后成为指导创新走向的关键因素。虽然从实施流程来看并没有任何问题，但是如果对信息层次缺少认知的话，那么就无法对"点状信息"和"线状信息集"进行游刃有余的连接运用。因为"点状信息"可以从不同的角度结合成不同的"线状信息集"，从而构成不同的结构化信息线索。同样也可以先对"线状信息集"进行关键要素的拆解，然后对某条关键线性要素进行有针对性的"点状信息"获取。因此，最终所形成的不同结构化信息内容就可以为创新方向提供更全面的指引，并带来更大的参考价值。

就好比我们可以按照时间线将同一属性的"点状信息"串联起来，并形成一条由时间维度构成的用户线状信息。这样就可以清晰地看到不同时间维度下用户的需求变化及行为动态，从而为合情推理分析阶段打下可靠的基础。就如上面提及的小学生课桌产品问题，如果将一年的两个学期作为时间线进行"点状信息"连接，就会根据时间维度提取出气候变化等因素并设置成为相关的访谈问题，或以时间长度为节点对学生在不同月份进行系统性的行为观察。因此，相信从时间线状信息中所收获的不再限于"课桌尖锐的直角设计给学生们造成伤害"，其中会发现由于上下学年有着不同的气候变化，而上学年的时间中更多属于夏季，在夏季同学们的行为会较为活跃，活动欲望也比冬季更旺盛，所以磕碰次数发生得较多。而属于冬季的下学年，学生们受穿着的限制在课间会显得比夏季安静，所以发生磕碰的次数也较为少见。通过对这一时间线信息的内容获取，会发现产品在创新方面也有了更广的想象空间。就好比可以把课桌设计成具有冬、夏两种摆放模式的组合，夏天通过课桌的组合方式腾出空间让同学们活动，冬天改变组合方式让同学们可以更安静地待在教室，获得更大的桌面空间。同样是对课桌产品进行迭代，但是随着用户"线状信息集"的形成，对未来创新的可能性也变得更加多元了。

之所以称为"线状信息集"，是因为一方面"线状"表示信息线索具有连贯性，同时对信息深度挖掘的可延展性是高于"元素信息"和"点状信息"的。另一方面体现出它是由不同的线状要素组成的集合。以上的课桌产品我们运用的是用户时间要素来为大家进行假设，此外还可以根据产品类型、创新特征等实施目的，把用户行为要素、用户角色要素等"点状信息"连接成为"线状信息集"，以便能够更有效地对信息进行使用。

除了通过对信息要素进行自主性连接后所获得的"线状信息"，还可以通过特定的渠道直接获取到已经连接成型的"线状信息"。比如具有针对性的领域专家或决策者，他们由于长期专注于某领域的研究和实践工作，并通过在该领域的日积月累，已经把众多零散的信息进行了有效连接，所以他们所表达出来的思想和见解已经构成了线状信息该有的模样，所以这一渠道对"线状信息集"的获取也是另一种不错的选择。

数状信息

顾名思义，"数状信息"就是由客观数据所呈现出的信息内容。在大数据日益发展的当下，各行各业都会将各种指标凝结为一个个清晰可见的柱状图和跳动且客观的数字。数据的表达可谓是体现客观事实的最有力的形式，所以在方方面面都极力追求可量化的指标和更直观的数据表现。不可否认，在产品创新中由数据构成的"数状信息"常常在创新的实施过程中被我们借鉴和参考。就如我们会通过查阅行业内的咨询报告或公司财报来对创新进行横向比对，也会对目标竞品进行网络销售数据的查看来了解同类型产品的市场接受程度，有时还会翻阅相关论文文献里的数据来获取对创新的客观总结。所以，"数状信息"的获取渠道非常丰富，而且我们非常愿意为获取客观数据而乐此不疲。毕竟它已经将非结构化的信息转化为结构化信息呈现在我们眼前，可以为我们减轻很多额外工作量。同时人们会下意识地觉得客观数据可以带来更多的"安全感"，所以都愿意去拥抱它。不然在管理上我们不会孜孜不倦地始终追求"价值可量化"的管理指标，因为这样才能直观地反映出你在职场的"身价"是否与付出成正比。其实在产品创新的实施中，对客观数据的"喜爱"也不例外。因为在创新中还有什么能比拥抱"安全感"更值得可喜可贺的呢？

　　但是，当大家面对呈现在眼前的客观数据喜笑颜开时，却忽略了最根本的问题。首先就是我们正在做什么？我们正在为产品寻求创新的突破口，那么既然是创新，最大的"安全感"恰恰来源于对时时刻刻"不安全感"的警惕，只有抱有这样的创新意识才能通过有效的实施路径将"不安全感"慢慢褪去。其次，通常所能查阅或掌握的"数状信息"背后是某个人或某个团队对行业、领域或产品所表达的个人观点或团队态度。毕竟数据的呈现是具有一定灵活性的，数据所反映出的最终观点更是因人而异的。所以如果在对"数状信息"获取时不带有批判性的视角对其进行查阅或直接就运用的话，无疑会对创新指引的可靠程度带来潜移默化的影响。与此同时，"数状信息"所呈现出的数据虽然具有客观性，但是这些数据在它呈现出的那一刻，就已经成为"过去式"。就好比针对一款户外运动产品，可以在各电商平台统计出它的销售数据，而且客观的销售数据确实能够反映出这款户外运动产品的市场热度，甚至发现它还蝉联了某电商平台的销量第一，严格意义上来说，我们可以称之为户外运动品类的爆品。虽然所获取到的这些客观数据都在朝我们呼喊着"只要做一款一模一样的产品，你也能成为爆款"的咒语，但是要意识到当下这一发展图景所呈现出的这些令人瞩目的数据已经成为我们所关心问题的"过去式"，毕竟只有过往的经历才会形成数据并且被系统采纳和整理。所以，创新是一项面向"未来"的活动。在当今世界，没有什么方法和手段能够将还未发生的"未来"的一切以客观数据的形式形成图谱供我们查阅。所以也不能直接将一个描绘过去成功的数据作为对未来创新的指引方针。

虽然以上问题是造成"数状信息"在创新运用中所带来的局限性的最主要原因，但是也不能就此忽视"数状信息"为产品创新带来的价值和意义。毕竟在演变为"数状信息"之前，信息内容是一个复杂的集合体，而将这个信息集合体转变为客观数据的呈现形式必然要经历繁重的处理工作。并且或许参与数据处理工作的人员的专业不同，社会背景也不同，所以对数据呈现的角度和对观点的看法也会在一定程度上存在差异。正因为有这样的差异，才让我们能看到来自不同侧面对相同问题进行不同层次和角度的剖析。这恰恰也是"数状信息"的独特之处，创新发起者完全可以通过多元化渠道对"数状信息"的获取来拓宽自身在某领域的认知边界。比如仍然以小学生课桌产品创新为例，可以通过查阅一些相关的教育发展报告来加深我们对中小学教育现状的了解，同时还可以对学生行为研究报告进行查阅来了解当下学生的上课行为和发展状况，毕竟对使用者的了解越深入，就能更全面地勾勒出产品的创新方向。不仅如此，还可以比对网络平台各相关产品的销售数据及围绕销售数据所体现的地域性数据等。虽然这些获取到的"数状信息"从另一个角度来说可以帮助我们提升多元的认知维度，但是依然要将它看成硬币的两面，既有帮助的一面，同时也有问题的一面。

9.5 需求信息的"知与行"

当下，任何产品在进行创新时都离不开有效需求信息的推波助澜。以前"酒香不怕巷子深"的理念已付之东流，而如今"你的酒再香"，用户对产品的预期、用户对创新的接受度及用户对创新设计的关注点你都可以不在乎吗？你已经无法单纯地靠散发酒香就能够吸引到用户并愿意为你买单，也千万不要把茅台酒当成自己的对标产品。毕竟对于茅台这类产品，商品只是它的一种属性，此外，它还有藏品属性、投资品属性等。你的产品能做到吗？所以在存量博弈、红利消失但创新精神蓬勃而生的岁月里，用户和消费者对创新产品的市场认可度是我们唯一追求的目标，而这一目标的"根"终于用户必然也始于用户。

很长时间以来，对用户需求的洞察成为企业和创新发起者达成共识的热门话题。虽然大家都为了获取用户需求信息而奋勇争先，但是对各类需求信息背后的"隐藏密码"和"运用解码"却鲜为人知。所以，虽然五花八门的信息渠道让我们应接不暇，但庞杂的信息内容也未必就能炼成"创新的解药"。然而，当了解了产品创新中信息源的结构层次后，才能在面对庞杂信息和信息渠道时更加理性地去看待。在学习如何获取有效信息的方法前对信息源层次进行理解也算是有效信息获取环节中的基本功。

不可否认，用户需求是经济发展的燃料之一。围绕衣、食、住、行这些基础的用户需求都曾在不同时代里成为经济的发动机。稳定获取粮食的需求推动了人类创造工具的欲望并进入了农耕时代，对大量棉质衣物的需求激发了纺纱机的发明，同时进一步引爆了工业革命。随后各细分市场开始增速，五花八门的产品成为后工业化时代的试金石。所以从商业的起点开始，就一直在为了满足用户的需求而前进，至今也是如此。但是相比于以往对用户需求的获取和洞察而言，如今市场中用户需求把握的难度已经大幅提升。所以在当下掌握获取有效信息的方法对于每个创新发起者来说是极其关键的。有了对信息源层级的分辨能力，再拥有落到实处的信息收集章法，才是盘活用户需求与创新指向的前提条件。否则，在推动产品创新这件事情上将变得毫无意义。

第10章
有效信息获取的实施方法

" 人类的大脑有着更适合处理复杂信息的天赋。"
思想意识在迈入执行行为的过程中是容易发生
错位的，也就是我们俗称的"想一套做又是另
一套"。

前面已经对信息与有效信息进行了概念上的区分，也明确了不同的源信息层级产生的价值对创新实施的作用和意义。其实，沿袭人类的整个发展历程，信息不断被演化。人类和其他灵长类动物最大的区别在于，人类的大脑拥有一个特别的部分——新大脑皮层。这一新大脑皮层占据了人类整体脑容量的80%，灵长类动物为65%，而哺乳类动物只有30%~40%。可以说，人类的大脑有着更符合处理复杂信息的天赋。在漫长的历史发展长河中，信息演化的速度和信息密度的扩张都在促使人们不断提升对信息的处理能力。而这种能力程度的体现无疑是对自身所需信息的"有效性"和"目的性"进行筛选和过滤的结果。

当下的用户研究、市场研究等调研方法都与信息紧密相关。就如以往常用于为产品创新寻找突破口的用户研究概念进入中国已经有约20年的时间了。这些从社会学、心理学等学科引入的方法不仅早已被企业或从事产品设计相关工作的同仁们烂熟于心，而且他们还渴望运用这些方法捕捉到有价值的需求信息并成为创新的发力点。但是，通过对这些方法的使用结果来看，事实上情况并不尽如人意。产品创新的实施开展并没有因为这些方法的普及和更多人的使用而变得更加精进，对用户需求信息的获取也没有因为进行了访谈、问卷等实施行为就为创新带来价值提升。但是不可否认在经验主义的依赖下，个人的专业素养对信息获取的质量产生了决定性影响。同样的方法，对于不同的执行者所得到结果的质量深浅是完全不同的。然而，好的方法应该是能推而广之的，是每个人运用后都可以通过条理清晰的执行步骤达到有效信息的获取目的。虽然需求信息的多样性遇到了商业市场的多变性，给产品创新工作带来了巨大挑战，但是需求信息的有效获取是促进创新工作拔得头筹的关键所在。

所以"有效信息获取"是产品创新工作开展的第一个环节，确保高质量的信息收集是此环节价值性和效用性的直接体现，也是为推理环节奠定可靠性的基础。

10.1 "三步搜罗法"之确立目的

当进行"有效信息获取"时，我们会运用"三步搜罗法"作为信息获取的主要实施流程。它们分别为第一步：确立目的；第二步：行动指标分解；第三步：信息采集执行，如图10-1所示。

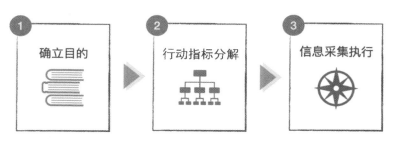

图 10-1　有效信息获取步骤

第一步：确立目的

人类对渴望获取的信息自古以来都是具有目的性的。当穿梭于熙熙攘攘的人群中时，总能在众多的面孔中一眼就认出我们熟悉的人。其实这是因为熟人的面部信息和身体特征信息已经刻画在了我们的大脑中，然后通过大脑的信息比对机制所发挥出的作用而产生的结果。对于不熟悉的、陌生的信息面孔，大脑会自动把它们归类为"冗余信息"并删除掉。大脑之所以会出现这样的运行机制，是因为我们给大脑确立了明确的目的，并只对我们所关心的信息内容进行处理和反馈。毕竟脑力是有限的，如果不对想要获取的信息进行明确的目的界定，那么将会面临海量的信息冲击，从而徒增脑力的消耗，增加大脑的负担。同样，在"三步搜罗法"的实施中，"确立目的"就成了至关重要的第一步。所谓"确立目的"，就是结合不同的产品类型与此次创新开展的战略初衷（从0到1进行产品创新或对现有产品进行迭代）确立所需获取的信息需求特征，避免对不在确立范围内的信息进行无谓的行动消耗。只有确立了具体的获取目的，才能更加高效、准确地细化信息的需求指标，从而指导我们开展信息采集行为。否则，消耗了大量的人力成本或时间成本来给自己喂养的信息反而会带来"消化不良"的反应。所以"确立目的"就如同为信息获取工作扎下了树根，形成了树干，让之后的需求指标细化工作和信息采集行为都能够围绕树干长出价值饱满且结构有序的"信息枝叶"。

但是在以往进行信息收集的工作中，我们更愿意将重点直接放在信息采集的行为方式上，所以会认为，只要做了与用户面对面的访谈这一行为，就能获得有价值的创新需求或改进意见。只要对用户行为进行了好几天的观察，就能获取到用户对产品外观、功能或使用场景上的需求看法，从而成为产品的创新方向。其实，如果有价值的需求信息通过照猫画虎的行为方式就能获取到，那么现在满大街出现的都应该是满足了用户需求的"爆品"，并且每家企业都照此进行，就再也不用担心创新所带来的风险了。然而事实并非如此，所以需要按照"三步搜罗法"的实施流程，通过第一步"确立目的"为有效信息获取打下坚实的基础。

10.2　围绕"需求特征"确立获取目的

如果说产品创新路径模型的实施目的是围绕"创新成果"而展开的，那么用户需求特征的划分就是围绕确立信息获取目的而构成的。所谓用户需求特征，就是围绕产品本体与用户关切的需求点为创新切面进行主要维度的划分而形成的。主要用于确立需求获取目的的明确指向，并形成信息获取框架，指导信息获取行为。所以围绕软硬件产品和服务类产品将需求特征划分为：功能需求特征、场景需求特征、风格需求特征、交互需求特征、行为需求特征和感知需求特征，如表10-1所示。

表10-1　需求特征分类

硬件及软件产品	服务类产品
功能需求特征	功能需求特征
场景需求特征	场景需求特征
交互需求特征	行为需求特征
风格需求特征	感知需求特征

根据不同的产品类型，以及创新的战略初衷和创新投入的人力情况等，可以选择适合的需求特征作为确立此次信息获取的目的。也就是说，如果你正在为一个便携式保温杯产品进行创新工作，那么可以选择场景需求特征和风格需求特征作为信息获取的目的。当然，如

果正在为咖啡机产品进行创新实施，那么可能需要对应表格里的内容，确立 4 个方面的需求特征为获取目的。因为产品类型的不同对需求特征在选择上是起到关键性作用的，如果需要进行创新的产品本身就具有较高的复杂度，那么只选择一个或两个需求特征作为信息获取目的，可能会造成信息盲区，从而对下一环节的合情推理工作带来影响。所以应该根据产品的本体属性和复杂程度来对需求特征进行选择。下面将对每个需求特征的具体含义进行简要概述。

- 功能需求特征：功能需求特征是绝大多数产品（含服务类产品）都具有的一项基本特征。它主要表现为用户在使用或体验产品的过程中产品是否满足了用户的使用或操作目的。用户会对产品功能的缺失、不足和期望等使用或体验状况进行需求描述。功能需求特征的信息获取有利于我们了解产品本体功能的使用权重，以及用户对功能表现的满意度和期望值。

- 场景需求特征：场景需求特征是用户对产品所处的环境、空间及使用场域的需求表现。不同场景和细分场景不仅可以为用户需求创造机遇，还能够让用户需求因满足特定场景而开拓出创新契机。所以，场景需求特征是开展创新工作不可忽略的重点信息获取方向，也是我们应该持续关注的"创新洼地"。

- 交互需求特征：交互需求特征主要针对软硬件产品类型，是指在特定情景下，用户对产品使用过程中的行为流程、操作流程及交互模式的综合体现。交互需求特征是从微观层面对用户的使用过程进行信息获取，了解产品与用户使用过程中的默契程度。

- 行为需求特征：行为需求特征主要针对服务产品类型，是指服务侧人员的服务行为对接受服务的用户所传递的行为语言是否清晰，行为表达是否准确。因为服务侧人员的肢体行为、形态表现等本身就是服务产品的重要组成部分。所以通过对用户在行为语言和行为表达上的信息获取，能够发现服务细节为整个服务流程带来的影响，并通过对服务行为上的创新优化更好地体现出服务温度。

- 风格需求特征：风格需求特征只针对软硬件产品类型，主要是指产品的造型、色彩、材质及表面工艺给用户带来的产品印象，也是对用户传递产品价值的直观体现。用户会对不同的产品风格产生不同的喜好和看法，以及成为最终购买的理由。所以，挖掘用户对产品风格的需求倾向有利于帮助我们开展更灵活的创新方式。

- 感知需求特征：感知需求特征主要针对服务产品类型，是指在服务的过程中，用户对其所产生的价值判断。虽然不同的用户对同一服务形式所产生的主观感受不一样，但在面对相同的服务问题和处于相同的服务环节时，对服务感知的倾向性是趋同的。所以对服务感知特征的信息获取能够帮助我们在服务体验上找到与用户预期更匹配的创新价值。

以上所划分出的6项需求特征基本涵盖了软硬件产品和服务类产品所涉及的所有创新切面。当把每一项需求特征集合在一起时，就会拼接出一个"信息获取立方体"。"信息获取立方体"的出现不仅确立了清晰的信息获取目的，还形成了可控的信息获取边界。但在人们惯常的认知中，最重要的往往是例行的采集手段（如访谈、观察等），因为这些显性化的行为只要做了似乎就能看到收获。然而实际上，对于有效信息获取来说，最重要的其实是"确立目的"，因为信息质量和采集效率才是信息获取行为所要追求的本质。

10.3 "三步搜罗法"之行动指标分解

众所周知，通常的日本家电从业者对技术细节都有一种走火入魔的执着，比如电视机的厚度每减少1厘米，都会让研发团队获得极大的快感。为此，日本学者汤之上隆在《失去的制造业》一书中说："这不过是技术人员的自我安慰，实际上是一种自私行为。比起超出人眼分辨范围的高清画质，世界上更多人所追求的是使用的便利程度、高端大气且匠心独运的设计，以及从未体验过的独特功能。"可见，汤之上隆将自我对技术细节的过度追求，重新拉回到了用户对产品需求的见解上。毕竟无论是多么领先的技术，都需要一个真实的用户需求支撑其进步。所以，用户需求才是同类产品间在市场中拉开差距的主因，也是产品进行创新构成的根基。

"三步搜罗法"中的第二步"行动指标分解"就是基于用户需求特征分解出想要获取的具体内容，并成为信息采集执行的指导方针。也就是说，"行动指标分解"就如同伸向用户需求的"触角"，而"触角"延伸的方向和深浅程度完全取决于"行动指标分解"时的不同角度和分解颗粒度的细化程度。首先从基本方式上看，"行动指标分解"行为与通常进行目标拆解的工作方式有很高的相似度。比如我是一名电影院的运营总监，我这个月的运营目标是增加电影院的营业收入，那么为了更好地完成这一目标，我要做的工作就是对增加电影院营业收入这一目标进行拆解，才能转化为有效的实施行动。为此我首先将增加电影院营业收入这一目标拆解为两大板块，分别为"增加票房收入"和"增加广告、餐食等非票房收入"。然后我将"增加广告、餐食等非票房收入"这一板块继续往下拆解为更趋向于行动的内容，即"引入其他新业态"。接下来就可以将"引入其他新业态"拆解为具体的行动计划，比如与唱吧、收费按摩椅等第三方产品提供商进行洽谈，或者与品牌商组织联名活动等方式作为增加电影院营业收入这一目标的执行主张，如图10-2所示。

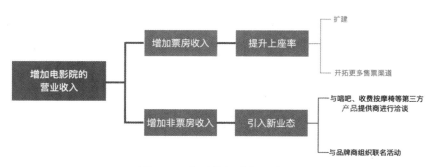

图 10-2　行动指标分解示意图

通过以上电影院的例子可以认识到对一项工作任务进行目标拆解的基本方式。其实目标拆解的价值体现就在于将想法落实为具体行动，通过行动所产生的效果反向检验想法的可行性，从而找到可达成目标的最优解。所以目标拆解对于不同的工作任务都有很高的适用性，因为拆解过程不仅是一个不断进行思考的过程，更是一个从目标出发再精准回归于目标本身的过程。因此，在"三步搜罗法"中"行动指标分解"不仅继承了目标拆解行为的价值内涵，还在实施方式上体现出了异曲同工之处。但不可否认的是，由于产品创新的特殊性与完成目标任务这一普遍性之间存在一定的差异，并且解决普遍问题和解决创新问题所奔赴的结果属性是完全不同的，所以在实施行为的基本面上，"行动指标分解"与通用的目标拆解在操作模式和思考方式的本质上还存在一定区别。

可见"行动指标分解"位于"三步搜罗法"的居中位置，既然占据了整个方法的居中位置，就代表不仅需要表现出对上一步骤明确需求获取目的的把控力，还需要为下一步骤信息采集执行的产出质量进行负责。所以从"行动指标分解"所处的位置可以看出其重要程度，毕竟"行动指标分解"是逐渐将信息获取目的进行可清晰化并直到可执行层的关键节点。因此在进行具体实施的过程中，一方面要从产品本体出发对上一步确立的需求特征进行对应分解，另一方面为了衔接采集行动，需要形成产品本体与需求特征的具体获取描述，最终输出可被执行的信息获取脚本。

比如我们围绕的是一款家用沙发产品，并且在有效信息获取中"功能需求特征"是我们确立的获取目的之一。那么首先要做的就是围绕沙发产品本体进行相关的功能分解。从产品本体出发可分解出乘坐功能、休憩功能、小件物品收纳功能、充电功能和移动功能。然后根据从沙发产品本体中分解出来的这5项功能点延展出信息获取的方向描述。这里所说的信息获取的方向描述是指创新团队成员首先要对获取的需求特征维度建立起自身的期望框架，也就是说，创新团队成员要对所涉及的创新产品有足够的了解，这样才能对应所分解的特征点指导我所要延展的获取方向是什么。如果你对所需创新的产品在使用上一知半解，那么在开展信息采集时就会如同无头苍蝇一样，到处乱撞，最终对于达到信息获取有效性这一结果必定遥不可及。其实在

"三步搜罗法"中前两步的重点都在于"自知",而"自知"就是要求创新团队先从内部建立起对有效信息获取的本质认识,并摒弃以往进行信息获取时行为大于思考的不好现象。因为只有创新团队自身确立了信息获取的目的,结合自身对所需创新产品的了解深度并输出信息获取的内容方向,才能最终形成有效的行动指标。

所以从自身的视角出发,可以从产品的两个切面对每一个需求特征点进行延展,它们分别是产品的"基本面"和"期望面"。所谓产品的"基本面",就是构成产品的最基本要素,它是产品之所以能称为产品的充分条件。"基本面"是产品构成的基础,就好比设计的沙发产品必须具备让人坐这一基础属性,并且需要符合人体乘坐尺度的规范和要求。虽然"基本面"是构成产品的充分条件,但是就当下产品的工业化发展程度,几乎大多数产品都满足了产品在"基本面"上的合理性。所以如果还是以沙发产品为例,对分解出的"乘坐功能点"进行获取方向延展,会发现沙发品类在产品"基本面"上的成熟度是非常高的,无论是符合人体乘坐尺度的方式,还是围绕乘坐而进行的相关部分的延展,都已经被设计得非常完善。对于此类产品,更应该把信息获取的延展方向放在产品的"期望面"上。

所谓产品的"期望面",就是产品除基本性质外可被赋予的新意义和多元属性。产品"期望面"是信息获取方向上需要着重进行延展的产品切面,特别是对于"基本面"已经足够完善的产品类型。从产品的"期望面"对信息获取进行延展,不仅能建立较为立体的信息获取思路,还能在各角度的信息布局下尽可能地审视产品全貌。所以还是以沙发产品的"乘坐功能点"为例,从产品"期望面"的角度出发,我们延展出的信息获取方向可以描述为"符合躺卧功能的乘坐方式"。由此可见,躺卧的乘坐方式与常规乘坐对沙发产品所要满足的功能要求是不一样的,这是由用户的行为变化而产生出来的需求变化,从而对沙发产品在功能的设计上带来影响。如果将这一信息获取描述定格为我们所渴望获取的信息方向,那么"符合躺卧功能的乘坐方式"就成为信息采集的行动指标之一。当然,"乘坐功能点"从产品"期望面"的角度来看,还可以延展出"符合会客功能的坐席方式""符合电视观看功能的坐席方式"等，以此来作为信息采集的行动指标。图10-3所示为行动指标分解图示解析。

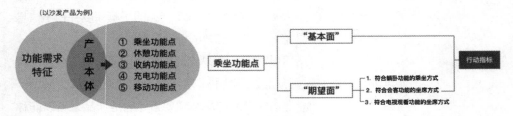

图 10-3   行动指标分解图示解析

然而在进行需求特征点延展的过程中，最终行动指标的呈现数量是没有具体衡量标准的，也就是说，从产品本体中所分解出的"乘坐功能点"最终可能只延展出了3条行动指标，而在所分解出的"休憩功能点"中总共延展出了6条行动指标。这是完全合乎常理的，毕竟产品本体所存在的差异会对不同需求特征下的分解内容产生影响，从而也会对所延展的行动指标造成必然的数量差别。同样，创新团队自身对想要获取信息切口的广泛程度也是影响行动指标数量的主要原因之一。

由此可见，可以从"基本面"和"期望面"来对产品本体所分解出的内容点进行延展描述。如果此创新的产品在"基本面"上已经过于饱和，就可以立足于产品的"期望面"重点进行延展。因为我相信，对于任何产品而言，都可以在"期望面"中找到可延展的行动指标。但是在产品的"基本面"上仍然不可忽视，因为它犹如被放置在最前面的"1"，而产品的"期望面"就是被放置在后面的"0"。只要有了"1"，那么"0"就越多越好，但是如果没有"1"，再多的"0"都会变得毫无意义。

10.4 "三步搜罗法"之信息采集执行

众所周知，无论多么重要的决策、制度、方式、方法，都需要在执行的过程中得以检验和不断修正。在"三步搜罗法"中也是如此。如果无法对有效信息获取赋予落到实处的执行，那么我们就只是思想上的巨人、行动上的矮子。因为执行本就是一次对思想的兑现，也是将执行力体现为战斗力的最好名片。虽然对于执行本身而言，执行能力、执行动机和执行态度是保障所有执行工作顺利开展的基础。但除此之外对于"三步搜罗法"中的"信息采集执行"而言，还需要做到有"路标式"的执行准备和"递进式"的执行方针，才能为最终的"有效信息获取"结果保驾护航。

其实有"路标式"的执行准备是对于上一步骤"行动指标分解"中所做的一切而言的。毕竟执行方向是帮助我们辨识如何获取所需要信息的重要路标，也是避免在执行过程中对信息源进行盲目选择的一把戒尺。所以只要我们为执行准备好了"路标"，就可以通过多种执行方式对想要获取的信息进行有目标性的采集。就好比如果你正在外地旅游，晚上想在当地吃一顿地道的四川火锅，那么"地道的四川火锅"就是我们所形成的一条行动指标。而这一行动指标也成为你进行信息采集时的"路标"。沿着此"路标"的方向出发，可以通过各种采集方式获取到相关的信息，以此作为达到吃一顿"地道的四川火锅"为晚餐的目标。可见，围绕这一"路标"可以通过检索点评软件的方式采集到与火锅餐厅相关的客户评价信息。同时，还可以通过拦访的方式向当地路人采集关于四川火锅哪家更地道的信息。甚至还可以根据这一"路标"草拟一份访谈计划，专程对当地的火锅美食名家进行深度访谈来获取相关信息。不仅如此，较真的你还可以蹲在火锅店门口对进出的顾客进行行为上的观察，以此来成为采集火锅店地道程度的有效方式。因此你会发现，只要在"信息采集执行"的过程中做到有"路标式"的执行准备，就可以通过多种多样的方式对信息进行有针对性的获取。

在此所说的"路标"，就是在上一步骤中所延展出的"行动指标"。之所以会在"信息采集执行"步骤中再次强调"行动指标"的重要性，并将其视为信息采集前需要体现的关键"路标"，是因为"行动指标"是我们构成信息获取方向上的思想意识，而"信息采集执行"是切实的执行行为。思想意识在迈入执行行为的过程中是容易发生错位的，也就是俗称的"想的是一套，做的又是另一套"。所以为了避免出现这种现象，需要在信息获取方向的版图上插实每一个"路标"。这样不仅能够让思想意识和实施行为形成合拍效应，还能够从每一个单点的"路标"出发，最终勾勒出全面的"信息立方体"，如图10-4所示。

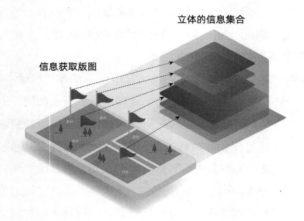

图 10-4　信息立方体

10.5　何为"递进式"的执行方针

其实对于当下比较主流的信息采集方式在以上"地道的四川火锅"的例子中已经几乎涵盖了，即通常习惯运用的"用户观察""用户访谈""问卷"等信息采集方式。首先在为大家阐述何为"递进式"的执行方针之前，需要先明确的是本节内容重点不在于教授大家如何进行观察，以及如何设计访谈脚本等具体的操作性事宜。因为这些具体操作性的教授内容在当下已经是遍地开花的景象，所以我并不认为这些还会成为你开展信息采集工作的绊脚石或盲区。一方面，对于信息采集时的具体操作方式在真抓实干上是否贯彻到位，将对有效信息获取结果带来直接影响；另一方面，如果对这些具体操作方式在递进关系上缺乏认知和警惕，将造成用户需求信息的缺失。

通常对于访谈、观察、问卷等方式在实际操作的方法上已经相对成熟，但对这些实操方法在相互关系的定位认知上却相对空白。所以"递进式"的执行方针就是在信息采集的过程中遵从由浅到深、从广泛到专精的顺序进行层层推进的举动。也就是说，这些实操方法之间有一种递进关系存在其中。其实进行信息采集的整个过程就好比是一篇完整的乐章，"路标"就是乐章的主题，而实操方法就是每一个"音节"。在以往开展信息采集时，习惯对每一个"音节"进行随意拼凑，也就是要么访谈、问卷并行开展，要么问卷先行再进行访谈，最后还要开展一场观察。

但是，我们都知道乐章之所以动听不仅是因为乐章中每一个音节的存在，更重要的是乐章中每个音节之间的配合关系的合理性。所以，如果忽略了这种内在的配合关系，那么乐章的优美旋律也将不复存在。因此，在运用信息采集操作方法之前，需要先思考清楚这些操作方法之间的出场顺序，合理的出场顺序将带来硕果累累的信息收获。反之就会演变成为一个虽然采集行动做得非常积极，但拎着几大筐让你无从下手的信息。虽然在你的筐子里肯定存在有价值的信息内容，但是在这繁杂的信息量级中再次对信息进行清洗的难度可谓大海捞针一般。认知到操作方式之间所存在的递进关系，就能帮助你在开展信息采集时提高工作效率，并且让有效信息更加有层次地浮出水面。

当我们对采集操作行为有了明确的"递进"关系这一认知后，接下来就可以根据所需获取信息的产品类型和产品属性开展信息采集工作了。就如当初开展针对机场服务的创新项目时，我们正处于"有效信息获取"的实施环节中，所以"行为需求特征"成为我们确立的信息获取目的之一。从"行为需求特征"中延伸出了"用户在机场的值机行为"作为其中的一条"行动指标"，也就是到了步骤三中我们所说的"路标"。有了执行"路标"再秉持"递进式"的执行方针这一理念后，就排布出了针对"用户在机场的值机行为"这一信息在采集操作方式上的出场顺序。

首先我们采用了专家访谈的方式，对机场服务专家进行约访。然后通过行为观察，对旅客在值机时会出现的行为进行捕捉。最后通过问卷的方式，对旅客进行大范围的信息收集。可见，对于此"路标"在操作方式上所设立的出场顺序为：① 专家访谈；② 行为观察；③ 问卷。之所以会设立这样的出场顺序，是因为机场的值机环节集聚了较高的专业度、规范性及流程化体系。如果不先对机场专家进行访谈的话，就无法深入了解与值机相关的专业内容和值机相关的行业规范。而对于机场这一庞大的交通枢纽平台，值机流程所存在的硬性条例和标准都是我们在进行服务创新时需要严格遵循的首要条件。所以，先对专家进行访谈不仅可以帮助我们输入一手的专业信息，还能让我们在之后的执行操作中更有洞见地对需求信息进行捕获。因此通过专家访谈后，下一步选择运用行为观察的操作方式对旅客用户值机时的行为举措、行为细节及行为反应进行相关信息的采集。我们会将专家访谈中所获取到的信息内容运用到观察的过程里面，甚至会制定成为进行旅客行为观察时的具体指引。因为专家的见解是基于机场的法规、条例而形成的经验和标准。有了这样的标准尺度，就能更好地判断用户在值机时的行为哪些可以被收纳为有效信息，哪些是冗余或者无效的行为信息了。最后我们就能运用问卷的方式让更广泛的机场旅客参与到为积累更多有效信息的序列中来，并发挥问卷方式自有的便捷性和量级优势，以前期所获得的值机专业性内容和旅客的行为体现为基础，将在更大范围内收集旅客在机场值机时所产生的行为表现和内在感受，如图10-5所示。

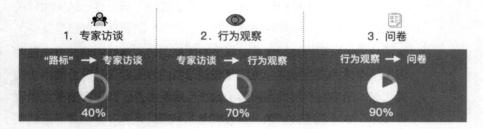

图 10-5　行动指标：用户在机场的值机行为示意图

　　就这样，通过层层递进式的操作方式对旅客在机场值机行为中的有效信息进行了检索和获取。可见，操作方式在运用时的合理排序是一件看似不足为奇的举措，却在"信息采集执行"中起着秉要执本的关键作用。

　　同样，对于一款互联网打车产品在"信息采集执行"的过程中，"出租车载客场景"这一行动指标就成为我们需要进行信息采集的

"路标"。为此秉持着操作方式上的"递进式"执行方针，采用的是先观察、再访谈的实施顺序。因为相比前面提到的机场服务创新项目，打车场景显然没有太高的专业壁垒。而且这一场景是日常生活中常见的通用场景，并且传统的打车方式对于绝大多数人来说已经有了固定的行为范式，所以可以先通过对打车人群进行观察，就能够捕捉到用户在传统打车场景中的信息路径。然后通过对载客场景进行观察所得到的信息内容进行整理和提取，就能形成访谈大纲和进行访谈操作时的询问脚本。按照访谈大纲和询问脚本，就可以对司机和乘客进行有针对性的深度访谈，并在此访谈的执行中获取到关于"出租车载客场景"这一"路标"下的有效信息。

在此值得注意的是，在互联网打车产品的"信息采集执行"中并没有采用问卷的操作方式，这是因为对于此产品的本体属性和打车场景的实际情况，只需要对 30 个典型用户进行深度访谈，就能在"出租车载客场景"中得到 85% 以上的信息内容。而这一典型用户的数量级是根据一般统计学标准而制定的。也就是说，对于轻量级或共性较为明显的产品类型而言，筛选 30 个左右的用户样本进行深度访谈所获取的信息辐射范围已经能够涵盖 85% 以上的群体了。所以对于这款互联网打车产品，在"信息采集执行"的环节中只需从观察递进到深度访谈就足够了，并不是以往所认为的在信息获取的操作方式上做得越多就越好，执行的合理性才是确保信息数量的同时加强信息质量的关键所在，并且强化对信息采集操作方式上的认知才是达到合理性的基本原则。

10.6　何为"典型样本"

在"有效信息获取"环节中，还需要遵循两项重要的实施准则作为信息采集的执行方针。一是"确保信息样本要足够典型"，二是"典型样本量要足够大"。这两项准则的基本概念将在下一章的"合情推理分析"环节中进行具体阐述。所以在本节中，主要围绕"有效信息获取"的具体执行方式进行有针对性的解释。

首先，此处的"典型样本"包含了典型用户和样本信息两层含义，具体是指需要从典型用户所提供的需求信息中选择出可成为样本信息的内容。换言之就是，尽管你信息获取的对象都是典型用户，但是所提供的需求信息也并不能完全称为样本信息。因为样本信息需要有代表大多数用户共性的基本表现，也就是说，样本信息需要能够满足群体现象，而非个体体现。其实，当下对典型用户的招募方式已经非常成熟，只要能够给出具体而详细的用户类型描述，市面上具有"市场研究"业务的企业就可以为我们提供用户招募的服务项目。由此就可以得到大量符合我们需要的用户类型，然后经过对这些用户进行核实和确认后，就能划定出所需的典型用户了。明确了典型用户之后，接下来就要从典型用户中所获取到的需求信息里选择出所需的样本信息。

样本信息是以用户共性反应为出发点的信息内容，之所以在需求信息中拥有共性表现的内容才会被定义为样本信息，是因为我们进行创新的初衷在很大程度上是指向普遍性市场和大多数用户的。虽然在万花筒般的商业市场下科技极客和发烧友们所衍生出的个性化产品比比皆是，但是如果你仍然是一家看中市场规模，希望从销量上获得增长的企业或组织，那么"不走寻常路"的创新意图就并不适合你。也就是说，需求信息中的个性化反馈与你所预期的市场表现是不匹配的。虽然求同存异是产品在商业市场中的发展常态，但是群体现象依然是基本表现，而小众化的需求观念仅是局部体现罢了。

就如前面所提到的针对沙发乘坐功能的信息获取，当在需求信息中选取信息样本时，我们发现了两个有着差不多年龄、收入及教育背景的用户，同时他们还有着在晚饭后坐在客厅沙发上观看电视的相同习惯。但是当我们看到他们对此所进行的需求信息描述时却发现，A用户因为练了多年的瑜伽，所以她喜欢在沙发上保持盘腿而坐的姿势。而B用户没有这个习惯，她更喜欢放松身体随意地躺卧在沙发上。对比A、B两个用户的坐席方式，就可以察觉到能像A用户那样练习瑜伽多年而习惯于盘腿而坐的用户并不多，这是少数用户中的个别体现。而相比之下，B用户的坐席方式更能代表大部分用户的习惯共性。因此会选择B用户所给出的需求反馈作为样本信息，并进入"合情推理分析"实施环节中。再如，进行"出租车载客场景"的信息采集时，发现在获取的信息内容中有乘客对出租车空间内的清洁标准有着严格的要求，为此他在进入车内之前会用自带的消毒水擦拭座位、安全带及他可能接触到的每一个地方。相较于大多数乘客对出租车空间内的清洁标准只是司乘都佩戴口罩和车内干净整洁的要求，相比于共性标准的体现而言，该用户对出租车内空间有着更高的个性化清洁要求。因此，类似于小众化的需求信息就会被我们排除在样本信息的选择范围外了。

其实从典型用户的需求信息中选择出的样本信息所指向的是普遍意义上的群体偏好和共性体现，而并非某个用户的个人感受和小众行为。因此"确保信息样本要足够典型"的准则中所蕴含的深刻思想是"减法才是应对需求信息无序与纷杂的思维法则"。

10.7 "典型样本量要足够大"的尺度建议

在"有效信息获取环节"中，"典型样本量要足够大"也是实施开展时需要遵循的重要准则之一。在此，我们所谈及的"典型样本量要足够大"是一个相对的概念，它并不是说需要招募的典型用户越多越好，也不意味着在大量的典型用户基础上选择出的样本信息越庞大就越可靠。在此对典型样本量要足够大的尺度是有划定标准的，而不只是对典型样本数量级的盲目追求。

其实依据统计学的基本原理，不同的信息采集目的，其达到信息"饱和度"的阈值区间是不一样的。所谓信息"饱和度"，主要是指在进行信息采集的过程中，由于采集的信息量级已经到了相对应的阈值区间或已超越了阈值区间，即便我们再努力地开展信息采集工作也不会获取到新的信息内容，并且获取的信息还会出现重复的现象。这就表明对信息的采集已经达到了"饱和"状态，同时也在暗示我们避免无用功的投入。

就好比我们运用访谈的方式进行信息获取时，为了能够达到信息获取目的及建立信息的有效性，那么典型样本量的阈值区间在多少较为合适呢？一般而言，深度访谈所需的典型用户数量为20~30人，也就是说，根据产品属性的复杂程度及我们所需获取的信息维度，如果你运用访谈方式的话，那么只需要招募20~30名典型用户就能达到想要的信息浓度了。而不同的采集操作方式之间对典型样本量的要求是不一样的。相比访谈方式，采用问卷方式进行信息采集的话一般则需要从100~200个典型用户中选择出样本信息才能达到"饱和"水平。同样，相比访谈和问卷这两项采集方式，对于观察的采集方式就没有一个固定的数量作为衡量标准了。因为观察涉及的环境因素、观察对象是存在很大随机性的。并且观察者对用户行为和交互模式等细节的捕捉只能用深浅来评估，而不可被量化。所以运用观察时需要我们更加灵活地对待。一般情况下，当观察到用户的行为开始出现重复、稳定的现象，并且没有过多的新行为信息出现时，则可以表示为信息已经进入阈值区间内了。因此，以上就是对各种操作方式在典型样本量要足够大的准则中给予大家的尺度建议。依托这一准则建议，能够帮助大家在信息采集时建立起不同的尺度观念。通过在尺度观念下对不同操作方式的运用，不仅能够加强信息有效性的浓度，还能够减少不必要的人力、时间成本上的投入，从而在增加信息获取工作效率的同时，摒弃追求表象化的形式主义情形。

对用户进行需求信息的获取行为，看上去已经是一件习以为常的事情。它对开展具有创新性的工作而言，就如同一个人每天都知道自己应该吃饭、穿衣和睡觉一样不足为奇。但就是这个普及度极高的行为，就是这个每天都在各大公司相继上演的工作剧目，反映出的却是表面功夫代表价值收获的愚昧。我们很多时候在信息获取这件事情上都在追求表象和制造形式主义，久而久之这种现象只会让我们与创新成果相隔绝，并且在残酷的职场竞争中让自己变得更加脆弱。因此，如果自身想要磨炼出扎实的创新能力，并对创新成果抱有预期的话，就需要提升系统性的认知和理解，并且重视"有效信息获取"环节中的关键节点和实施本质。

第11章
无处不在的"合情推理"

> '野蛮创新'的时代一去不复返。仅凭粗放的创新方式以及不考虑资源和需求的盲目扩张就能成为创新勇者的时代也已经过去。

企业对具有创新力人才的渴望就如雄鹰对广阔天空的渴望一样强烈。

第 11 章
视频导读

想必一提及"推理"二字，大家就会联想到大名鼎鼎的福尔摩斯、影视剧作中杜撰出来的破案神探或者当下流行的密室逃脱游戏等。这些影视剧作、文学作品及游戏的确是我们经常接触到的与推理最为契合的情景。所以在大多数人的"元认知"里已经将推理与侦探、破案、解谜等行为深深地绑定在了一起。

其实推理行为在日常生活中是非常常见的，尤其是合情推理，因为它几乎时刻贯穿于人与人之间的沟通交流中，并且能够反映出每个人对待事物的思维差异，甚至在人性喜好的猜疑和大家感兴趣的八卦中都能看到合情推理的影子。比如你看到张三走进了老板的办公室，这时候凭借你对张三的了解会下意识地认为老板一定是在给他分配职能以外的工作任务并要求他加班完成。之所以会得出这样的结论，是因为你曾多次看到张三从老板办公室出来后通宵加班的事实窘况，以及自己对张三"老好人"形象的经验之谈。但是这次老板可能找张三的目的一如既往，也有可能是对张三以往工作兢兢业业给予嘉奖，所以这次你看到张三走进老板办公室所得到的"增加张三工作任务"的推理结论并不一定成立。以上其实你对张三行为的判断已经完整地构成了合情推理的全过程，虽然这可能只是你自己脑海中看到张三行为后的一段构想，又或者是你不经意间与身边同事的一句闲聊，但其中已经完全体现出了合情推理的基本概念。所以在日常生活中、在朝九晚五的工作场景中及在人际关系的交往中，合情推理都已融入其中。

在我们的成长观念中，"种瓜得瓜，种豆得豆"的必然思维模式对我们影响深刻，这是一种在"抓到真理"后进行完善和"补行证明"的思维模式，也是理科教学历来所强调和推崇的方式。然而贯穿于任何学科中创新与发现的思维种子，主要是对合情推理进行浇灌后所产生的。就如量子力学方程是"猜"出来的，球体公式是阿基米德"称"出来的，在对热在金属中流动的观察研究中，傅立叶发明了级数，而现代仿生学也是合情推理中类比推理方法在科技中应用的杰出成果。由此可见，关于世界任何创新的发现过程中都包含了推理，而能在自然状态下将合情推理提高到一个更合理、更科学的层次，则能成为帮助各学科发现创新之火的"金钥匙"。

11.1 合情推理下的洞察能力

其实在产品创新中也是如此，既然是创新，无论是对产品局部或功能进行迭代，还是对同系列产品进行衍生，又或者是新业务形态下对产品进行从0到1的构建，在对待任何不同程度的创新时，运用合情推理的方式作为创新演化的支撑路径都是最为合理的选择，也是创新能力从思维到行动上的具体表现。毕竟"野蛮创新"的时代一去不复返，粗放的创新方式及不考虑资源和需求的盲目扩张就能成为创新勇者的时代也已经过去。然而在职场中对于个人创新力的体现也在不断上演着优胜劣汰的厮杀。万众创新的标语随处可见，企业对具有创新力人才的渴望就如雄鹰对广阔天空的渴望一样强烈。但创新力的彰显首先是认知到思维上的一致体现，对待产品在创新中的举措更是如此。在混沌、迷思的创新过程中，运用合情推理的方式找到创新的思维规律才是真正铸造起产品创新底蕴的同时修炼自我创新能力的关键。

在产品创新实施过程中所运用的合情推理与逻辑学中合情推理本身是一致的，都是根据已知的事实或个人经验并通过具体的推理方法推测出某种结果的推理过程。而合情推理的关键之处就在于虽然前提为真，但所得到的结果只是有可能为真的推理过程。就如前面以张三走进老板办公室为例，前提是张三的确走进了老板的办公室，这是一个既定事实，但是所得出张三走进老板办公室就会被分配更多的工作任务这一结论可能是真的，也可能与之毫无关系。所以合情推理是一种合乎情理的推理方式，它既需要创新发起者具有多维度的推理思维和掌握推理方法的综合素质，又反映出了创新过程中发现问题、分析问题和推理问题的行为特征。

在产品创新路径模型的步骤一中有两项关键实施环节，一项是"有效信息获取"，另一项是"合情推理分析"。在产品创新策略阶段的整个推演过程中，我们明白用户信息的关键所在，也愿意不遗余力地通过各个渠道对信息进行获取和收集。但是既然第一阶段的重点是"策略"，那么就表示在第一阶段需要指向一个清晰的创新目标并能够实实在在地对创新事态进行指导。所以合情推理除了需要承接"策略"的价值使命，还需要将有效信息变得鲜活起来，让我们的双眼能够透视出每个信息背后的"姿态"。

在不同层次的信息维度下（信息层次划分已在"有效信息获取"章节中具体阐述）通过合情推理的方式所得出的对应结果是不同的。在合情推理过程中所得出的结果并不是唯一的，推理结果会根据信息内容的变化而产生波动，但推理方法是不变的。最终的推理结果都会为产品的创新方向提供指引。沿用以上张三的例子，如果所获得的信息是张三走进了老板办公室，并且走出老板办公室后他手里拿着一份文件，同时面色轻松而嘴角上扬。在其中就能够提取出两个信息据点（"据点"指可作为依据的信息点）作为推理所需的运用要素，而相比于张三走进老板办公室这一个信息据点所推理出的结果会因信息内容的差异和信息量级的多少而变得有所不同。所以，信息内容的浓度和有效信息的数量对合情推理起到了绝对性的作用。此外，如果想要获得更加可靠的结论，那么除了对合情推理中归纳和类比方法掌握的不同程度体现，还需要拥有对人、事、物进行关联性思考的洞察能力。就好比合情推理有条不紊地建立起了一台用户需求"挖掘机"，而挖掘机向下深挖操作的那一瞬间，却是洞察力决定了所挖掘程度的深浅。所以洞察能力与需求挖掘的深浅程度是成正比的，因为只有发挥出洞察能力才能够帮助我们在用户"期望值"和"现状"当中对需求的"落差"部分进行精准捕捉。

由此可见，合情推理的整个过程既注重有效信息的质与量，还需要结合自身洞察力的体现。所以在产品创新策略阶段对创新方向指向性的价值准度，不单单取决于合情推理中归纳和类比方法的运用，还需要确保在上一环节对有效信息获取程度的把握，以及创新推动者个人的洞察水平。

11.2　合情推理之"简单枚举归纳推理"

有一位著名的数学家、数学教育学家乔治·波利亚曾在他撰写的一本名为《数学与猜想》的书中写道，"作为以后想把数学作为终身职业的人，应该学习演绎推理，因为这是该学科的一大特点。但是他还需要学习合情推理，因为这是使他研究工作得以进行的一种推理形式，并且在日常生活的方方面面都会用到它"。所以推理不再是数学学科中才需要掌握的一种思维方式，也是人们在日常工作和生活中需要具备并使用的一种思维方式。其实日常生活中所接触到的许多现象，都是经过合情推理后的产物。就如有一句谚语："红云变黑云，必有大雨淋；天色亮一亮，河水涨一丈！"这就是通过合情推理后所得出的，不可否认的是，这句谚语所传递出的推理结果的确给我们提供了生活的指导和帮助。虽然合情推理的应用范围之广并且具有这一推理思维所产生的结果对事态的发展起到了决定性的促进作用，但是对合情推理方法的运用及推理思维的建立在很多时候都被后置化，甚至被忽略，所以才导致大家容易将推理定格在虚构故事或人物的刻板印象中。

所以，如果说合情推理与生活密不可分，那么合情推理与创新也必将紧密相连。这一点将在产品创新路径模型中得以体现。当你认知了合情推理的关键用意并建立起了推理思维时，那些映入你眼帘的用户信息和面对无数庞杂的创新需求描述时，你会将其视为可用于推理的关键线索，而不仅限于一段文字和一句言语，更不会因所做的分析只停留在表象而遭到来势汹汹的质疑。因此，合情推理的具体运用和推理思维的构建将成为产品创新实施举措踏入新征程的关键一步，它将修正用户需求信息与创新指引方向上的错配，从而在聚光灯的深处为个人的创新力不断浇灌。

合情推理的划分中包含了归纳推理和类比推理，在归纳推理中又分支出了"完全归纳推理"和"不完全归纳推理"，其中"不完全归纳推理"又涵盖了"简单枚举归纳推理"和"科学归纳推理"两种形式，二者从推理依据到对前提条件的要求量，再到结论的可靠程度上都存在着巨大差异。在产品创新路径模型中，我们会围绕创新为基点并结合步骤一（创新论证）所需输出的价值产出内容向大家着重介绍适用于产品创新策略阶段的具体推理方法——简单枚举归纳推理。

简单枚举归纳推理本身就是一项富有探索性和创新性的行为举措，它能帮助我们从个体的事例中引出全称性的结论，同时能够进一步说明某类事物和信息所反映出的与某种事态变化之间的紧密联系。历来科学领域上的那些重要发现，往往都是由枚举归纳推理而得出有突破性的假设后，进而通过不断验证最终发展起来的。这一点与产品创新路径模型的系统性创新理念和实施方式是完全一致的。就像在产品创新策略阶段，通过对用户需求信息的获取、推理和分析后所得到的创新指引就是一种对创新方向上具有突破性的假设，然后通过产品创新设计和产品创新决策两个阶段对其进行不断推进和验证，从而收获富有价值的产品创新成果。毕竟，创新本身就是对未来商业市场未知的一种突破，也是一种在不确定性领地中寻求机会和可能性的壮举。所以枚举归纳推理的运用是对产品创新的进化，它能够帮助我们去面对商业市场中的未知凶险。

在产品创新策略阶段除了枚举归纳推理的方式在用户需求信息到创新指引的过程运用上有很高的契合度，其最终所收获的指引结论与枚举归纳推理所得结论的性质也是一致的。所以必须认识到枚举归纳推理方法所得到的结论是具有或然性的，就是可能为真，也可能为假，这一性质和创新的本质简直一模一样。因此，只要在产品创新中运用枚举归纳推理的方法，就不要将其最终的指引结论看作唯一的定论，而只能视为有可靠性且有待验证的结果，并以此作为对创新的有效假设，从而继续展开推进。其实它对于我们获得有价值的创新成果是具有很大帮助的，毕竟这种推理方法在创新演化的进程中是起到重要作用的，因为它对创新方向进行了初步的探索和概括，为创新开局奠定基础的同时，为创新之路也提供了可进行验证的有效假设，使创新路径的系统性得以成立。所以，简单枚举归纳推理方法并不会因其结论的或然性，而降低它在创新实施过程中的独特作用。

此外，虽然简单枚举归纳推理方法所得到的结论不一定可靠，因为在枚举中，当下没有发现矛盾的事例，并不能代表互相矛盾的事例根本不存在。就如我们是如何得知"太阳从东方升起西方落下"这一结论的呢？是因为今天太阳的升落轨迹是这样，昨天也是这样，前天也是这样，1997 年的某个夏天也是这样，也可以说在人类能够运用文字进行记载之后都是这样。所以通过简单枚举归纳推理得出"太阳从东方升起西方落下"这一结论。但是在人类能够用文字记载之前也是这样吗？这对于我们来说是空白的，所以无法做到穷尽所有。当然，提高在产品创新中运用简单枚举归纳推理所得结论的可靠程度，主要还是依赖于"有效信息获取"环节对用户需求信息收集的质量与数量，获取的信息质量越高，事实依据也就越充分，最终提升所得结论的可靠程度也就越明显。

11.3　简单枚举归纳推理在创新中的实施准则

在流动性泛滥的年代，有无数家互联网公司讲述了无数个通过互联网创新改造传统行业的故事。它们往往都有着相同的特点：有一个完美创新模式和大量的资金涌入。虽然在一定时间内不可避免地会出现亏损，但从长远来看，在时代红利和规模经济的双循环下，最后它们都会成为伟大的企业。但时过境迁，当时代红利慢慢褪色，创新方式的重要性从以往的微不足道发展到现在的举足轻重，在时代红利聚光灯照射不到的地方，对创新方式的不断探索成为企业背后精耕细作的"辽阔田地"。所以将目光聚焦于用户本身成了指引创新发展的主流方式，而将用户所传递出的需求信息转化为产品创新的主旋律可谓是当下成为市场宠儿的不二路径。

虽然在企业之间创新方式的相继模仿让看似兼顾了方法论与创新成果关联性的行为比比皆是，但是在需求信息转化为创新旋律的过程中，至今没有一个明确的实施方针能够将转化过程显性化。这就像在中文语境中，一般用上"兼顾"这个词就表示这些都是"做不到又放不下的白月光"。因为事实证明，从宏观来看，目前的创新方法和创新最终成果的关联性是不堪一击的，而从微观来看，需求信息转化为创新指引的过程更是显得一触即溃。所以需要一座桥梁来贯穿需求信息与创新指引的过程，它是一座有迹可循、有准则可遵的有效桥梁。

因此，简单枚举归纳推理的方法就是能够成为建立起这座桥梁的坚固磐石。

在产品创新策略阶段，如果想提升运用简单枚举推理方法所得出的创新指引结论的可靠程度，就必须在具体实施的过程中遵循两项准则：一是针对的信息样本量要足够大，二是针对的信息样本要足够典型。"针对的信息样本量要足够大"这一点从字面意思上就很好理解。比如有一个箱子里面装了100个球，张三从里面拿出了10个白球，而李四从箱子里面拿出的90个都是白球。从两人所拿出的白球数量，肯定是李四所推出箱子里都是白球这个结论更可靠，虽然我们不能确保箱子里百分之百都是白球，但是相比于张三的白球样本量而言，李四所得的结论的可靠性明显高于张三。所以具有针对性的样本量是否充足对于创新指引的可靠程度会带来决定性影响。与此同时，对于准则二"针对的信息样本要足够典型"这一方面来看，就犹如生病了需要去医院进行验血化验一样。如果希望通过验血的方式来判断自己身体的病情，最可靠的方式就是通过"完全归纳推理"的方法，把身体里的血全部抽干，然后进行化验。但是很显然，这是不可能的。所以在进行抽血化验时，运用的就是简单归纳推理的方法，只需要抽取身体内10毫升的血液就能获得验血结果，之后医生就可以根据验血结果来判断你的病情。因为你被抽出来的这10毫升血液与你身体内所有血液的组成是一样的，所以这就表明这个样本是足够典型的。如果你曾经历过抽血化验并足够细心的话，就会发现化验单的角落一般会有一排小字，上面写着"检查结果只为该样本负责"。这就表明样本量的典型与否会直接对结果造成影响。同样对于产品创新也是如此，样本量的典型程度会成为最终波动创新指引可靠性左右摇晃的"钟摆"。

其实对于简单枚举归纳推理所需要满足的两项准则，在"有效信息获取"（在第10章的10.6、10.7小节中对两项准则的具体实施方式进行了详细阐述）环节中就已经建立起了基础保障。因为在产品创新路径模型的"创新论证"步骤中，"有效信息获取"和"合情推理"分析本就是两个相辅相成的环节，前者需要后者的推理过程才能得出创新指引的可靠结论，而后者则需要前者为其可靠结论提供样本量充足且典型的信息内容才能为创新指引吸收可靠能量。所以样本量要足够大和样本要足够典型这两项原则虽然出现在简单归纳推理的方法中。但是要达到这两项准则的具体执行细则却取决于"有效信息获取"的实施阶段。这也表明用户信息有效性的箭头最终对应的是简单枚举推理这个靶心，只有对准了靶心才能显现出信息有效性藏匿在众多表象背后的价值本质。

11.4　创新简单枚举归纳推理的实施框架

古人说："有道无术，术尚可求也。有术无道，止于术。"

如果有道而无术，那么术是可以求而学成的。如果有术而无道，那么就只能停止在外在的修为和方式上了。开展产品创新也是如此，不仅需要学习创新实施的具体方法，更需要修炼对创新意识的本质认知。其实在产品创新路径模型中已经深刻地蕴含了创新的"道与术"。如果将"道"理解为推动宇宙运行的基本规律，那么在创新中的"道"就是以推动创新持续发展为基本意识。创新中的"道"所需要的是整合协作为本的贯彻理念和以决策共同体为终的思想境界。而"术"在创新中则体现在具体的实施方法和工具运用方面，这些都是可以通过学习和训练而习得的东西。

包含在产品创新路径模型中的八项实施环节，都有着创新中"道与术"的一脉相承。"合情推理"环节中的创新简单枚举归纳推理的运用也不例外，同样在创新之"术"的传递中秉持着"道"的精神。图11-1所示为创新中简单枚举归纳推理实施流程图示解析。

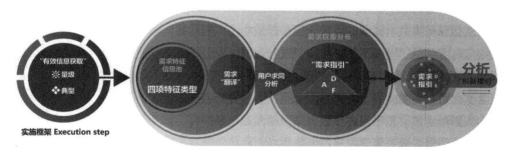

图 11-1　创新中简单枚举归纳推理实施流程图示解析

　　由图11-1可见，在"有效信息获取"阶段已经收集了足够典型且一定量级的用户需求信息进入"需求特征信息池"中。可以想象在"需求特征信息池"里充斥着不同需求特征类型下的信息内容。这些通过与用户直接沟通和握手所获取到的信息里，必定蕴藏着创新最原始的动机，以及代表着无数同类型人群愿意为创新产品而买单的商业化机会。虽然在"有效信息获取"阶段，已经对信息的内容进行了最大程度上的甄别并尽量减少信息中的杂质，但是仍然需要进行"创新简单枚举归纳推理"为用户需求进一步"提纯"。因为分析用户需求的魅力在于，很多时候它就像人性水面下的冰山，如果不通过有效方法让它浮出水面，就永远不会知道需求价值一直沉睡在水底。所以当"有效信息获取"阶段的所有信息进入"需求特征信息池"中，下一步就需要对原始需求描述进行"翻译"，并通过"翻译"形成"聚点"，然后将相似需求聚类其中。最后，对不同特征分类下的"翻译"聚点进行筛选和淘汰，筛选出的聚点将顺利进入下一步的"用户求同分析"中。"用户求同分析"的开展不仅是让更多的目标用户加入其中，并对所"晋级"的"翻译"聚点进行反向筛选的过程，更是建立一种从"需求指引"到"创新指引"之间的因果连接。

　　其实通过"创新简单枚举归纳推理"实施流程所得到的最终结果就是"创新指引"。虽然这个结果是或然性的，但是足以为产品创新推进工作带来巨大的帮助。毕竟对于任何一项工作而言结果固然重要，但是对于开展具有创新性质的工作来说，过程实施的有效性体现不仅能加强结果本身的可靠性，更能够帮助我们在一次次群体评议中建立起集体共识的隐形纽带。只有一手能握住结果，一手又能抓住共识的局面，才能充分体现出产品创新道与术的完美结合。这也是"合情推理"环节中"创新简单枚举归纳推理"实施流程的价值主张。

　　在此，必须通过"需求特征信息池"中现有的内容分析得出可靠的"创新指引"结果。因为它是步骤一"创新论证"中"产品定位"价值产出的重要构成基础，也是产品创新策略阶段进行决策的信心和底气。所以如何才能为"创新指引"提供有依据、有价值的分析因子，是整个实施流程中最为重要的关键举措。就如管理学大师彼得·德鲁克曾说："最重要最艰难的工作从来不是找到对的答案，而是问出正确的问题。因为世界上最无用甚至最危险的情况，就是虽然答案对了，但是一开始却问错了。"所以就算最后你得到了一堆"创新指引"，但是在对需求特征进行"翻译"时，所"翻译"的内容指向不够清晰，以及在整个"用户求同分析"的过程中缺乏合理性，那么你所获得的"创新指引"可能就不再成为推动创新发展的"解药"，反而会成为削弱创新成果终局的"假药"。

11.5　需求"翻译"的实施方法

需求"翻译"与"用户求同分析"的搭配是帮助我们从多样且模糊的用户需求信息中合理分析并推导出可靠"创新指引"的过程。

首先，需求"翻译"是进行"用户求同分析"的前提条件，也是对"用户求同分析"价值最大化的基础保障。只有将原始需求描述进行精炼和提纯后，才能识别出用户在产品创新上对需求关注的聚焦范围，并最终筛选出用户关注最高的需求范畴。比如 H 产品正处于"创新论证"的实施步骤中，通过"有效信息获取"环节的顺利开展，在"需求特征信息池"里分别积累了关于 H 产品的"功能需求特征""场景需求特征""交互需求特征""形态需求特征"的相关信息内容（关于需求特征的划分在第 10 章的 10.2 小节中进行了详细阐述）。接下来需要对 4 个需求特征分类下的原始需求描述进行"翻译"，然后将同属性的原始需求信息进行聚类，形成一个个"需求聚点"。比如在 H 产品的 4 个需求特征中由 30 个典型用户提供了共 184 条需求信息，其中归属于功能需求特征范畴的需求信息量为 42 条。换言之，就是在功能需求特征的分类中由 30 个典型用户提出了总共 42 条需求信息。就以功能需求特征为例，首先需要将目光聚焦在用户对产品功能的原始描述内容中，将这 42 条原始需求描述依次进行"翻译"，"翻译"后的结果形成了独立的"翻译聚点"，并以代号来表示。然后将具有相同属性的原始需求描述进行聚类，也就是说将原始需求描述归入具有相同属性的"翻译聚点"中，并以代号的形式进行简易化的呈现。最终所有的原始需求描述要么成为独立的"翻译聚点"，要么被聚类于某一"翻译聚点"中，如图11-2所示。

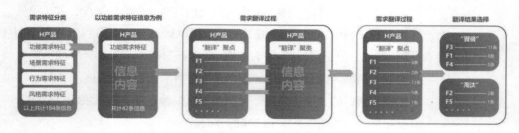

图 11-2　需求"翻译"的整体概况

所谓需求"翻译"，就是针对每一项特征分类下的原始需求描述进行关键指向的概括。关键指向概括的准确性将对"翻译聚点"的形成带来直接影响，也是对需求信息含金量提纯的关键所在。

就如在进行婴幼儿腋下电子体温计的产品创新实例中，一条源于功能需求特征分类中的原始需求描述是，"孩子半夜发烧父母是非常着急的，但有时候量了半天体温拿出来后才发现体温计根本没有打开，既耽误时间又耽误病情"。在对这条原始需求描述进行翻译时，我们发现导致体温无效测量的原因是用户误以为体温计开启了，但测量结束后才发现体温计并没有顺利开启。造成这一使用结果显然是因为产品物理按键的灵敏度不足及对是否开启并没有及时给予反馈，所以才会出现无效测量的状况。通过对以上原始需求描述的分析，就可以将其"翻译"为"加强产品使用中物理或声音上的提示反馈功能"，再进一步进行概括提炼后所得到的"翻译聚点"为：产品的"提示反馈功能"。最后将"提示反馈功能"用代号进行标注，比如图11-2中F1（Function 1），代表F1代号内的需求信息都与"提示反馈功能"这一概括范围息息相关。

再比如"需求特征信息池"里的另一条归属于"功能特征"范畴的内容是，"婴幼儿测量体温时会哭闹或扭来扭去，测量了半天拿出来后发现体温计温度没变化"。根据这条原始需求描述的表达，不难发现这又是一个无效测量的结果。而导致无效测量结果的原因是婴幼儿测量时配合度低，在这种低配合度的测量过程中，产品缺乏有效反馈，所以父母无法得知测量是否正常。因此，可以将其"翻译"为增加测量过程状态的反馈提示。由此可见，根据对原始需求描述进行"翻译"后的内容体现，可以将其归入"提示反馈功能"这一"翻译聚点"中，即 F1 中。其实在"需求特征信息池"里，对相同类型需求特征下的原始信息进行"翻译"后，会发现尽管用户在进行原始需求描述时在表达措辞上各有不同，对产品需求特征具体方面的表达情绪上也存在波动，但是其内在所传递出的信息内涵与产品各需求特征下深挖后所得到的本质体现是一致的。所以就算是同一需求特征下的不同原始描述通过"翻译"后都可以找到相对应的"归属"之地，这里的每一个"归属"之地就是"翻译聚点"。

由于产品类型的不同（软件产品、硬件产品或服务型产品），我们除了需要对"有效信息获取"阶段所收集到的每一项需求特征都进行单独"翻译"，还需要合理把控"翻译"的过程和"翻译聚点"的构成。所以只要在"翻译"的过程中对 3 种普遍容易出现的原始需求描述轨迹有所区分并合理看待，就能够维系住"翻译"结果的有效指数。因此容易出现在各需求特征中的原始需求描述轨迹主要划分维度为，描述轨迹清晰、描述轨迹模糊和描述轨迹独立。

对于轨迹清晰的原始需求描述，要么通过信息所表达的文字直接推导或概括出"翻译聚点"，要么能够顺利将原始需求描述直接聚类到某个"翻译聚点"中。如以上所提及的婴幼儿电子体温计产品所体现出的描述轨迹，就属于清晰的范畴。在描述轨迹清晰的原始需求在进行翻译时，对所描述的内容进行概括是较为容易的，概括的准确程度也能很好地加以把握。所以只要原始需求的描述轨迹足够清晰，无论是构成"翻译聚点"还是对信息进行聚类，都不会出现太大的偏差。

然而对于描述轨迹模糊的原始需求而言，进行"翻译"时可能会出现无法构成"翻译聚点"或找不到聚类方向的状况。仍然以婴幼儿腋下电子体温计产品的功能需求特征范畴内的原始内容为例，其中一条原始需求描述是，"体温计不用的时候都放置在盒子里保存，但是拿出来使用时因为体温计存放还有个保护套，所以很不方便"。当我们对这条原始需求描述进行"翻译"时，会发现在这样的描述中并没有提及与产品本身功能相关的需求。而对原始需求描述进行概括后，其重点在于因为体温计的外在保护套，所以造成了不方便。它之所以是一条描述轨迹模糊的原始需求，一方面是因为保护套不属于产品本体，并且脱离了功能特征的具体表现。而另一方面，不可否认产品的配件或包装也属于整体产品输出时的重要组成部分，但是对于不同类型的产品在配件和包装的要求上本身就存在一定的规范和标准，并且目前开展的创新工作是以产品本体为主角的创新实施。所以在对一条描述轨迹模糊的原始需求描述进行"翻译"时，需要对其概括后进行甄别，并且毅然决然地将这类在构成"创新指引"上起不到任何价值的信息"淘汰"掉。

对于最后一种描述轨迹独立的原始信息而言，在对其进行"翻译"后的确可以形成一个"翻译聚点"，但无法进行更多的聚类。所谓无法聚类，就是这一"翻译聚点"中只有其自身存在，而没有别的需求信息与其属性一致。比如婴幼儿腋下电子体温计产品的功能需求特征范畴中有一条原始需求描述是，"体温计屏幕内的温度显示数字要足够大，即便是老花眼也能看见"。对其进行概括后所得到的"翻译聚点"为：产品的屏幕数字显示功能，用F4表示。随后对所有关于功能特征的原始需求内容进行"翻译"后，除了发现这条信息本身形成的"翻译聚点"，没有其他的需求信息可以被聚类到其中。虽然这一"翻译聚点"无法形成更多的信息聚类，但是在进行"翻译"的过程中只要这一原始需求描述可以形成一个"翻译聚点"，都应该将其表示出来。毕竟在"翻译"的过程中要确保"翻译"结果呈现的全面性，这样才有助于进行最终的取舍和判断。

对需求特征分类下的原始需求内容进行整体"翻译"后，就得到了最终的"翻译"结果。通常"翻译"结果的表示形式为"F1提示反馈功能"（这属于一个"翻译聚点"），共有8条原始需求信息被聚类其中。"F2测温探头拆卸功能"，共有4条原始需求信息被聚类其中等，以此方式来作为最终"翻译"结果的呈现。但在每个"翻译聚点"中无论聚类了8条还是4条原始需求信息，都需要将原始需求描述归入其中进行保留，以备在下一步的"用户求同分析"中进行运用。

原始用户需求描述经过"翻译"后，不仅呈现出的表现形式既统一又直观，而且在创新团队内部能更好地建立起统一口径。不要小看被统一的表达口径，它在潜移默化中提高了团队内部之间的协作效率，也在无形中发挥出了推动创新实施向前驱使的原动力。

11.6　面对取舍，不要犹豫

需求"翻译"的实施重点在于对每一项特征分类下的原始需求描述进行精炼和提纯，同时也是对低频需求和无用需求进行淘汰的过程。其实从"有效信息获取"到"合情推理分析"环节是不断地对用户需求和创新范围进行"塑形"的过程。就好比，如果你希望将自己的身材塑造成比较标准的体型，那么减脂增肌一定是达到这一目标朝向的充分条件。对于以收获"创新指引"为最终目标也是如此，需要通过有效的方法将"信息脂肪"减去，同时划定出可把握的创新范围。但是在减去"信息脂肪"和简化创新范围的过程中，常常会因为用户表达的需求内容过于"华丽"而激发出种种对创新未来的憧憬。甚至还会因为用户在创新上给予了我们前所未有的独特视角，而产生出令人怦然心动的感觉。以至于在进行"翻译"的过程中由于被需求内容所吸引，我们会产生对个性化或过于跳跃性的需求描述表现出难以取舍的态度。毕竟在商业市场上用户或消费者才是最后评判产品创新命脉的"裁判员"，他们在用真金白银为创新投票。所以这些由"裁判员"提供的需求信息是组成创新蓝图的细枝末节，更是产品创新策略风向标摆动的根基和源泉。

但是作为产品创新的发起者和推动者，一定要意识到我们对创新的预期不是推出一款能够满足所有人需求的产品，而是需要找到最大的需求价值点，并集中创新火力向前奔进。因为在市场环境中一款产品满足所有需求（one for all）的产品形态是不可能存在的。哪怕是日常生活中极其普通的一双筷子，也并非由两个长度统一、上方下圆的木质结构设计而成就能够满足所有人的用餐需求。否则适用于郊外露营场景的多功能筷子就不会应运而生，为环保助力的折叠型纸质筷子也不会成为环保达人们的首要之选。面对不同的餐食类型和人们对生活的追求所衍生出的种种需求，都成为筷子这一再普通不过的产品不断变化和创新的催化剂。所以在当下，不可能出现一个产品能够满足所有人类的需求，否则五彩斑斓的世界就只剩下黑白色了。

因此"翻译"结果的排序目的在于对需求比重的体现和取舍。也是让我们在面对绝大多数共性需求和极少数个性需求时，能毅然决然地选择共性需求，哪怕个性需求是如此吸引眼球。由于产品类型的不同，产品本身的复杂性也存在一定程度的差异，就如婴幼儿电子体温计与智能咖啡机这两类产品，虽然两者需求特征的分类是一致的（功能特征、场景特征、交互特征、风格特征），但是在某一特征分类下用户对智能咖啡机产品的需求描述范围肯定比婴幼儿电子体温计产品的描述范围更广泛，毕竟智能咖啡机比婴幼儿电子体温计在产品本体的构成上更为复杂。所以针对最终"翻译"结果的选择数量，需要根据产品本体的不同而发生变化。就如一款保温杯产品，它在功能需求特征的分类中"翻译"结果总共只聚类出了3个"翻译"聚点，所以根据"翻译"聚点内的原始信息数量显示，最终只选择留下排序在第一名的聚点，其余的将通通舍弃。但如果此次进行创新的是一款手机产品，由于此产品本体的复杂程度较高，所以在功能需求特征这一分类中总共积累了12个"翻译"聚点，那么根据"翻译"聚点内的原始信息数量显示，我们选择了排序在前五名的聚点进入下一步的"用户求同分析"中。

因此，应该根据不同产品本体的实际情况对"翻译聚点"进行选择和淘汰。一般情况下，会选择排在前1~5名的"翻译聚点"作为进入下一步"用户求同分析"的实施中。而排在后面的"翻译聚点"及聚点内的原始信息都将被全部摒弃，如图11-3所示。

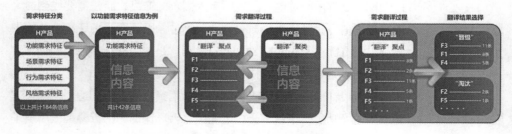

图 11-3　需求"翻译"的实施流程

11.7　用户求同分析方法的运用

众所周知，空调已经成为家家户户在夏日避暑纳凉的首要之选，特别是在南方地区，空调已经成为每家每户的必备电器。在2020年上半年中国家用空调产销量下滑的背景下，一款"无风感"空调横空出世，即刻成为消费者相继追捧的新热点。不可否认，对"无风感"空调产品在技术研发上的人财物投入是颠覆普通产品技术壁垒的关键所在。但是坚持以用户需求为导向进行技术创研，才是扭转市场被动局面的驱动器。也就是说用户和市场需求才是产品创新的源头，如果我们不知道一位用户由于孩子还小一吹空调风就会感冒，所以在整个夏天的晚上都要不停地给孩子擦汗的场景，就无法察觉到原来空调风给无数父母带来的无可奈何。如果不知道用户口中的"空调病"是由于空调风的冲击对脑部血管造成迅速收缩所引发的健康问题，我们也就无法理解原来属于常规的空调出风状态给使用者带来的困扰。所以，如果对于"无风感"空调产品来说，如何控制出风量、出风形态、出风程度等技术实现是产品创新落地的核心，那么具有对空调创新的前瞻意识和能够恰到好处地解决空调风这一痛点方式，就来自企业对用户需求的足够重视和发挥需求价值在创新空间应用上的有效实施。

虽然在当下企业对用户需求的重视程度日益增加，但粉饰下的用户需求在市场中却显得迷雾重重。那些看似广阔的创新空间，实际上并没有那么多的真实需求。所以如果需求"翻译"的实施行为是在瞄准真实需求，那么用户求同分析方法的运用就能帮助我们捕获真实需求。所谓"用户求同分析"的实施流程，就是先对"翻译"聚点内的每一条原始需求描述进行范围浓缩和词义提取，并形成准确简练的文字表达，然后根据不同产品类型的需要招募50~100名目标用户对需求选项进行打分，最后统计求同出选项的分值总数，得到用户对需求选项的权重比。在清晰的需求分值体系中，得分最高的选项被称为"需求指引"，通过对同一需求特征（如功能需求特征）中所得出的"需求指引"信息进行整合，分析用户对需求打分的相似之处，就可以归纳出同一需求特征下的"创新指引"了。

就如在比亚迪售后服务创新的实例中，通过"有效信息获取"环节对用户原始需求信息进行收集，步入简单枚举归纳推理的进程中对原始需求进行"翻译"，再围绕筛选出的"翻译"聚点进行用户求同分析的实施开展。在进行"用户求同分析"的实施中，首先在"翻译"结果的体现上把售后服务的需求特征分成了4类，分别为服务功能特征、服务场景特征、服务行为特征和服务感知特征。服务功能特征的8个翻译结果中共留下了3个聚点内容，分别为F1：灵活的预约功能；F2：升级和保养告知功能；F3：验车手续简便功能。同样，在"服务场景特征"的6个翻译结果中留下了2个聚点内容，分别为S1：休息区等候场景的舒适性；S2：维修场景的透明化。最后在"服务感知特征"的9个翻译结果中也留下了3个聚点内容，分别为P1：售后承诺准确性感知；P2：服务性价比感知；P3：个性化细节服务感知。最后可以运用表格的方式制作一张需求"翻译"结果表来对"翻译"结果进行规整和体现，如图11-4所示。

需求特征分类		"翻译"聚点
服务功能特征	（Function）	F1：灵活的预约功能 8条 F2：升级和保养告知功能 6条 F3：验车手续简便功能 11条
服务场景特征	（Scene）	S1：休息区等候场景的舒适性 12条 S2：维修场景的透明化 9条
服务感知特征	（Perception）	P1：售后承诺准确性感知 6条 P2：服务性价比感知 5条 P3：个性化细节服务感知 9条

图 11-4 需求"翻译"结果表

需求"翻译"结果表可以更清晰地体现每个特征分类下的"聚点"及包含在"聚点"内的原始信息数量。在此以服务感知特征分类中的"P1：售后承诺准确性感知"这一聚点为例，向大家介绍"用户求同分析"的具体流程和方法。首先可以看到在此聚点中共包含了6条原始需求信息，需要对这6条原始需求信息依次进行范围浓缩和词义提取。

例如，在原始描述中用户说：

（1）"预约保养的时候告诉你两个小时就能完成，但每次都完不成。"

（2）"好多东西说保证修好，可是都没修好，所以下次我不想再过来修了啊。其实双方都是这样的，你修得好那下次就再过来。"

（3）"我在开车过程中常听到车子经过一些路面时的噪声比较大。我不知道是否是正常现象，于是打电话问了4S店。店方说会给我反馈，但我始终没有接到反馈的电话。"

（4）"在售后服务宣传中看到4S店里面会有豪华影院、休息的按摩座椅等，但实际情况是我们根本没有享受过这些设施。"

（5）"售后在宣传时会承诺提供一些售后增值服务，比如说什么上门取车啊。实际情况是你永远预约不到。"

（6）"售后服务人员一直说会省去烦琐的服务流程，你数数我这次维修签了多少个字啊。"

对以上6条原始需求描述进行范围浓缩和词义提取后分别表示为：

（1）等候时间承诺；（2）维修质量承诺；（3）咨询响应承诺；（4）等候区硬件配置承诺；（5）增值服务承诺；（6）服务流程便捷性承诺。

在对原始需求描述进行范围浓缩和词义提取时需要注意的是，要确保所呈现的文字内容在用户的常识理解范畴内，这样才能引导用户在需求的主要方向上做出判断。在此，之所以要强调"常识理解"，是因为一方面如果你呈现的内容需要加上较长的注释用户才能理解其中的意思，或你认为直接将原始需求描述展现在用户面前就可以了，那么这样的想法和举措就丧失了范围浓缩和词义提取的本质意义。因为在现实的实施过程中用户根本没有耐心去阅读或听你解释烦琐的注释信息，并且如果呈现在用户面前的信息内容太过烦琐或原始，就容易让用户受到细节的干扰，从而疏忽了对主要需求的判断，以致影响最终"创新指引"的范围边界和可靠程度。比如将以下这条原始需求描述直接呈现在用户面前："好多东西说保证修好，可是都没修好，所以下次我不想再过来修了啊。其实双方都是这样的，你修得好，那我下次就再过来。"这时我相信看到这条原始信息的用户会将自己以往遭遇过的相似经历无意识地代入这条内容的情景描述中，从而引发用户情绪的宣泄或对此相似经历不满的吐槽，并且用户还会与你侃侃而谈其他品牌售后服务的优质和你们的平庸。但是我们需要的并不是一次与竞品之间好与坏的比较，而是能为此次创新举措增值的指引方向。可见用户看到这样的需求信息所给出的反馈已经完全跑题了，不仅影响我们对最终的"创新指引"进行分析，还加大了我们对信息的处理负担。所以将原始需求描述进行范围浓缩和词义提取就如同让用户进入一个我们设定好的"打靶场"，在其中用户瞄准的每一个"需求靶子"都是以获取可靠"创新指引"为目的而设定的。所以让用户帮助我们找到离靶心最近的真实需求才是该环节的初衷。

与此同时，对于不同的产品类型，作为产品供给者与使用者两方对产品在表达用语上的理解是存在差异的。比如用户对于计算机"配置"二字的理解是操作起来不卡、更快。而作为产品供给者对"配置"的理解则是CPU的架构参数、功耗值和信息储存器等构成模块。所以如果你希望增加最终"创新指引"的可靠性，那么在进行范围浓缩和词义提取时就一定要在用户能够理解的产品常识范畴内进行表达。毕竟只有站在用户能够理解的角度下表明目的，才能收获共同语言下的需求价值。所以在范围浓缩和词义提取行为中，最重要的就是要把握与用户沟通之间的契合度。这个契合度既不能太具象，也不能太抽象。如果这个契合度太过于具象，就容易让用户陷入细节和情绪的纠结中。但如果这个契合度太过于抽象或宏观，又会给用户增加负担甚至让他们无从下手。

当我们完成了每一条原始需求信息的范围浓缩和词义提取后，在进入下一步之前首先需要对逻辑推理中的"求同法"与本书中的"用户求同分析"之间所存在的相关性和差异点进行了解。在逻辑推理中，"求同法"的运用就是从若干因素中找到引发事态变化的唯一相关因素。就好比有4个人一同去饭店吃饭，但回到家后不久都生病了。

我们发现：

甲吃了沙拉、土豆、可乐、冰淇淋。

乙吃了沙拉、土豆、汤、可乐、冰淇淋。

丁吃了汉堡、冰淇淋。

戊吃了可乐、鱼、沙拉、冰淇淋。

根据以上信息，由于他们4人吃饭时都食用过冰淇淋，我们通过求同法得出"冰淇淋"是导致4人生病的主要原因。在探索"创新指引"的途径中，"用户求同分析"的运用与逻辑推理中求同法的运用从本质上看是有着异曲同工之处的。其相同之处就在于这二者都是在为某一结果探寻原因。从以上吃饭的例子可以看出，要找的结果就是生病，为此进行求同后发现生病的原因是食用了冰淇淋。而对于"用户求同分析"的运用也是如此，需要分析出每个需求特征分类下所对应的结果，即"创新指引"。所以通过目标用户对前期提取的需求表述进行打分，进而利用用户对需求关注的倾向性特点，统计求同后得出各需求表述之间的权重分布，从而成为分析得出"创新指引"这一结果的原因。

因此，"用户求同分析"与逻辑推理中的求同法都是在探寻一种内在的因果关系，并且"用户求同分析"继承了逻辑推理中求同法的主要脉络和对过程的推导形式。然而二者由于实施前提的不同，也存在着显而易见的差异。在逻辑推理中，求同法的运用范围是较为广泛的，它不仅可以作为一种基本常理运用在日常的事务处理中，还可以作为一种特殊方法运用到侦查等特殊职业中。但产品创新路径模型中的"用户求同分析"只适用于对"创新指引"的探索，毕竟创新本身就是一个较为独立的话题，只有那些带有创新热量的目光，愿意照亮漆黑的商业市场和驱散创新阴霾的人才会散发出对此话题的交流热情。并且在产品创新路径模型的系统性实施中，每个步骤和每个环节都有其相对应的实施方法和价值产出，所以"用户求同分析"根植于此也只适用于此。因此，相比于逻辑推理中求同法的广泛运用，"用户求同分析"的运用范围就更加垂直和专一了。

继续以服务感知特征分类中的"P1：售后承诺准确性感知"这一聚点为例。接下来，需要将范围浓缩和词义提取后的内容制作成问答式的脚本结构，其目的是让用户对表格内的每个问题下的需求选项进行打分。通过对每个选项分值的统计求同后得出用户对需求看待的比重分布情况，其中得分最高的需求选项将成为"创新指引"分析因子的"需求指引"，如图11-5所示。

> 请针对以下售后服务中关于"服务承诺"创新提升的重要程度进行打分。
> 最重要的打6分，最轻的打1分，以此类推。（注：每一个分数只能使用一次）
>
> A：等候时间承诺（ ）　　　B：维修质量承诺（ ）
>
> C：咨询响应承诺（ ）　　　D：等候区硬件配置承诺（ ）
>
> E：增值服务承诺（ ）　　　F：服务流程便捷性承诺（ ）

图 11-5　需求指引的问答式脚本

首先，虽然各产品类型不同，但参与打分的用户都需要符合"目标用户"的基本属性。然而相比于"有效信息获取"阶段锁定的"典型用户"，此阶段的选择范围可以被适度放大。比如在此案例中"有效信息获取"阶段的"典型用户"必须为购买或曾经购买过该品牌汽车的人群，也就是说，一定是比亚迪车主并亲身体验过该车企售后服务的人群。但在此阶段选择的"目标用户"不再仅限于比亚迪车主本身，范围可以扩大到拥有过同级别类型品牌车并有过汽车售后体验经历的人群。因为拥有同级别车型或体验过相似类型品牌售后服务的人群在特定场景的行为和感知上是有一定交叉性的。所以他们可以站在同一切面以不同的视角看待相似的售后服务形式，并对问题下的需求选项进行重要程度上的选择。但是对于无驾驶经验或汽车售后经历为零的人群就应该被排除在"目标用户"招募的行列之外。

当用户对每个需求选项进行打分时，应该明确地告知用户每个分数的使用次数是有限制的，也就是说，每个分数只能使用一次，这一点很关键。如果用户违背了每个分数只能使用一次的规则，那么"需求指引"的权重分布不仅会混乱，甚至会使形成"创新指引"的分析因子出现偏颇或误区。试想一下，如果没有对分数的使用次数进行限制，那么当用户看到每一个选项时都会出现不假思索的行为，给每个选项都打最高分。因为用户只知道好与不好，从字面意思来看用户会认为所有方面都进行创新和提升才是最好的。毕竟这样的打分方式用户并不需要付出额外的成本。但是我们的初衷和目的是通过用户对每个需求选项给予不同的分数，来获得更为客观的"需求指引"权重分布，从而成为分析"创新指引"的关键因子。因为我们相信在这些需求选项的对比中，虽然每个用户都属于"目标用户"的范畴，但他们都有着不同的经历和背景，就必定在面对相同需求选项内容时，会给出自己不同见解下的分值。就如张三认为在服务承诺创新中"维修质量承诺"是他最在意的，所以他将最高分6分给了这一需求选项。而李四会认为"维修质量承诺"虽然重要，却只能打4分。他把最高分6分打在了"等候时间承诺"的选项上。所以，一方面只有对分数进行使用次数的限制，才能建立在尊重用户个体的基础上掌握用户真实的需求。而另一方面，通过每个用户对需求选项的打分差异所统计求同出的最高分值才有客观意义。

同时，我们会将总分最高的需求选项定义为"需求指引"，因为某一需求选项的总分越高，就代表为此需求选项打高分的个体用户越多，从而反映出用户对某一需求选项的关注程度越高。然而，关注程度越高不仅意味着这一需求在过去肯定给大多数用户都留下过深刻印象，所以才成为被集体共同指向的需求问题，还意味着在大多数用户有着共同倾向性特点的前提下，将呼声最高的需求选项定义为"需求指引"并作为"创新指引"的主要分析因子，是提升推理结果可靠性的不二举措。毕竟客观行为在一定程度上可以扫除主观结论所产生的盲区，而且客观行为与主观意识就如同现实与理想一样，本就不必对立。所以通过客观分值所得到的"需求指引"必将是"创新指引"在推理分析过程中的理性祛魅。

进而，之所以一定要对分数的使用次数进行限制，是因为如果想要获得用户对真实需求的客观排序，就应该从操作行为和实施细节上进行把控。如果对分数的使用次数不进行限制，那么就难以对用户出现随意性打分的态度进行提前干预，从而无法体现出分值统计求同后需求权重分布的波动性。毕竟需求权重分布的体现应该如同心率显示一样，有波动才是有生命力的表现。

因此在进行需求选项打分和统计求同时，如果你的问题有6个选项，那么就可以设置1~6分为分数额度，并且规定每个分数只能使用一次。意思就是用户给了A选项6分，那么其余的5个选项就不能再打6分了。同样，如果你的这条问题只有4个选项，那么设置的分数额度为1~4分。根据选项数量设置分数额度并以此类推即可，如图11-6所示。

请针对以下售后服务中关于"服务承诺"创新提升的重要程度进行打分。
最重要的打6分，最轻的打1分，以此类推。（注：每一个分数只能使用一次）

A：等候时间承诺（3）　　B：维修质量承诺（6）

C：咨询响应承诺（5）　　D：等候区硬件配置承诺（2）

E：增值服务承诺（1）　　F：服务流程便捷性承诺（4）

图 11-6　用户需求打分规则

最后，需要将每一条问题的选项分数进行统计求同。比如关于"服务承诺"的这条问题，我们选择了50名"目标用户"对此问题的需求选项进行打分，通过对6个选项分数的统计求同后，得出A选项共得175分；B选项共得242分；C选项共得196分；D选项共得129分；E选项共得78分；F选项共得148分。当我们将50名"目标用户"的分数依次进行统计求同后，就可以清晰地得出服务感知特征分类中针对"P2：服务性价比感知"这一"翻译"聚点内的需求权重分布和得分最高的"需求指引"了。但这只是在服务感知特征分类中得到的其中一个"需求指引"，还不足以分析出此需求特征分类下的"创新指引"。所以需要对服务感知特征内所包含的所有"翻译"聚点，依次进行"用户求同分析"并获得每个"翻译"聚点所对应的"需求指引"，这样就能有效地分析出属于服务感知特征下的"创新指引"了，如图11-7所示。

其实在整个"创新论证"步骤中，我们对每一项实施流程都在小心翼翼地向前推进。因为在创新策略阶段想要找到创新方向上的最优

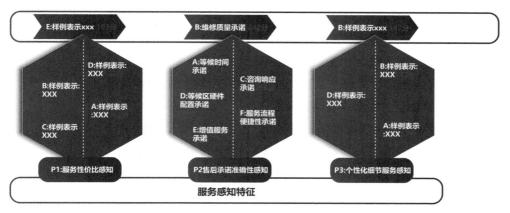

图 11-7 创新指引分析法（以服务感知特征为例）

解，必定要经历对庞杂信息和对需求真伪性抽丝剥茧的过程。从"创新简单枚举归纳推理"的实施框架出发，敲响需求"翻译"和用户求同分析这两项执行主旋律，并不断建立用户需求与"创新指引"之间的因果关系。只有以这样的方式将论证中由 A 到 B 的过程显性化，才不会在手忙脚乱的拍脑袋行为下得过且过地面对如此重要的创新阶段。当你经历了上述整个实施流程后，会发现只要创新就永远会有市场，只要找到真实的用户需求就永远会有机会。所以总有人能在红海里，通过有效的产品创新实施方法打开新的蓝海。

11.8 为创新方向建立因果关系

其实在各种自然现象和社会现象之间都存在着一种必然的联系，而这一联系我们将其称为因果关系。商业市场也不例外，放眼望去，所有的超级品牌之所以能成为刻画在消费者灵魂之上的文化品牌，都是因为它们曾经历过渠道品牌和产品品牌的建立和演化过程，最后才能以文化品牌收尾。就如 Costco 因为起家最初是以建立强渠道为核心的，所以最后才推动了产品自主化的发展。就如迪士尼因为一开始是以做产品为主轴的，所以最后才有了主题乐园和 IP 授权的价值开拓。我们都知道所有人的消费、购物，都需要一个实质性的理由，而这个实质性的理由就是所有商家都在找寻的那个"因"。这个"因"既可以是品牌故事，也可以是产品力，一直以来性价比这个"因"往往成为各商家为之拼尽全力的动力。由此可见，在商业发展中，我们享受过红利时期带来的繁荣和收获，也目睹过技术变革带来的各种淘汰和取代，甚至我们所耳闻的创业故事和传奇人物所呈现出的种种结果，其实都离不开各种原因在其中的缠绕和驱使。

所以产品创新也不例外，在"创新论证"的步骤中我们一直在探寻因果之间的关系。就如"需求指引"是"创新指引"的分析因子，也就是说，如果没有"需求指引"作为"创新指引"分析构成的关键支撑，那么所得出的结果就会缺乏信服度。同样，如果没有"创新指引"作为构成产品定位的关键因素和基本条件，那么空降的产品定位也必将让所有人产生疑惑。毕竟在创新实施的过程中，信服度的缺失和疑惑的增加都是创新工作向前推进时的巨大阻碍。所以从"需求指引"分析推理出"创新指引"再到产品定位的构成，都是在探寻一种因果关系之间的运转方式。或许大家会认为既然是创新，就应该是大胆的、开放的，这样才能发挥出极具颠覆性的创造力，而这种环环相扣的因果实施方式反而会为创新团队套上枷锁，从而无法自由地施展拳脚。但是在产品创新策略阶段想抓住创新方向上的真理是需要遵守规则和节奏的，如果在这一阶段无法建立推理思维和运用推理方法，就不可能掌握瞄准创新方向的能力。不仅如此，只有在此阶段为每一步实施过程建立起环环相扣的因果关系，才能形成一种对创新方向的合理探索机制，并且在探索机制的合理运转下帮助创新团队与管理者不断地矫正创新航向。

最后，当我们分析推理出每个需求特征分类下的"创新指引"后，不仅可以从不同的需求特征分类中定格出此次创新的单一发力点作为构成产品的定位方向，还可以对不同需求特征中的"创新指引"进行相互关联作为产品定位的构成脉络。所以"创新指引"作为产品定位的构成因子，可以根据不同的产品类型和企业的创新战略进行匹配，它没有固定范式，就如同一堆"创新指引"乐高积木摆在了你的面前一样，可以由此搭建出对未来创新成果的一切设想。

结　语

　　或许，当一种预期能够被计算，它就难免会以失望收场；当一个问题太容易找到答案，它就不是一个好问题。同样，当产品创新的成果变得唾手可得，那它走向市场后必将危机重重。当创新能力的构建变得易如反掌时，那它在职场生涯中就没有竞争优势可言。尽管对于产品创新而言我们见过很多的成功案例，也遇见过太多想通过模仿来达到创新目的的企业或个人。不可否认，这些创新成功的前者打开了我们对创新认知的大门，也激发了我们对产品创新成功的渴望。但同时也要提醒自己不要对过去的那些创新成功者进行盲目崇拜和草率追随，毕竟，这个时代在运转，一切都在发生着变化，产品创新这件事情也不例外。

　　产品创新路径模型整合了创新的三大阶段，并通过对四大步骤中的八项实施环节进行开展，最终形成了一套具有持续性的创新体系。在这套创新体系中，以推动创新持续发展为基本意识是创新中的"道"，运用有效的实施方法和手段为创新中的"术"。在产品创新"道与术"的结合中，不仅体现出了构建个人创新能力的关键要素，还能够在企业或组织中形成推进产品创新持续发展的话语体系和思维观念。通过产品创新路径模型的引导和实施，将从思维和行动上为你注入创新基因，让你能够讲出生动的"产品创新故事"。因为任何一个故事都有进程和结局，我们可以发挥出创新力为自己的"产品创新故事"谱写出不同的进程，并演绎出期待的结局。所以产品创新路径模型这套方法体系可以帮助人们提升创新力，并适用于对不同的产品类型进行创新。如果你发现产品创新路径模型并不能适用于所有产品，则是因为有些产品或许根本用不上这样的创新方法而已。

　　在当下这个时代，不缺聪明的大脑，也不缺有新意的点子，更不缺抱有创新愿景和追求的职场人，但缺乏一套符合国内这方水土养出创新苗子的有效实施方法。产品创新路径模型的出现可能超越了你以往对创新的认知，但只有这样才能帮助你在运用时增进你的创新思想，加强你的创新能力。过去那些被我们视为创新救命稻草的方法似乎已经成为困扰当下创新发展的事实，而在没有可靠的创新方法体系出现时，我们对这些本是"舶来品"的产品创新方法依然不愿意放手。而现在我可以告诉你，随着产品创新路径模型的出现，对以往那些你懂得原理而不知如何运用，或者你懂得运用却缺乏认知原理的创新形式可以放手了！因为这是一本教授你产品创新方法的书，但也不完全是一本只教授你创新方法的书。其中除了能锻炼你构建有竞争优势的创新能力，还能帮助你实现萌芽在你心中已久的产品创新之梦！

参考文献

[1] 方宇. 三顿半, 让咖啡脱离咖啡馆 [J]. 经理人, 2021, (010):P.60-64.

[2] 尤费, 夸克. 柔道战略: 小公司战胜大公司的秘密 [M]. 傅燕凌, 孙海龙, 译. 北京: 机械工业出版社, 2003.

[3] 康德. 逻辑学讲义 [M]. 许景行, 译. 北京: 商务印书馆, 1991.

[4] Shapiro C. The theory of business strategy[J]. The Rand Journal of Economics, 1989, 20(1): 125-137.

[5] Rumelt R P. Evaluating business strategy[J]. Mintzberg H, Quinn J B, Ghoshal S., The Strategy Process, Revised Edition, Prentice Hall Europe, 1998.

[6] Verbeke A. International business strategy[M]. Cambridge University Press, 2013.

[7] 布里顿, 拉萨利. 体验: 从平凡到卓越的产品策略 [M]. 王成, 等译. 北京: 中信出版社, 2003.

[8] 杨颖, 周立钢, 雷田. 产品识别在品牌策略中的应用 [J]. 包装工程, 2006, 27(2): 163-166.

[9] 赵西萍. 旅游市场营销学 [M]. 北京: 高等教育出版社, 2002.

[10] 刘毅. 中国市场中的用户体验设计现状 [J]. 包装工程, 2011, 32(4): 70-73.

[11] 刘毅. 哲学思考在"用户体验"设计研究中的价值 [J]. 设计艺术研究, 2017 (4): 73-77.

[12] Stark J. Global product: Strategy, product lifecycle management and the billion customer question[M]. Springer Science & Business Media, 2007.

[13] Bloch P H. The product enthusiast: Implications for marketing strategy[J]. Journal of Consumer Marketing, 1986, 3(3): 51-62.

[14] Kuehn A A, Day R L. Strategy of product quality[J]. Harvard Business Review, 1962.

[15] Clayton R J, Backhouse C J, Dani S. Evaluating existing approaches to product-service system design: a comparison with industrial practice[J]. Journal of Manufacturing Technology Management, 2012, 23(3): 272-298.

[16] 刘毅. 以满意度研究为切入点的服务设计方法研究——以机场服务设计创新为例 [J]. 装饰, 2020.

[17] 刘毅, 张浩波. 机场服务设计与交互体验 [M]. 上海: 上海人民美术出版社, 2023.

[18] 董凯. 设计评价 [M]. 合肥: 合肥工业大学出版社, 2010.

[19] 谢家平. 绿色设计评价与优化 [M]. 北京: 中国地质大学出版社, 2004.

[20] Saris W E, Gallhofer I N. Design, evaluation, and analysis of questionnaires for survey research[M]. John Wiley & Sons, 2014.

[21] Friedmann A, Zimring C, Zube E H. Environmental design evaluation[M]. New York: Plenum Press, 1978.

[22] Hansen H F. Choosing evaluation models: A discussion on evaluation design[J]. Evaluation, 2005, 11(4): 447-462.